中国区域旅游
经济增长研究

赵金金 ◎ 著

中国社会科学出版社

图书在版编目(CIP)数据

中国区域旅游经济增长研究/赵金金著. —北京：中国社会科学出版社，2019.10
ISBN 978 – 7 – 5203 – 5476 – 9

Ⅰ.①中… Ⅱ.①赵… Ⅲ.①区域旅游—旅游经济—经济增长—研究—中国 Ⅳ.①F592.3

中国版本图书馆 CIP 数据核字（2019）第 232580 号

出 版 人	赵剑英	
责任编辑	王　曦	
责任校对	周晓东	
责任印制	戴　宽	
出　　版	中国社会科学出版社	
社　　址	北京鼓楼西大街甲 158 号	
邮　　编	100720	
网　　址	http://www.csspw.cn	
发 行 部	010 – 84083685	
门 市 部	010 – 84029450	
经　　销	新华书店及其他书店	
印刷装订	北京君升印刷有限公司	
版　　次	2019 年 10 月第 1 版	
印　　次	2019 年 10 月第 1 次印刷	
开　　本	710×1000　1/16	
印　　张	17.5	
插　　页	2	
字　　数	231 千字	
定　　价	99.00 元	

凡购买中国社会科学出版社图书，如有质量问题请与本社营销中心联系调换
电话：010 – 84083683
版权所有　侵权必究

目　录

前　言 ……………………………………………………………（1）

第一章　引言 ……………………………………………………（1）
　　第一节　研究背景 ………………………………………………（1）
　　　　一　我国旅游经济迅猛增长 …………………………………（1）
　　　　二　我国旅游经济呈现差异化、集群化、协同发展特征 ……（2）
　　　　三　我国区域旅游经济增长面临诸多问题 …………………（4）
　　第二节　研究目的与研究意义 …………………………………（6）
　　　　一　研究目的 …………………………………………………（6）
　　　　二　研究意义 …………………………………………………（6）
　　第三节　研究内容 ………………………………………………（8）
　　　　一　主要研究内容 ……………………………………………（8）
　　　　二　研究重点与难点 …………………………………………（10）
　　第四节　研究方法与技术路线 …………………………………（11）
　　　　一　研究方法 …………………………………………………（11）
　　　　二　研究思路与技术路线 ……………………………………（13）

第二章　研究进展与理论基础 …………………………………（15）
　　第一节　国内外研究进展 ………………………………………（15）

一　国外研究进展 ·· (15)
  二　国内研究进展 ·· (26)
 第二节　理论基础 ·· (39)
  一　概念界定 ·· (39)
  二　区域旅游经济增长的相关理论 ···························· (43)
  三　空间计量经济学方法 ·· (53)

第三章　中国区域旅游经济发展状况分析 ························ (58)
 第一节　中国区域旅游企业经济状况分析 ······················ (59)
  一　旅游景区发展状况分析 ······································ (61)
  二　星级饭店业发展状况分析 ··································· (65)
  三　旅行社业发展状况分析 ······································ (70)
 第二节　中国区域旅游经济增长的时空演化特征分析 ······· (74)
  一　区域旅游经济增长的时序发展特征 ······················· (75)
  二　区域旅游经济增长的空间分异特征 ······················· (78)
  三　区域旅游经济增长的时空演化分析 ······················· (79)

第四章　空间溢出视角下中国区域旅游经济增长的影响
　　　　因素研究 ··· (88)
 第一节　中国区域旅游经济增长因素分析 ······················ (88)
  一　理论依据 ·· (88)
  二　影响因素 ·· (89)
 第二节　中国区域旅游经济增长的影响因素及其空间
　　　　溢出效应研究 ·· (91)
  一　区域旅游经济增长影响因素的空间计量模型构建 ····· (91)
  二　基于空间面板计量模型的区域旅游经济增长因素的
　　　估计结果与分析 ··· (96)

第三节　小结 …………………………………………（102）
　一　主要结论 ………………………………………（102）
　二　政策建议 ………………………………………（103）

第五章　中国区域旅游经济效率及其影响因素、空间溢出特征研究 ………………………………………（105）
第一节　中国区域旅游经济效率的测度与特征 …………（106）
　一　研究方法和数据来源 …………………………（106）
　二　中国旅游经济效率变动的区域差异 …………（111）
　三　中国旅游经济效率变动的行业差异 …………（122）
第二节　中国环境约束下旅游经济效率变动的影响
　　　　机制研究 ………………………………………（128）
　一　环境约束下旅游业 TFP 影响因素的理论分析 …（128）
　二　环境约束下旅游业 TFP 影响因素的面板估计
　　　结果及分析 ………………………………………（129）
第三节　中国区域旅游经济效率的空间溢出特征分析 …（133）
　一　区域旅游经济效率的全局空间自相关分析 …（134）
　二　区域旅游经济效率的局部空间自相关分析 …（135）
第四节　小结 …………………………………………（137）
　一　主要结论 ………………………………………（137）
　二　政策建议 ………………………………………（140）

**第六章　基于空间计量模型的区域旅游经济增长对经济发展的
　　　　作用研究** ………………………………………（142）
第一节　基于空间面板模型的区域旅游经济增长对经济发展
　　　　作用的全域常参数研究 ………………………（142）

  一 区域旅游经济增长对经济发展作用的空间面板数据模型的构建 …………………………………………………（143）

  二 区域旅游经济增长对经济发展作用的空间面板数据模型的检验 …………………………………………………（148）

  三 区域旅游经济增长与经济发展关系的全域常参数估计结果及分析 ………………………………………………（151）

第二节 基于地理加权模型的区域旅游经济增长对经济发展作用的局域变参数研究 ……………………………（157）

  一 区域旅游经济增长对经济发展作用的地理加权回归模型的构建 …………………………………………………（157）

  二 区域旅游经济增长对经济发展作用的局域变参数估计结果及分析 ………………………………………………（159）

第三节 小结 ……………………………………………（163）

  一 主要结论 …………………………………………（163）

  二 政策建议 …………………………………………（164）

第七章 基于空间溢出视角的中国区域旅游经济增长的政策建议 ……………………………………………（166）

第一节 加强区域间旅游要素的合理流动 …………（166）

  一 构建跨区域、多层次旅游交通协作体系 ………（166）

  二 促进旅游人才跨区域合理流动，带动旅游知识溢出 ……………………………………………（169）

第二节 转变旅游经济增长模式，促进跨区域技术交流 ……（171）

  一 持续提升生产率，实现旅游经济可持续增长 …………（171）

  二 促进旅游技术跨区域交流，发挥旅游效率"增长极"效应 ………………………………………（176）

第三节 优化区域旅游空间结构，促进旅游空间一体化建设 ……（178）

一　开展旅游空间的分工与合作，优化区域旅游
　　　　空间结构 …………………………………………（178）
　　二　政府为主导促进"无障碍旅游"，推进一体化
　　　　区域旅游合作 ……………………………………（180）
第四节　利用旅游经济增长与地区经济发展之间的正外部性，
　　　　实现二者的良性互动 ……………………………（183）
　　一　发挥旅游经济增长及其正外部性对经济发展的
　　　　促进作用 …………………………………………（183）
　　二　加强经济发展及其正外部性对旅游经济增长的
　　　　支撑作用 …………………………………………（186）

第八章　研究结论与展望 ………………………………（188）
　第一节　主要结论 ………………………………………（188）
　第二节　创新之处 ………………………………………（193）
　第三节　研究展望 ………………………………………（194）

参考文献 ……………………………………………………（196）
附　录 ………………………………………………………（218）
后　记 ………………………………………………………（267）

前　言

我国各地区在区位条件、旅游资源禀赋、经济发展水平、社会文化与发展政策等方面存在差异，因此，我国旅游产业发展呈现出差异化、集群化及区域协同等特征，但同时，区域旅游经济增长也面临诸多问题，如旅游经济粗放型增长，产业效率低下；旅游产业空间集群效应的扩散速度明显低于极化效应，旅游经济增长在空间上严重失衡；跨区域旅游合作存在行政障碍等。本书以"理论—现状—测度—建议"为研究思路，综合运用旅游学、区域经济学、经济地理学、计量经济学等理论与方法，采用实证分析为主的研究方法，从空间溢出视角对中国区域旅游经济增长的因素、效率及其对经济发展的作用进行了研究，为促进我国旅游经济要素合理流动、增长方式转变、空间布局优化、区域合作及区域旅游经济持续协调快速发展等提供理论依据。主要内容包括：

（1）区域旅游经济发展状况分析。第一，采用统计数据运用静态与动态相结合的方法对我国旅游景区业、星级饭店业、旅行社业等旅游企业经济的发展现状和发展特征进行了分析；第二，从时序发展和空间分异两个角度研究了我国区域旅游经济增长的特征；第三，利用绝对差异、相对差异、马尔科夫链等方法测度了区域旅游经济增长的时空演化特征。

（2）空间溢出视角下区域旅游经济增长因素研究。依据经济增长理论，并紧密结合旅游业自身经济特性，比较系统地分析了影响区域旅游经济的增长因素，并进一步构建了空间面板数据模型（SPDM），对各影响因素及其空间溢出效应进行定量测度分析。

（3）区域旅游经济效率及其影响因素、空间溢出特征的量化测度研究。第一，依据柯布—道格拉斯生产函数等，并纳入环境因素，选取了旅游经济效率的投入与产出指标，运用 DEA-Malmquist 指数模型测算了环境约束下我国旅游经济效率，并从时间、空间和行业三个维度对其进行多层面评价；第二，在对我国环境约束下旅游效率影响机制进行理论分析的基础上，利用面板数据模型，对我国旅游业全要素生产率的影响因素进行了实证分析，并运用探索性空间数据分析（ESDA）方法，进一步分析了区域旅游经济效率的空间关联格局和空间溢出特征。

（4）区域旅游经济增长对经济发展的作用研究。第一，依据经济发展相关理论，选取了被解释变量"地区经济发展水平"的核心解释变量"旅游经济增长"和各控制变量；第二，构建了空间面板数据模型（SPDM），从全域角度量化测度了区域旅游经济增长对经济发展的作用系数与空间溢出系数，并构建了地理加权回归模型（GWR）从局域角度测度了各区域旅游经济增长对经济发展的作用系数。

通过上述研究，本书得出如下主要结论，以期对解析和制定我国区域旅游经济增长现实和政策等提供相应的科学决策依据。

（1）我国区域旅游经济增长呈现出"东—中—西"梯度递减的空间格局，其绝对差异呈现扩大态势，相对差异则呈缩小态势。相邻省（区市）旅游经济增长水平影响本省（区市）旅游经济增长水平向上面或向下面等级转移的概率。我国旅游经济增长在空间上表现为明显的集聚特征，存在显著的空间依赖性。

（2）我国旅游经济增长主要依靠土地、资本等生产要素的投入，以及制度质量的提高和人力资本的投入，而不是通过追求技术进步来获得的，属于典型的要素、内生技术、制度质量驱动型增长。各影响因素对邻近省（区市）旅游经济增长产生不同的空间溢出效应。具体而言，旅游资源禀赋、市场化指数对所有省份的旅游经济增长有促进作用，其中市场化指数的系数值最大。旅游资源禀赋对其他邻近省份产生显著的正向空间溢出效应。旅游从业人员数、地区旅游环境对本省份旅游经济增长的作用不显著，但通过"资源截流效应"对相邻近省份旅游经济增长产生显著的负向作用；旅游企业固定资产的间接效应大于直接效应，这导致旅游从业人员数、地区旅游环境、旅游企业固定资产的总效应为负。旅游专利授权数量、地区价格水平对本省份及相邻近省份旅游经济增长的作用均不显著。

（3）技术进步是环境约束下旅游业全要素生产率增长的主要推动力，通过改善效率来提高旅游业增长还存有余地；旅游业发展具有明显的粗放型特点，其中，西部地区最明显，资本投入是旅游业增长的最主要推动力；生产效率低下是旅游业污染产生的主要源泉；环境约束下星级饭店业全要素生产率明显高于旅行社业全要素生产率，它们分别存在技术无效率、技术衰退等问题。环境约束下旅游效率是由宏观层面的经济政策导向、中观层面的旅游生产单元价值和微观层面的旅游消费需求刺激共同驱动的。

从空间溢出特征来看，我国旅游业全要素生产率在相邻接省（区市）之间具有显著的相似性，具有较高的集聚程度。具体而言，我国各省（区市）旅游经济效率的空间分布存在"两极化"特征，位于"高—高"区的11个省（区市）基本位于我国东部和中部地区，但是尚未形成显著的"高—高"热点区；位于"低—低"区的9个省（区市）基本位于我国西部地区，且新疆、甘肃和四川是显著"低—低"塌陷区。

（4）我国区域旅游经济增长促进地区经济发展，且西部省（区市）的促进作用更显著。区域旅游经济增长通过地理位置和经济联系对邻近省（区市）经济发展产生正向的溢出效应，且空间溢出效应更多地体现在地区间结构性差异的误差冲击。就具体影响系数而言，旅游经济增长1%，由其直接导致的经济发展为0.0899%，而其正外部性所导致的经济发展为0.0639%。新疆、宁夏、西藏、甘肃、内蒙古、四川、陕西、湖北和青海这九个省份的旅游总收入每增长1%，地区人均GDP分别增长5.87%、10.46%、10.32%、10.68%、9.85%、11.38%、10.37%、13%、10.7%。

（5）根据区域旅游经济空间溢出效应分析，加强我国地区间旅游要素的合理流动；转变旅游经济增长模式，完善旅游企业生产技术的跨区域推广体系；优化区域旅游空间结构，促进旅游空间一体化建设；充分利用旅游经济增长与地区经济发展之间的正外部性，实现二者的良性互动。

第一章 引言

第一节 研究背景

一 我国旅游经济迅猛增长

自改革开放以来，我国旅游业发展迅速，旅游产业规模已跃居世界前列，在我国社会经济中扮演重要的角色，现已成为推进区域经济发展的重要力量。国家旅游局发布的《2015年中国旅游业统计公报》显示，2015年全国旅游总收入已突破4万亿元，比2014年增长12%，其中，国际旅游收入为1136.5亿美元，比2014年增长7.8%；2015年我国旅游业对GDP的直接贡献和综合贡献分别为3.32万亿元和7.34万亿元，分别占GDP总量的4.9%和10.8%；2015年接待国内外旅游人数超过41亿人次，比2014年增长10%，其中，入境旅游人数为1.34亿人次，同比增长4.1%；旅游直接和间接就业人数为7911万，占全国就业总人口的比例高达10.2%，其中，旅游直接就业人数为2798万。旅游业被誉为带动经济发展的朝阳产业，其产生的环境污染较少，并且产业关联度大，具有较强的带动能力，即带动系数大、综合效益良好，且旅游业能够丰富国民休闲方式，由此，旅游业在促进我国国民经济增长与提升人民生活质量这两方面具有重要的作用。现阶段，旅游业已经成为我国政府高度重视的经济产业，无论国家还是各省域层面都为旅游业发展营造了良好的政策环境。旅游业发展规划已被纳入国家"十三五"重点专项规划，《中华人民共和国国民经济和社会发展第十三个五年规划纲要》明确指出了"大力发展旅游业，深入实施其提质增效工程""支持发展生态、文化、休闲和山地等各种形式的旅游活动"等，这充分体现了"十三五"时期我国对旅游业发展的战略意图，强调了旅游业的发展应该紧密结合国家重大战略，全面贯彻上级的指示精神，突出全局性和前瞻性。我国旅游"515战略"明确提出了"文明、有序、安全、便利、富民强国"这五大目标，当前我国正处于经济转型升级阶段，加快旅游业的发展对于优化产业结构、促进经济增长意义重大。

二 我国旅游经济呈现差异化、集群化、协同发展特征

改革开放以来，我国旅游经济规模不断扩大，在增长速度、产业地位和质量效益等方面都取得了显著提升。由于各地区在区位条件、旅游资源禀赋、经济水平、社会文化与发展政策等方面存在客观差异性，导致我国旅游经济呈现出产业差异化发展、集群发展以及协同发展等特征。

1. 差异化发展

在我国旅游业整体持续、快速发展以及区域旅游竞争加剧的背景下，各区域间旅游发展的差异化现象也逐渐显露。各地区之间在区位条件、旅游资源禀赋、基础设施和服务设施等旅游配套设施、社会背景与经济发展水平等方面上的差距，致使旅游产业投入要素在空间上不均衡配置，导致东部地区旅游产业要素在空间上快速集聚，旅游经济保持高速增长，而中西部地区旅游产业要素则在空间上集聚缓慢，并且旅游经济增长速度较低，即各地区旅游经济增长速度和质量的差

异较大，区域旅游发展严重失衡，具体表现为：东部地区 2014 年旅游总收入达到 49679 亿元，中部地区为 27429 亿元，而西部地区仅为 16979 亿元①；并且在各省之间以及省内各城市之间，旅游业发展的差异化和非均衡性特征同样存在。旅游业发展在各区域之间存在的较大差异反映出当前我国旅游业发展还缺乏"大产业、大市场"的整体规划与协调发展理念，区域间共同发展意识较为薄弱，这种区域旅游发展严重失衡的存在不利于我国旅游经济的可持续发展。

2. 集群发展

我国旅游经济在持续、高速增长，旅游产业地位和效益显著提升的过程中，一直伴随有旅游产业空间集群现象，并且集群水平也在不断提高。旅游业属于交叉性行业，其发展离不开食、住、行、游、购、娱等各部门的协同与支持，这使得旅游业在客观上具有产业关联度大的特征，因此，旅游产业的集群化发展越来越成为一种普遍现象。自 2012 年 1 月全国首个由国家旅游局授予的"国家旅游产业集聚（实验）区"在南海西岸挂牌成立以来，不少省份和地区都在进行建立旅游产业集聚区的探索，如福建三明市泰宁县的"海峡旅游（泰宁）产业园"、浙江宁波的"梁祝文化产业园"、江苏无锡灵山的"佛教文化产业园区"以及福建的"蓝色海丝生态旅游带"等，旅游产业集群能够给旅游业发展带来区域品牌效应、竞争优势效应以及产业创新效应等。另外，旅游产业集群还通过经济集聚效应吸引人才、资本、技术等产业要素，增加区域旅游经济发展的各种要素的供给数量，加速旅游产业结构的转化与升级，促进整个区域旅游经济的增长。旅游产业集群发展是我国旅游业发展的新模式、新探索和新突破，是旅游产业发展演化过程中的一种地缘现象，也是旅游产业结构优化升级的高级

---

① 东、中、西三大地区的划分标准：采用 1986 年全国人大六届四次会议通过的"七五"计划和 1997 年全国人大八届五次会议正式公布的地区划分标准。

形式。但作为我国区域旅游发展的重要模式，旅游产业集群同样面临着集群不可持续以及旅游活动负面效应的叠加影响等问题，其发展缺乏系统、科学的理论指导，并且过度强调政府主导作用，而忽视了集群本身的自发组织性以及其他利益共同体的积极性。

3. 协同发展

《中华人民共和国国民经济和社会发展第十三个五年规划纲要》中明确指出了未来五年的空间战略部署，不断发展新空间，促进培育新动力；同时，指出了区域经济发展新格局，即以"一带一路"建设、京津冀协同发展、长江经济带建设为引领，培育若干重点经济区，这也为未来旅游业的区域协同发展明确了方向。我国各地区旅游业在逐步深层次发展中意识到，一个旅游地竞争力的提高不应该以牺牲其他旅游地的发展为代价，即各旅游地之间的竞争应是双方获益的"正和游戏"，而不再是一方受益、另一方受损的"零和游戏"。现阶段，区域旅游合作的形式也逐渐丰富，具体而言：跨省旅游合作中，有诸如长江三角洲地区、环渤海地区、粤港澳地区、环北部湾地区、华中地区、三峡地区等区域间的旅游产业合作；跨市旅游合作中，有诸如环太湖地区、珠江三角洲地区、闽西南地区、浙东地区等区域间的旅游产业合作。旅游业在区域之间协同发展现在已经成为应对激烈市场竞争和提高旅游竞争力的有效手段，已成为旅游业发展的热潮。区域旅游协同发展正在飞速开展，并取得了一定成绩，但是目前区域旅游合作机制不健全、合作主体分工不清楚以及协作内容不透明等问题仍突出，这导致我国区域旅游合作的效率普遍较低。

三　我国区域旅游经济增长面临诸多问题

尽管我国旅游经济规模不断扩大，在增长速度、产业地位和质量效益等方面都取得了显著提升，旅游业呈现繁荣景象，但旅游业发展仍然面临诸多问题。第一，旅游业的粗放型发展状态，以及较低的产业效率。当前，我国大陆30个省区市（未纳入西藏、港澳台、南海诸岛）的旅游业能源消耗量和主要污染物排放量已分别从2001年的2897.11万吨标准煤和5385.99万吨增长到2014年的4242.70万吨标准煤和9346.44万吨①，旅游能源消耗量较大与环境污染问题不容忽视，旅游业仍处于粗放型发展状态。同时，旅游业发展忽略了投入产出的效率问题，缺乏对于"区域范围内旅游发展效率与长期投资回报的可持续性"这一问题的关注度。2014年，国务院《关于促进旅游业改革发展的若干意见》中明确提出了加快转变旅游业发展方式，即以提质增效、转型升级为主线，推动旅游开发向集约型转变，更加注重资源能源节约和生态环境保护，实现旅游可持续发展。由此可见，转变旅游经济发展模式、提高产业效率已成为我国旅游业发展的当务之急。第二，我国旅游业区域发展不均衡现象突出。我国旅游业发展起步较晚，政策和市场体系尚不健全，导致旅游业在不同地区和不同细分行业之间具有十分明显的不均衡发展现象。并且，地区间在经济条件、资源基础、政策因素、交通设施等方面的差距，以及彼此之间竞争的加剧，都无形中增强了旅游产业发展在空间上的不平衡性。第三，旅游产业空间集群发展带来了一定的负面效应。目前，我国旅游产业空间集群效应的扩散速度还明显低于极化效应，这也成为制约我国旅游经济持续发展的重要问题。并且这一现象还会导致旅游经济发展的区域差异更加明显，对旅游经济活动或旅游产业要素的空间分布带来负面影响，阻碍非增长极区域的旅游经济增长。

基于上述发展背景，本书将从空间溢出视角对我国区域旅游经济增长的影响因素、环境约束下的旅游效率，以及旅游经济对地区经济发展的作用进行实证研究，以此来解释我国旅游业的内生机制、增长方式、空间布局和区域间交流与合作等问题。

---

① 数据采用的是本书第五章的计算结果，计算方法详见第五章第一节。

第二节 研究目的与研究意义

一 研究目的

本书基于2001—2014年全国31个省区市（未包括我国港澳台、南海诸岛等地区）的面板数据，以经济增长理论和空间计量经济学为基础，从空间溢出视角分别对我国区域旅游经济增长的影响因素、旅游经济发展效率和地区旅游经济增长对经济发展的作用进行实证研究，测算出量化结果，以此全面分析我国区域旅游经济的发展现实和发展规律，为我国旅游经济增长的高效、可持续发展以及区域旅游空间合作等方面宏观政策的制定提供有效建议。

二 研究意义

作为现代服务业的重要组成部分，旅游业的带动作用非常大。大力发展旅游经济，是适应国民消费升级和产业结构调整的必然要求，对于扩就业、增收入，打造"精准扶贫"新路径，推动中西部落后地区经济快速增长，改善地区生态环境的意义重大；同时，对于提高人民生活质量和践行社会主义核心价值观等的作用也非常重要。

地理空间的变迁与一个国家经济结构的变化息息相关，中国正处于新型城镇化加速推进的发展阶段，正在逐步形成经济"新常态"，本书的研究意义在于：

1. 理论意义

本书从空间溢出视角研究我国旅游经济增长问题，充实了该研究的内容、模型和方法，把握了区域旅游经济增长的理论假设和现实发展规律。具体而言：

首先，目前国内对旅游经济增长影响因素的研究日益增多，但还是着重于分析人口、资本等传统投入要素，对制度和结构性因素的关注仍然远远不够，同时，旅游经济的增长还直接依赖于资源丰度、可进入性等诸多特殊因素，但对此研究仍不够系统、全面。由此，本书不仅考虑了传统生产要素对旅游经济增长的影响，而且对旅游人力资本、制度质量等因素也给予了充分关注。更重要的是，紧密结合旅游业本身经济特性的同时，纳入诸多旅游业赖以发展的特殊因素，以此对区域旅游经济增长因素进行了"专门化"的研究和"个性化"分析，更加客观地反映我国旅游经济增长状况，更为清晰而深入地认知旅游经济增长问题并用于指导未来区域旅游的健康发展。由于时间、区域维度的相关性均存在于区域旅游经济发展过程中，因此，本书采用纳入了时空协同相关性的空间面板杜宾模型对我国区域旅游经济增长因素进行研究，更准确地刻画区域旅游经济增长空间依赖性的具体传导机制，对促进区域旅游协调、联动发展具有重要的指导意义。

其次，与当时的研究背景有关，国内几乎所有旅游业全要素生产率的测算都未考虑旅游业所带来的环境污染问题。同时，国内关于旅游业生产率的研究较少进行部门间的比较。另外，并未有学者以较长时间跨度的全国地域单元为研究对象，从整体上整合研究旅游业发展效率及其分行业效率的时空演变特征和影响因素。由此，本书从时间、空间和行业三个维度对我国环境约束下的旅游业效率进行多层面评价，以揭示环境约束下我国旅游效率的发展与演化规律，明确环境约束下旅游效率在各地区与各细分行业的异质性，找寻旅游效率提升的影响因素，探索旅游集约化发展的路径，这对于推动我国旅游业高速、可持续发展具有非常重要的理论指导意义。

最后，目前国内对旅游经济增长对经济发展影响效应的实证研究仍显薄弱、滞后，显然与当前我国旅游经济迅猛增长的现状不相契合，由此，本书量化测度区域旅游经济增长对地区经济发展的作用系数，以正确认识旅游业在国民经济社会发展中的地位和作用，从而为实现旅游经济持续、快速增长，加快经济结构转型的升级提供理论指导。

2. 现实意义

本书从影响旅游经济快速、高质量、持续增长的问题入手，从全局出发来分析传统要素、技术进步、制度、旅游特性要素等对旅游经济增长的影响及其空间溢出效应，分析环境约束下旅游经济效率及其影响因素与空间溢出特征，测度区域旅游经济增长对经济发展的影响系数和空间溢出效应，对构建覆盖全国、内外联动、功能完备、科学可靠的中国旅游数据体系具有积极作用，为国家各级政府制定正确的旅游经济增长政策指导提供实证支持，以切实地加快区域旅游经济增长速度、提升区域旅游经济增长效率、加强区域旅游合作、促进地区经济结构转型升级，更好地发挥旅游产业关联和带动作用以及其正向的空间溢出效应，来应对经济发展新常态。

第三节　研究内容

一　主要研究内容

本书主要是从空间溢出视角下对中国区域旅游经济增长的因素、效率及其对经济发展的作用进行实证研究，综合运用旅游学、区域经济学、经济地理学、计量经济学等理论与方法，研究思路为：理论—现状—测度—建议。主要包括四个部分：第一部分，包括第一章、第二章，综述国内外研究进展，对空间溢出视角旅游经济增长的相关概念与理论进行界定与解析；第二部分，包括第三章，分析我国区域旅游企业经济、区域旅游经济增长等旅游经济的发展状况；第三部分，包括第四至第六章，从空间溢出视角对我国区域旅游经济增长的因素、效率及其对经济发展的作用进行量化测度；第四部分，包括第七至第八章，基于空间溢出视角提出我国区域旅游经济增长的政策建议、研究结论及展望。具体而言，本书共包括以下八章内容：

（1）第一章，引言。主要阐述空间溢出视角下区域旅游经济增长的研究背景，剖析其研究意义；简述研究内容、方法和思路。

（2）第二章，研究进展与理论基础。梳理国内外旅游经济增长的因素、效率及其对经济发展作用等方面的研究资料，找出目前相关研究存在的不足之处，阐明其进一步研究的方向与趋势；对旅游经济增长、空间溢出等基本概念进行科学界定，阐述经济增长理论、传统区域经济学理论、新经济地理学理论、旅游可持续发展理论等相关理论的核心观点，并对将要运用的空间计量经济学方法进行简介。

（3）第三章，中国区域旅游经济发展状况分析。对我国旅游景区业、星级饭店业、旅行社业等旅游企业经济的发展现状和发展特征进行分析；从时序发展和空间分异两个角度研究我国区域旅游经济增长的特征，进一步利用相对差异、马尔科夫链等方法测度了区域旅游经济增长的时空演化特征。

（4）第四章，空间溢出视角下中国区域旅游经济增长的影响因素研究。依据古典主义经济学、新古典主义经济学、新经济增长理论、新制度学派等经济增长理论，并紧密结合旅游业自身经济特性，提出区域旅游经济增长的影响因素；据此，构建空间面板杜宾模型对区域旅游经济增长的影响因素及其空间溢出效应进行量化测度。

（5）第五章，中国区域旅游经济效率及其影响因素、空间溢出特征研究。依据柯布—道格拉斯生产函数等，并将环境因素纳入其中，选取了旅游经济效率的三个投入指标和两个产出指标，运用 DEA-Malmquist 模型对环境约束下旅游经济效率进行测算，据此，从时间、空间和行业三个维度对我国环境约束下的旅游业效率进行多层面评价；在理论分析我国环境约束下旅游效率影响机制的基础上，利用面板数据模型，对环境约束下旅游业全要素生产率的影响因素进行实证分析；通过探索性数据分析方法探讨区域旅游经济效率的空间关联格局和空间溢出特征。

（6）第六章，基于空间计量模型的区域旅游经济增长对经济发展的作用研究。依据经济发展相关理论，选取被解释变量"地区经济发展"的解释变量分别为旅游经济增长（核心解释变量）、人均物质资本、人力资本、政府规模、产业结构和外贸依存度；从全域角度构建空间面板数据模型量化测度区域旅游经济增长对经济发展的作用系数与空间溢出系数；从局域角度构建地理加权回归模型量化测度各区域旅游经济增长对经济发展的作用系数。

（7）第七章，基于空间溢出视角的中国区域旅游经济增长的政策建议。从"加强区域间旅游要素的合理流动""转变旅游经济增长模式，促进跨区域技术交流""优化区域旅游空间结构，促进旅游空间一体化建设""利用旅游经济增长与地区经济发展之间的正外部性，实现二者的良性互动"四个方面提出了空间溢出视角下我国区域旅游经济增长的具体发展建议。

（8）第八章，研究结论与展望。总结研究的主要结论，并对创新之处进行了阐释与说明，在此基础上，展望了未来研究方向。

二 研究重点与难点

本书主要是从实证方面在空间溢出视角下对中国区域旅游经济增长的因素、效率及其对经济发展的作用进行研究，因此第四、第五和第六章应为研究的重中之重；对区域旅游经济增长的理论假设和现实发展的认识与把握，及其量化测度应为本书的难点。

（1）区域旅游经济增长因素的确定与空间面板杜宾模型的估算。依据经济增长理论和旅游经济增长自身特性提出影响因素，并分别选取量化指标来表征各因素；对构建的空间面板杜宾模型进行估算，以获得各因素的作用系数和空间溢出系数。

（2）区域旅游经济效率及其空间溢出特征的量化测度。依据理论确定环境约束下旅游经济的投入指标和产出指标，测算 DEA-Malmquist 模型以获得环境约束下旅游经济效率；从宏观、中观和微观三个层面确定旅游经济效率的各影响因素，构建面板数据模型并对其进行估算，以获得各因素的作用系数；对旅游经济效率的全局和局部空间自相关性进行测算。

（3）区域旅游经济增长对经济发展作用的空间计量模型的构建与估算。依据理论提出地区经济发展的影响因素，并分别选取量化指标对被解释变量、核心解释变量和各控制变量进行表征；构建区域旅游经济增长对经济发展作用的空间面板数据模型，并对其进行估算以获得整体的作用系数和空间溢出系数；构建区域旅游经济增长对经济发展作用的地理加权回归模型，并对其进行估算以获得各区域的作用系数。

第四节 研究方法与技术路线

一 研究方法

本书综合运用旅游学、区域经济学、经济地理学、计量经济学等理论与方法，采用理论分析和实证分析相结合、实证分析为主的研究方法，通过统计与数理分析、空间计量经济模型等多种方法对区域旅游经济增长进行研究。主要的研究方法有：

（1）文献资料法。采用文献检索法对于相关文献进行大量检索，总结区域旅游经济增长的相关文献，通过归纳分析对国内外以往研究经验进行总结，从而为本书奠定基础。通过搜集研究期内我国 31 个省（区市）的统计年鉴，并结合《中国统计年鉴》、中经网统计数据库查询我国各省区市旅游经济发展的相关资料，对二手相关资料进行整理。

(2) 静态分析、比较静态分析与动态分析法。采用比较静态分析法对 2001 年与 2014 年旅游经济增长以及 2014 年不同区域旅游经济增长变量进行对比分析。通过引进时间序列，研究不同时点上我国旅游经济增长的变化过程。

(3) 定性分析与定量分析法。定性分析是为了对区域旅游经济现象的性质、内在规定性与规律性进行说明。本书在结合经济增长理论、柯布—道格拉斯生产函数等基础上，对我国区域旅游经济增长的影响因素、环境约束下旅游经济效率的投入指标与产出指标以及旅游经济增长对地区经济发展的作用进行了定性分析。定量分析是一个学科走向成熟的必经之路，本书使用的定量分析方法主要包括：

1) 数理统计分析法。在我国旅游经济增长现状研究及其时空差异等部分，本书大量运用了统计学方法，以及均衡度指数、地理集中指数、绝对差异和相对差异法进行数理分析，以支持提出的观点或补充实证研究。利用马尔科夫和空间马尔科夫转移矩阵法分别计算我国各省（区市）旅游经济增长水平的转移概率矩阵，来探索我国大陆 31 个省（区市）旅游经济时空演变动态特征。此分析过程主要应用的软件为 Excel。

2) DEA-Malmquist 模型。本书运用数据包络分析法（DEA）中的 Malmquist 生产率指数法对环境约束下我国旅游经济与各部门的总效率及其分解效率进行测算，这个分析过程主要应用的软件为 DEAP。

3) 探索性空间数据分析方法（Exploratory Spatial Data Analysis，简称 ESDA）。在进行旅游经济增长空间数据的统计描述时，采用 Arc-gis 可视化技术，制作专题地图；通过全局 Moran I 指数测算我国旅游经济增长的空间依赖性，利用 Moran 散点图和 LISA 集聚图将区域旅游经济增长的空间差异格局进行可视化，这个分析过程主要应用的软件有 Arcgis、GeoDa。

4) 计量经济模型。首先是面板数据模型（Panel Data Model）：通过面板单位根检验、面板协整检验以及构建随机效应变系数面板回归模型对环境约束下旅游经济效率的影响因素进行定量测度，这个分析过程主要应用的软件为 Eviews。其次是空间计量经济模型：建立空间面板杜宾模型（Spatial Panel Durbin Model，简称 SPDM）、空间面板误差模型（Spatial Panel Error Model，简称 SPEM）和空间面板滞后模型（Spatial Panel Lag Model，简称 SPLM）以及地理加权回归模型（Geographically Weighted Regression，简称 GWR），基于省域单元数据从全域和局部域两个视角对我国区域旅游经济增长因素的影响系数、区域旅游经济增长对经济发展的影响系数进行测算，这个分析过程中所用到的主要软件有 SAM、Matlab 等。

二　研究思路与技术路线

本书首先对旅游经济增长的国内外研究进展和理论基础进行梳理，明确了研究基础，并提出了研究的必要性。其次，对我国旅游景区、星级饭店和旅行社等旅游企业的经济状况，以及区域旅游经济增长的时空演化特征进行了分析。再次，以经济增长理论为研究基础，不仅考虑了传统生产要素，还纳入了技术进步、人力资本、制度质量等因素，并紧密结合旅游经济自身发展特性，利用纳入空间效应的空间杜宾面板模型研究了旅游经济增长的各影响因素及其溢出效应，更科学、准确地刻画了我国区域旅游经济增长空间依赖性的具体传导机制。又次，本书把环境因素纳入旅游业生产率研究体系，运用 DEA-Malmquist 模型，从时间、空间和行业三个维度对我国环境约束下的旅游业效率进行多层面评价，基于区域和行业视角深入研究了我国旅游业增长质量、增长方式、增长潜力和内生机制等问题，在理论分析我国环境约束下旅游效率影响机制的基础上，利用面板数据模型，对环境约束下中国旅游业全要素生产率（TFP）的影响因素进行了实证分析。在此基础上，利用探索性数据分析方法从全局和局部空间自相关两个角度探讨我国区域旅游经济效率的空间关联格局和空间溢出特征。进一步，本书运用空间面板回归模型和地理加权回归模型从全域和局域两个方面分别量化测度区域旅游经济增长与经济发展之间的作用机制与影响关系，以期为各区域经济结构转型和发展模式转变提供一定的理论依据。最后，在上述研究基础上，本书基于空间溢出视角提出了推动我国区域旅游经济快速、高质量、协调、可持续增长的政策建议和决策参考。本书总体研究思路与技术路线见图1-1：

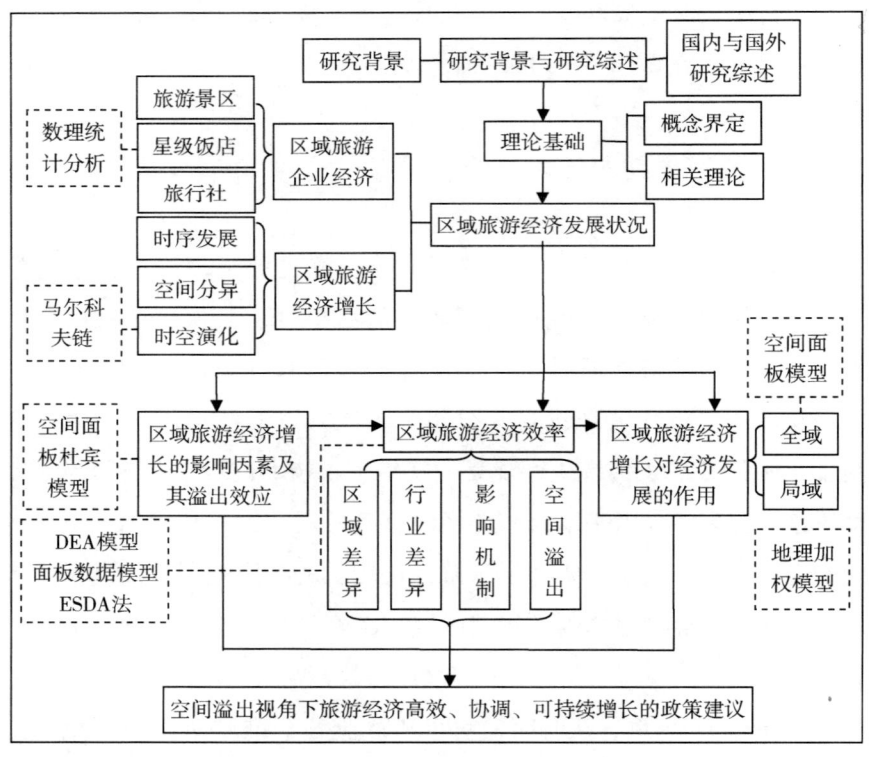

图1-1 本书的技术路线

第二章 研究进展与理论基础

第一节 国内外研究进展

一 国外研究进展

国外学者对于旅游经济这一课题的研究已经开展了近半个世纪，它不仅吸引了众多旅游业和计量经济研究人员的热情参与，现已成为国际学术会议和政府间会议的热点议题。该议题的研究进展迅速，研究方法也在持续更新，这使得该领域研究成果不断涌现，并且认识不断深化。国外研究大多基于经济学、管理学和社会学的视角对旅游经济与社会、经济、文化、环境等方面展开探讨，在此着重综述了旅游经济的影响因素、旅游产业效率、旅游经济对地区经济发展的作用、空间溢出视角下旅游经济的研究等。

（一）旅游经济的影响因素

旅游经济发展的差异性特征是在众多因素的影响下形成的，国外研究主要针对旅游政策、资源、区位条件、交通以及复合因素对旅游经济的作用，其中，政策是影响旅游经济发展和规划的主导因素；旅游资源是旅游经济发展的物质基础；区位条件则是影响区域旅游经济发展的外在条件；交通可达性作为区域经济发展的先导因素，是旅游经济必不可少的发展条件；复合因素则能系统、全面地剖析各因素对旅游资源开发和旅游经济增长的促进作用。

1. 旅游政策

作为旅游经济活动的规范原则，政策引导是促进旅游发展的主导。国外有关旅游政策的研究由来已久，如 Ahmed 等（1990）通过剖析美国国际旅游市场竞争力的变化趋势后指出，旅游政策能够促进旅游竞争力的提高。Dwyer 等（1998）通过对澳大利亚 Cruise 地区旅游经济与国家经济关系的研究后发现，政策的改善能够有效促进旅游经济发展。Lee 等（2008）通过对旅游业与经济发展关系的实证研究指出，政策变迁、经济振荡、旅游管制放松对旅游经济与经济发展间的相互关系具有影响作用。Kim（2006）认为，一国或地区的旅游经济与区域经济发展的关系显著，两者之间相互影响，具有长期协整关系。Boukas 等（2012）认为，旅游产业具有依附性强的特征，尤其是国际旅游产业受突发性、不确定性因素的影响较大，政府应建立高效反应机制、制定刺激旅游产业投资的政策来应对不确定性因素对旅游产业的影响。Metin 等（1999）证实，政府政策是旅游城市竞争力差异的主要原因，Paulo 等（2000）通过对欧洲国家的调研分析证实，旅游政策对旅游城市竞争力、经济发展具有重要作用，并基于研究结论建议欧洲各国能采用统一的旅游政策。Jenkins 等（1980）指出，通过旅游业的发展来促进社会经济发展是很多国家政府的强烈意愿，尤其是在经济萧条期，各国倾向于旅游产业改革，有针对性地出台旅游政策来推进经济增长。Jucan 等（2013）提出，旅游政策现已成为国家宏观调控的重要工具，特别是在经济危机、金融风暴的背景下，正确的旅游政策更能够带动旅游经济与整体经济的复苏。

2. 旅游资源

国外关于旅游资源与旅游经济之间关系的研究中，George 等（1966）运用旅游等成本线对不同景区旅游腹地做细致划分，研究显示客源地与景区间存在的引力具有资源导向性,并得到游客在选择旅游景点时会受到旅游资源感应效果的影响。Priskin 等(2001)以西澳大利亚中心海岸为研究对象,采用现代的技术手段对当地旅游资源评估后指出,旅游资源是环境依赖型旅游产业发展的关键,是推动旅游经济发展的重要依托。Vincent(1997)与 Sachs 等(2001)基于技术创新和制度改革背景提出,自然资源的丰裕程度与区域旅游经济增长速度呈现显著的正相关性。Rosentraub 等(2009)在借鉴新古典经济增长研究最新成果的基础上,将人力资本引入旅游经济增长模型后发现,旅游人力资源显著影响旅游经济发展。资源对旅游经济的发展速度在很大程度上起到决定性作用,旅游资源的丰富程度能正向影响市场需求,且资源品质越高,市场客源量越充足。

3. 区位因素

区位因素是旅游景点对于市场及其周围客源地吸引力的重要指标,或是一个客源地对其周围旅游景点的偏好与选择性。区位论已被运用到旅游行为与地理空间结构关系的研究,Gormsen(1981)将旅游者的行为和类型同旅游者的地域分布模型结合起来,从空间结构与动力学的角度综合分析了目的地旅游演变过程。Britton(1980)构建出核心—边缘理论模型探索区位因素与旅游经济的关系,并强调了在旅游行为中边缘地区对核心地区的依赖。Jackson(2006)基于区位理论指出,内陆旅游业可依赖丰富的旅游资源来获取竞争优势。Weng 等(2007)通过建立垄断竞争模型证实区位要素是传统旅游目的地优势所在,旅游产品多元化、差异性使旅游者从传统的目的地旅游向其他旅游地转移。

4. 交通可达性

交通是连接旅游者与旅游目的地的纽带,交通可达性对旅游业的发展具有重要意义。国外学者在针对交通对旅游经济作用的研究中,重点探讨了交通对旅游地经济发展以及旅游者消费的影响。Raguramanr

(1998) 通过分析印度旅游业发展与交通可达性相互关系后指出，当地旅游业发展缓慢的原因主要在于航空交通的可达性差，强调了旅游交通对经济发展的影响。Bruce 等（2000）认为，交通体系对于旅游经济的发展具有重要作用，其效用类似于旅游运营商，对旅游目的地管理与开发产生重要影响。Gronau 等（2007）则探讨了大众型公共交通与旅游景区经济的相互关系，分析了公共交通对于旅游业发展的作用。Prideaux（2000）对交通与旅游发展的关系做了系统阐述，分析了旅游目的地经济发展状况与旅游地交通发展之间的关系，并建立了旅游地发展频谱。Seetanah 等（2008）通过构建动态面板模型，分析旅游交通对于旅游景区吸引力的重要性，发现交通基础设施是入境游客选择旅游景区时的重要考量指标。

5. 复合因素

国外关于复合因素对旅游经济的研究角度较为广泛，其中，Gunn 等（1988）综合了旅游资源、交通运输、区域气候等 9 个因素对得克萨斯州旅游业的发展潜力进行了评价。Laventhol 等（1982）探索了旅游地承载力、交通可达性、旅游资源的可利用性系统对于旅游业发展的综合影响。Priskin（2001）运用矩阵分析方法对澳大利亚海滨旅游景区的发展状况从交通可达性、旅游资源、区域环境、吸引力四个方面进行了评价。Chang（2001）指出，旅游地食宿、活动设施和旅游关注点均对区域旅游经济发展产生影响，并且交通便利性非常关键，其中航空交通运输对旅游业发展尤其重要。Todaro 等（2011）基于发展经济学相关理论提出，旅游经济发展受环境因素、政府政策、区域经济发展水平等因素的影响。

（二）旅游产业效率

国外学者从 1990 年以后开始大力关注旅游产业效率问题，由于旅游产业具有综合性特征，因此，旅游效率研究涉及内容较广，包含旅行社、旅游酒店、旅游交通、旅游目的地效率与旅游经济总效率等。

1. 旅行社效率

作为旅游产业效率研究的重要领域，旅行社效率现已成为国外学术界的研究热点。Bell 等（1994）运用数据包络分析法对美国 31 家旅行社和旅游企业部门的经营效率进行了研究。Barros 等（2006）借助随机前沿成本模型对旅行社经营绩效进行分析，其中劳动、资本销售额等因素对旅行社效率产生决定性影响。Koksal 等（2007）选择土耳其 24 家旅行社为样本，运用 DEA 方法测算旅行社经营效率，并根据经营特性将所有旅行社划分为连锁与独立经营两种类型。Fuentes（2007）选择西班牙的 22 家旅行社作为调研对象，深入研究了旅行社效率与所有权、区位条件、技术效率、服务体验等要素的相关关系。Ramon Fuentes（2011）以西班牙 22 家旅行社为调研对象，分析了区位差异、经营时间、产权类型对效率的影响。Edward（2014）借助结构方程模型分析各要素对旅行社合作效果的影响，结果表明技术水平是影响旅行社合作绩效与效率的重要因素。

2. 旅游酒店效率

酒店效率也是国外学术的研究热点，Anderson 等（1999）使用 SFA 方法测算了美国 48 家酒店经营效率，分析结果显示酒店业平均管理效率较高。Tsaur（2000）使用面板数据计算了 53 个酒店的经营管理效率，其经营管理有效率达到 87%，管理效率处于较高水平。Ching 等（2004）研究发现，技术效率降低是导致酒店效率低下的微观要素，交通、区位因素是影响酒店效率的宏观因素，并且酒店的品牌、服务质量也是酒店效率的影响因素。Barros（2005）运用 Malmquist 指数法分析葡萄牙 42 家酒店经营效率变化状况以及效率变化的影响因素，结果证实在促进酒店行业整体的技术效率增长因素当中，资源利用率是重要指标。Wang 等（2006）使用回归分析法证实，酒店效率的低下是由于规模效率与技术效率的低下而导致的。Carlos 等（2008）通过数据包络分析法评价、测算了调研酒店的综合效率，在此基础上构建回归模型分析、归纳了影响酒店效率的因素。

3. 旅游交通效率

Anderson 等（1999）运用 SFA 方法和线性规划技术对公司控制商务旅游成本部门运作效率进行计算，结果显示，经营管理效率在总体保持高效水平，且借助成本控制方法能有效降低公司商务旅行的成本。Charles 等（2001）在通过对 19 家航空公司调研的基础上，运用改进的参数法，分析员工成本上升对经营绩效的影响程度，研究证实航空公司利润与员工成本具有密切关系。Nooreha 等（2000）基于对航空成本、租车成本、住宿花费、劳动成本等多个投入产出因素的区分，使用 DEA 法对企业控制旅行成本部门的经营效率进行测算后得出结论，降低旅游成本是提升旅游交通经营效率的重要工作内容。Fernandes 等（2002）根据乘客数量评估巴西 35 家机场的资源利用率，其中 16 家机场保持高水平利用率，他还提出，对于机场容量扩张周期的预测可以基于游客标准认知以及需求量等因素。

4. 旅游目的地效率

Lee 等（2002）借助二分选择问卷与附随价值法评估国家公园旅游目的地保护与利用价值后发现，资源和区位因素对旅游目的地使用价值产生积极影响，旅游者往往将时间、交通成本等因素作为衡量国家公园价值的主要指标，区位同时对旅游目的地的资源保护产生影响。Preda（2003）基于对节事活动与手工业组织相似性的分析，运用承载力管理理论针对澳大利亚的重要体育节事主办地的运行效率进行分析，结果显示，供给、需求、环境等因素是影响举办地运营效率的主要因素。

5. 旅游经济总效率

旅游经济总效率的研究主要针对旅游要素投入和产出的考量，其中，旅游生产过程中的投入价值和产出价值，经营开支、固定资产投入及旅游收入等要素都是重要考核指标，研究方法较多地选取 DEA 模型、SFA 分析或 CGE 模型等方法。如 Blake 等（2006）利用 CGE 模型测算英国旅游业总效率，分析结果显示，英国旅游业的 TFP 总体水平较高，而小型旅游企业的生产效率普遍较低，交通运输业和旅游景区的 TFP 水平较高，且人力资源、新产品开发、投资规模开发以及行业环境都是 TFP 的主要影响要素。Stefan 等（2005）从"社会经济—生态环境"耦合系统的视角出发，对旅游总效率进行研究，Michalena（2009）等在此基础上又针对旅游产业效率及生产率进行了研究。

（三）旅游经济对区域经济发展的作用

其一，就研究内容而言，国外研究者大多基于经济学和管理学角度，致力于旅游发展对区域经济和环境的作用以及旅游经济与区域经济之间相互关系的研究。如 Ghali（1976）以菲律宾为调研对象，对旅游发展与本国经济增长关系进行研究，结果证实旅游出口对经济增长产生积极影响。Tosun（1999）以土耳其为例分析发展中国家入境旅游与经济增长之间的关系，结果证明，入境旅游发展对土耳其经济增长作出了重大贡献。Martin 等（2004）使用动态面板模型和面板数据对拉美国家旅游发展与经济增长关系进行研究，结果发现旅游发展能使低收入、中等收入国家经济水平得到提高，且旅游发展还能有效促进拉美国家经济均衡发展。Oh（2005）对韩国入境旅游与韩国经济扩张间的关系进行了分析，得出旅游发展和经济增长无法形成较长期限的均衡关系，而因果检验结果显示，区域经济提高能有效促进旅游产业进步。Cortes 等（2006）指出，探讨旅游对经济增长的影响不能简单地套用出口驱动经济增长理论，还需将出口驱动型经济增长假说与旅游驱动型经济增长假说相结合，学者通过对西班牙和意大利的比较分析得出结论，出口促进两国经济发展，入境旅游只对西班牙经济发展产生正向影响。Nowak 等（2007）对旅游出口和经济增长之间关系进行了理论与实证分析，在理论上构建研究模型，实证则选择西班牙为调研对象，使用协整检验与多变量因果检验探究了这三者之间的关系。Soukiazis 等（2007）以葡萄牙为例，依据内生经济增长理论与收敛假说，利用面板模型探究了旅游发展对经济增长及收敛性的影响。分析结果显示，旅游发展能够促进国民人均收入增长，并加快收敛速度，缩小区域间经济发展差距，维持均衡的区域经济发展状态。Wan 等（2008）利用 88 个国家的横截面数据研究旅游发展与经济增长的非线性关系，依据门槛变数临界值对这 88 个国家进行分类，分析显示 80 个国家的旅游发展和经济增长具有显著的正向关系，其余国家则无显著关系。Chiang Lee（2008）借助面板协整技术研究 23 个 OECD 国家和 32 个非 OECD 国家旅游发展与经济增长因果关系以及长期动态关系，分析结果显示，非 OECD 国家旅游业发展对 GDP 的影响要大于 OECD 国家，同时证明旅游业对次发达国家经济增长的巨大贡献。

其二，就研究方法而言，国外研究大致可分投入产出分析法、CGE 模型、协整与因果检验以及回归模型，或根据乘数效应来分析旅游的经济作用。Samuel 等（2003）借助投入产出模型计算旅游业的经济效力，包含旅游发展对居民就业、生活质量、外汇收入等因素影响。Kweka 等（2003）运用投入产出分析法来计算旅游业发展对坦桑尼亚地区经济增长的影响。研究发现，旅游业对坦桑尼亚 GDP 增长及总产出的正向影响力巨大，并且旅游业的发展还会提高国家税收与外汇收入。Bicak 等（2005）使用投入产出模型计算北塞浦路斯旅游发展对经济的促进作用，研究认为，外来游客消费促进其国民收入与净产出的提升。CGE 模型是投入产出分析法的延展，是基于投入产出分析的同时增加对数据要求的分析模型，在旅游产业研究中也得到推广。Zhou 等（1997）在引入 CGE 模型的同时与投入产出技术作比较，基于此来探索降低游客支出对夏威夷经济发展的作用。Alavalapati 等（2000）通过建立两部门和两要素 CGE 模型来分析旅游、其他经济部门以及环境间的相互关系。Narayan（2004）以斐济为调研对象，运用 CGE 模型分析旅游支出增长 10% 对斐济的经济影响，结果显示斐济

GDP 将增加约 0.5%，实际消费增长约 0.72%，实际国民福利将增加约 0.67%。Mathieson 等（1982）提出旅游乘数的概念，其研究内容着重对旅游收入、旅游产出、旅游投资与旅游就业等因素对经济的影响。Balaguer 等（2002）以西班牙为调研地，提出旅游驱动经济发展的假说，通过协整与因果检验展开研究，分析结果使这一假说得到支撑。并且，入境游客对旅游目的地旅游产品和服务的购买、消费影响巨大，能有效促进当地经济收入的增加。国外游客所创造的外汇盈余对旅游目的地国家的国际收支平衡具有积极作用。Cooper（1980）采用回归分析研究了旅游者消费与地区人均收入、消费总支出间的关系，结果显示大众旅游发展对农业省区的经济影响明显高于工业省区。Getz（1986）对苏格兰高地区域旅游发展对人口结构的影响进行回归分析，分析结果证明了旅游经济发展对当地人口结构带来显著影响。Witt（1987）同样采用回归分析，通过对比威尔士与全英国旅游业发展对经济增长影响后发现，旅游业发展对威尔士经济增长的促进作用更为显著。Brian 等（1996）通过对塞舌尔游客消费与当地税收、就业关系的研究，以及对不同旅游地游客消费结构、消费水平分析后得出，游客消费尺度对区域经济发展的乘数效用也存在差异。Telfer 等（2000）针对乘数效应的不足提出，旅游目的地要想使旅游发展所带来的经济效益增加，则需要加强旅游业后向经济联系。Durbarry（2004）利用协整检验和因果关系分析对毛里求斯入境旅游与经济增长的关系进行了研究。结果显示，相比于产品出口，旅游更能带动经济增长，研究证实旅游业发展对当地经济增长具有显著的促进作用。

（四）空间溢出视角下旅游经济的研究

国外有关空间溢出视角下旅游发展的研究仍较为缺乏，主要集中于国家间经济增长的溢出效应，研究视角也较为系统和全面，且研究方法也较为丰富，有基于 M-F（Mundell-Fleming）模型理论的修正研究、增长率空间协方差函数分解研究、VAR 模型估计和脉冲响应分析、面板数据回归实证研究、区域性冲击研究、空间计量经济学研究、人均收入分布的动态演化研究等。如 Fleming（1962）与 Mundell（1963）通过构建 M-F 模型来研究一国货币、财政政策或其他内生因素变动对其他国家经济的影响，这为国家之间经济溢出研究提供了理论基础，而该研究框架也不断深化和扩展。McKibbin 等（1991）借助 M-F 模型的修正版加以实证检验，构建了开放经济形势下国家间的 M-F 模型。Krugman（1991）基于经济地理研究视角设计出两国 GDP 溢出模型，依据动态理念对 M-F 模型进行了修正，Ghosh 等（1994）将理性预期这一要素引入动态 M-F 模型中，并通过实证分析检验两国间的经济溢出，Douven 等（1998）则使用修正后的动态 M-F 模型，并通过分析发现多国之间都普遍存在经济溢出。Conley 等（2002）将增长率空间协方差函数划分为"无法观测的特征值""跨国溢出"与"各个国家自身可观测的特征值"三者的函数，并借此评估各国之间的溢出效应。Carlino（1995）对 1929—1990 年美国八个经济区域人均收入的年度数据做脉冲响应分析与 VAR 模型估计。统计分析显示，八个经济区域之间的经济溢出效应持续显著，并且地理空间具有显著分散的特点。Groenewold 等（2008）将中国划分成黄河流域、长江流域、东南地区、东北地区、西南地区和西北地区六大经济区域，并运用 VAR 模型分析经济区域间溢出效应，研究发现黄河流域、长江流域与西北地区对其他区域的溢出效应较强，东南地区与东北地区对其他地区的溢出效应较弱，西南地区与其他区域不存在溢出效应。Brun 等（2002）通过搜集到的 1981—1998 年我国 28 个省份的面板数据做回归分析后发现，我国沿海省份经济增长的溢出效应不仅能够减弱区域经济的不平衡性，而且导致社会分割以及大量区域移民风险的增大。Kouparitsas（2002）考察了区域性与普遍性冲击对地区经济的联动影响，研究证实，区域性冲击的溢出效应对地区经济联动不存在显著影响。Ramajo 等（2007）搜集了 1981—1996 年欧盟内部 163

个地区面板数据并做空间计量分析,结果证实经济增长的空间溢出效应对地区经济收敛产生显著影响,对于资本内聚国家的地区经济收敛的作用更强。Domingo 等(2007)以西班牙为调研对象,使用空间计量方法分析了区域创新产生的经济效应,研究发现区域创新不仅取决于本身的创新能力,还受其他地区创新活动的影响。Danny 等(1996)研究发现,欧洲各地区人均收入在分布上存在不平衡性且随时间波动,将人均收入分布进行动态演化后发现,地理溢出效应与实际位置对人均收入分布的影响较大,而前者的影响更大。

有关旅游经济的空间溢出研究极少,旅游研究对象主要为单个城市或景区,较少涉及具有等级规模与功能联系的区域体系。如 Yang 等(2014)利用截面和面板数据,借助空间滞后模型与空间误差模型,对中国省域旅游业发展的因素进行空间计量分析后发现,旅游经济发展具有空间溢出效应,并指出空间计量法的解释力要强于传统的分析方法。Lazzeretti 等(2009)指出溢出效应广泛存在于旅游业之中,区域所拥有的旅游资源或对旅游业的投资,不仅对本区域产生效应,而且其外部区域极有可能受到本区域旅游业影响而产生效益。

(五)小结

国外文献对旅游经济的研究意义重大,国外学者把应用计量经济学的方法运用到了旅游经济学研究中,这不仅使得旅游经济增长正向影响经济发展的假设得到了有力支撑,而且对认识到旅游产业的地位和影响力给予了保证,这证明了将旅游业发展为国民经济支柱产业的发展策略是具有科学依据的,并拓展了旅游经济研究,也为通过制定旅游发展策略来引导经济增长的国家战略提供了依据。在关于旅游经济影响因素的研究中,国外学者在研究内容方面具有较强的综合性,较为全面地关注了旅游业对 GDP、旅游目的地、外汇收支平衡、就业率、出口、财政收入等方面的影响,以及旅游业中某一活动和环节的经济影响。

当然，国外研究也存在不足之处。有关投入要素的旅游经济贡献研究忽略了对其空间溢出效应问题的考量，即只研究了被解释变量的空间相关性，并没有把空间溢出效应纳入模型，这必将影响要素弹性系数估计值的准确性。同时，某范围内旅游业的发展不只对该区域经济产生影响，还能影响其邻近区域的经济发展，而国外关于旅游经济影响的研究仅局限于既定范围内旅游经济影响的评价，仍比较缺乏对旅游业经济发展的空间辐射性研究。

二 国内研究进展

国内有关旅游经济的研究较晚，在20世纪80年代才开始逐渐探索，许多研究借鉴了产业经济学和区域经济学的相关理论和方法。目前国内关于旅游经济的研究主要集中于区域旅游经济差异、旅游经济影响因素、旅游产业效率、旅游经济对区域经济作用等方面。在此，本书针对以上研究焦点进行综述，并探讨空间溢出视角下旅游经济的相关研究。

（一）区域旅游经济差异

由于受经济基础、资源禀赋、区位条件等因素的影响，旅游业发展往往呈现出区域差异。作为区域经济学的重要分支，旅游经济学的重要组成部分就是旅游发展的空间差异，该研究对于优化旅游经济要素的空间布局以及协调发展区域旅游经济具有重大意义。国内学者对区域旅游经济差异的研究多从两个尺度展开，即省际旅游经济差异与省内旅游经济差异。

1. 省际旅游经济差异

省际旅游经济差异主要是以全国或某些省区作为研究主体。如郭利平等（2001）采用因子分析法测算区域旅游综合竞争力，之后通过聚类分析将我国31个省级行政区划单位归纳为八大旅游区，从中指出我国旅游业发展存在时间与空间上的差异性。陆林等（2005）通过分析各省、自治区和直辖市的旅游外汇收入与旅游总收入后发现了1990—2002年我国省际旅游业发展的空间结构特征和区域差异总体状况。叶护平等（2005）阐述了我国区域旅游业的发展差异与变迁，并利用1990—2002年各省的国际旅游收入进行研究得出区域国际旅游收入相对差异呈递减、而绝对差异呈递增趋势的结论；然后对总体差异运用泰尔指数分解法进行分析，研究发现总体差异的主要贡献者为东部区域内部的省际差异与三大地带间差异。敖荣军等（2006）运用计量模型法对我国20世纪90年代之后区域旅游业发展差异做了研究，并对该差异进行了地区分解。王凯等（2007）选择产业规模指数、素质指数为指标，对我国旅游业基础的现实格局、差异化发展的时空特征分析后指出，我国旅游业具有非极化、不平衡的发展特征。王颖（2007）基于我国31个省级行政区划单位对1996—2005年旅游经济差异特征及变化规律进行探讨，并研究了增长极对旅游发展非均衡化的影响。赵俊远等（2008）使用泰尔指数对西北5省在1996—2005年旅游经济差异变化进行分析，研究证实由组内差距所导致的差异在这5省旅游经济差异中占主导位置。方叶林等（2012）对我国1999—2008年省际旅游相关指标进行测度，研究显示我国省际旅游经济发展具有非均衡性、持续性态势。张广海等（2014）以我国31个省级行政区划单位为例，选取2000—2010年省际旅游经济相关指标探索了我国省际旅游经济的时空演变动态特征，研究证实省际旅游发展水平并不均衡，极高水平与极低水平省区差距有被拉大的趋势，并且邻省背景条件对本省旅游发展影响显著。孙盼盼等（2014）基于对区域旅游经济差异的理论分析，结合空间统计分析方法对2000—2011年我国31个省级行政区划单位人均旅游收入的空间分布格局、演变过程与互动关联模式进行分析，结果发现我国区域旅游经济在空间格局上具有较强的空间依赖性，局部上呈现出"低低"相聚与"高高"相聚的两极分化现象，并且相邻省级行政单位间旅游经济具有关联互动。王洪桥等（2014）以东北三省为调研对象，利用基尼系数、加权变异系数与二阶嵌套锡尔系数研究三省各市旅游收入和旅游外汇收入，对2002—2012年区域旅游经济的省间、地带间以及省内的时空差异变化进行阐释，并剖析了导致旅游经济差异的原因。

2. 省内旅游经济差异

关于省内旅游经济差异的研究是以具体的某个省、自治区或直辖市为研究对象来分析区域内各城市的旅游经济差异。如孙玉波等（2006）以旅游总收入、GDP为指标，对新疆15个州地市进行调研，研究了其2000—2004年旅游发展的区域差异，还从基础设施、自然资源与经济基础等方面探索经济差异的形成机制。高超等（2006）以江苏为例，研究了1998—2004年该省份各市旅游发展的总体差异和空间特征，将本省13个市划分为三个梯度，并对旅游经济空间差异扩大的成因进行了阐述。陈智博等（2008）运用基尼系数、泰尔指数等分析方法对江苏省旅游经济的总体差异进行了研究，结果证实苏北、苏中、苏南区域间差异是总体差异的主要贡献者。陈晓等（2009）在对辽宁省各市旅游入境人数、旅游外汇收入以及GDP等指标分析的基础上，总结得到在1992—2004年，辽宁省的旅游经济差异具有不断缩小的趋势，旅游集中程度较高。姜海宁等（2009）在运用标准差、赫芬达尔指数和变异系数分析江苏省入境旅游总体差异的基础上，又利用泰尔指数对该省入境旅游区域间的差异状况进行测度。郝俊卿等（2009）选择陕西省1998—2007年的10个地级市旅游综合收入作为主要指标，对该省旅游经济差异进行分析后发现，该省区域间旅游经济呈绝对差异扩大、相对差异缩小的态势，并且旅游经济的空间差异较为明显但具有均衡化的发展态势；并且他深入研究发现，经济发展水平、资源禀赋是造成陕西省旅游经济差异的主导因素，这也证实陕西省是区域经济与旅游资源双重依赖型的旅游经济发展模式。宣国富（2012）将江苏省13个地级市作为研究单元，运用Theil系数、Nich指数、变异系数等指标对江苏省在1999—2010年国内旅游经济的内部构成、空间格局与总体差异做定量分析，研究发现，江苏省国内旅游经济的区域差异在总体上具有先扩大后缩小的特征，并且苏北、苏中与苏南区域差异是旅游经济区域差异的主要贡献者，也奠定了该省区域旅游经济差异的基本格局。

综上可知，国内旅游经济差异的研究方法主要是标准差、变异系数、赫芬达尔指数、泰尔指数、聚类分析等数理统计指标与方法，运用空间统计分析方法对我国旅游经济差异进行系统研究的文献仍较少。

（二）旅游经济的影响因素

旅游经济影响因素研究也是国内旅游研究的热点话题。单一影响因素的研究中，旅游资源禀赋、区位因素、旅游交通因素、旅游服务设施这四种因素是该领域的主要研究对象；另有学者也综合多项因素共同探讨它们对旅游经济的影响。下面本书将对相关因素逐一进行阐述。

1. 旅游资源禀赋

关于旅游经济区域差异的研究中，旅游资源禀赋是导致区域间旅游经济发展不平衡的重要因素，但其对旅游业发展的影响力正逐渐减弱。有关研究中，王润梅（2007）以山东省17个地市为研究对象，通过对旅游资源与旅游经济发展进行关联性分析后发现，旅游外汇收入与地区中旅游资源拥有量具有直接关系。黄秀娟（2008）运用回归方程深入探索了旅游资源对旅游国际竞争力的影响程度，研究证实旅游资源赋存量与区域参与国际旅游竞争的可能性存在正相关，且比较优势越大，获得利润的潜在空间越大。韩春鲜（2009）基于核心—边缘理论与聚类分析研究了新疆各区域间旅游经济空间差异水平，分析显示，旅游资源优势与旅游经济发展水平在总体上呈正相关，且旅游经济发展的空间差异化格局主要是由旅游资源禀赋差异导致的。杨勇

（2008）分析了旅游资源和旅游经济发展的相互关系，研究显示旅游资源和非旅游资源部门对旅游经济都具有共同促进作用，并且我国旅游业呈现"脱物化"与"多元化"的发展态势。在现阶段，虽然旅游资源仍然是旅游经济发展的重要依托，但由观光旅游向休闲旅游的转变，以及对旅游资源文化价值的高度重视，使得旅游业发展不再过分受制于旅游资源。任凤慧等（2011）通过对旅游资源和旅游经济绩效相互关系的分析发现，旅游资源对经济绩效规模具有显著的促进作用，而与经营效率的对应关系则不明显，甚至呈负向关系；另外，研究还证实，与旅游资源一类的初级生产要素对旅游经济绩效的影响作用逐渐减弱，旅游经济绩效越来越依赖于旅游人才、专业知识和高等级旅游要素。张洪等（2015）选取安徽省16个地市作为调研对象，通过构建旅游资源与旅游经济发展的评价体系，在此基础上综合分析旅游经济与旅游资源的空间错位，研究显示，安徽省以旅游经济的反向偏离旅游资源为主，并且轻度偏离最为明显。李佳（2015）以四川省的21个地市区为例，通过分析旅游资源优势度、旅游经济发展水平以及旅游经济增速之间的相互关系，并探索各区域旅游资源与旅游经济空间差异后认为，旅游资源禀赋与旅游经济发展间存在空间错位，而旅游经济增速与旅游资源优势度具有负相关性。

2. 区位因素

区位因素是旅游经济发展的重要因素，区位优势能为旅游经济活动提供便利，并且有利于旅游产业的合理布局与客源市场的扩大。王琪等（2000）利用区位旅游地的边际效用模型来分析云南省旅游经济发展水平与旅游区域分布状况，并根据分析结果提出了解释旅游业发展的区位理论。要轶丽等（2002）认为，区域位置直接影响着地区旅游业的发展地位以及旅游开发的水平、时序和机构等，良好的区位条件是旅游业快速发展的重要保证。朱银娇等（2005）则分析了包含旅游客源区位等旅游区位要素对区域旅游市场的影响，并指出旅游区位的资源优化、客源区域联动以及交通补给三者的协调发展是区域旅游市场繁荣发展的前提条件。陈甲勇（2008）以旅游客源地和旅游目的地空间相互作用为研究视角，揭示了近程旅游客源市场对旅游目的地的作用机理。乌铁红等（2009）以入境旅游经济区位熵为测算工具，对1995—2005年我国入境旅游经济空间差异的演变特征进行了分析，并运用相关分析法对差异形成原因做定量分析。张学文等（2010）通过构建旅游经济区位熵对江苏省旅游经济的差异时空特征做空间格局划分和时间差异分析，并依据差距变化的波动情况将13个地市分为4类，即稳定型、波动型、增长型与衰退型。

3. 旅游交通因素

起初，国内学者主要研究公路、铁路、航空以及综合交通优势度与区域旅游经济的相关性、协同发展等关系。如张建春等（2002）利用相关性分析的方法，对我国旅游经济与交通运输业发展的关系进行了研究，结果表明，我国旅游经济的发展与公路、铁路和航空运输业高速发展具有极高的相关性。朱竑等（2005）选择青藏铁路作为研究对象，研究了青藏铁路对区域旅游业发展的影响，结果显示，青藏铁路有效促进了区域交通结构的改善，降低了社会经济发展成本，使青藏地区与内地联系得以加强，并使该区域旅游经济发展得到提升；基于研究结果，还针对区域旅游发展提出相应的对策。王兆峰（2012）通过利用回归分析、相关分析和重心模型，并搜集了1999—2009年西南区域的航空客运量与入境旅游人次等数据，并基于航空运输网络的客流关联度、入境旅游流、网络节点连接强度与空间结构等视角，对入境旅游流与航空运输网络空间演化的协同关系、协同演化规律及差异性、动力机制进行了研究，结果证实，旅游经济发展与航空运输间的相关性较高。杨仲元等（2013）选择三个时间节点，利用交通优势度模型等研究方法，综合分析了皖南旅游交通优势格局的空间变化特征，并基于以上研究对交通改善与皖南旅游区空间结构变化的关系进行深入探索。

伴随着高速铁路的迅速发展，国内有关高铁对旅游经济发展影响的研究也逐渐增多。黄爱莲（2011）基于新经济地理模型的理论基础，选择武广高铁为研究对象，研究了旅游经济与交通发展之间的关系，并根据研究结果指出，若要促进旅游经济的发展必须顾及旅游产品结构的调整与高铁沿线旅游空间集聚效应的增强。王学峰（2011）基于对洛阳旅游产业现状的分析，深入研究了郑西高铁对洛阳旅游经济发展的影响，并提出新形势下促进洛阳旅游经济发展的对策。蒋薇（2014）分析了成灌高铁对都江堰旅游业的影响，研究发现，成灌高铁对都江堰市的旅游业发展具有一定程度的促进作用，并有效推动了当地旅游客源市场的优化升级。郭建科等（2016）通过构建可达性模型，对哈大高铁开通后东北地区旅游交通网络可达性的变化特征进行了分析，然后利用修正引力模型对东北区域旅游经济和哈大高铁的相互关系进行研究，结果证明，哈大高铁使得东北区域旅游经济联系和旅游交通可达性得到强化。

综上可知，旅游交通的评价指标与方法主要有客流量、可达性模型、交通优势度模型等。交通与旅游经济二者关系的研究方法主要有相关性分析、回归模型、重心模型、修正引力模型等。

4. *旅游基础与服务设施*

旅游服务设施包括旅游餐饮、住宿、购物、康体娱乐等设施、游客接待中心、旅游解说系统；旅游基础设施包括旅游给排水、电力电信、安全、环境卫生、供热燃气、道路交通等设施。它们对旅游经济的发展具有重要的支撑和保障作用。相关研究中，如王淑新等（2011）通过对我国旅游经济影响因素的实证研究认为，旅游服务设施对旅游经济具有重要影响。赵东喜（2008）研究指出，星级酒店等旅游设施是旅游经营活动的物质保障，是作为衡量区域旅游接待能力的核心指标。王淑新等（2012）通过构建旅游经济空间差异的影响因素研究框架，研究了旅游基础设施和旅游服务设施等因素对西部地区旅游经济空间变化特征的影响，并根据分析结果提出加快旅游经济发展的建议。赵磊等（2013）通过搜集1999—2009年的省际面板数据，构建了以基础设施作为门槛变量构建面板门槛回归模型对我国旅游经济增长溢出的非线性特征进行检验，证实了我国旅游经济增长溢出显著地存在基于基础设施的正向非单调性"双门槛效应"。张广海等（2015）在综合考虑多要素对我国区域旅游经济发展协同作用的基础上，分别构建了铁路设施、高速公路设施、一级公路设施、二级公路设施、内河航道设施、民航航线对区域旅游经济发展影响的空间计量模型，分别从全域和局域角度，对其进行了空间计量回归。

5. 复合因素

国内不少学者综合研究了旅游资源、旅游交通、区位因素、旅游设施、地区经济发展水平等因素对旅游经济发展的影响，并分析了各因素的作用大小和重要程度。如黄秀娟等（2007）使用主成分分析法对我国31个省级行政区划单位的横截面数据进行研究，分析得到各个影响因素的相对贡献率，并总结出旅游企业竞争能力、可进入性、经济环境、旅游资源与基础设施是影响我国各区域旅游国际竞争力的主要因素。邓祖涛等（2009）采用重力模型和二维组合矩阵方法研究了区位因素、旅游资源和入境旅游收入水平的发展同步性，研究证实我国区位因素、旅游资源和入境旅游收入水平存在空间错位现象。方相林（2010）基于固定影响变截距模型构建回归模型，对影响旅游经济发展的要素进行实证研究，分析得出服务设施、交通条件、突发事件、旅游资源和经济发展水平等因素对旅游经济影响最为显著，而旅游教育水平、人力资源对旅游经济不具有显著影响。左冰（2011）指出，资本投入是促进旅游经济发展的核心指标，而环境、技术与价格等因素对旅游经济也产生正向影响。邓晨晖（2011）以我国西部地区为例进行研究发现，交通条件、经济发展水平以及旅游资源除外，政治因素和旅游设施建设也是导致区域旅游经济差异的重要因素。罗翔宇（2012）选取湖北省17个市州作为研究对象，对各地区旅游经济发展的时空演变情况进行分析后指出，交通条件、资源禀赋、基础设施、旅游服务水平等因素对该省区域间旅游经济差异产生重要影响，进而为促进该省旅游经济发展提供相关建议。杨友宝等（2015）对吉林省旅游经济差异时空演变特征进行分析，并且研究得出区位条件、资源禀赋、经济发展状况、政策制度是影响旅游经济差异的主要原因。综上可知，旅游经济复合影响因素的研究方法主要有主成分分析法、面板数据模型、重力模型和二维组合矩阵方法等。

（三）旅游产业效率

随着我国旅游经济的快速发展，旅游产业效率逐渐成为学术界的研究焦点。旅游产业效率是实现旅游经济发展中单位要素投入在特定时期产出最大化的关键指标，对于衡量区域旅游经济发展和旅游资源利用效率意义重大。国内对旅游效率的研究开始于21世纪初期，可根据研究对象划分为区域旅游产业整体效率与旅游产业部门经营效率两类。研究方法主要有DEA模型、CES生产函数模型等。

1. 区域旅游产业整体效率

区域旅游属于复合系统，国内对于区域旅游效率的研究多数是从投入产出效率与空间差异方面展开。如马晓龙等（2010）选取我国58个主要城市为研究样本，评估各城市旅游效率的统计特征、阶段特征、分组特征与分解效率对旅游总效率的贡献，研究结果显示，各城市旅游效率总体水平较低，而相比于技术效率与规模效率，规模效率对旅游总效率的影响力最大。梁明珠等（2012）搜集广东省21个城市2008—2010年旅游产业面板数据，运用DEA方法测算该省的旅游效率，分析结果显示，该省城市普遍具有较高的技术效率、规模效率以及旅游总效率，各市之间规模效率差距较小，但旅游总效率和技术效率差距较大。梁明珠等（2013）搜集广东省21个地级市7年间的面板数据，使用 DEA-MI 模型对各市旅游效率做比较分析，揭示了广东省各城市旅游效率的演进模式与发展规律，研究认为，广东省具有较高总体水平的旅游效率，且各市间存在较大的旅游效率差异，但差距处于缩减态势。邓洪波等（2014）采用 DEA 模型对安徽省 17 个城市在 2005—2010 年旅游资源利用的综合效率、规模效率、技术效率及其变动情况进行测算，并研究了安徽省旅游效率的空间分异特征。

2. 旅游产业部门经营效率

国内旅游产业部门经营效率的研究集中于酒店、旅行社与旅游景区等旅游产业核心部门。在我国旅游产业的发展进程中，由于酒店业的发展比较早，相对而言也最为成熟，因此国内旅游效率的研究开始于该领域。如彭建军等（2004）使用 DEA 方法中的 C^2R 模型，对北上广三市的星级酒店效率进行了测算，并运用定性分析对计算结果进行研究，丰富了有关旅游酒店效率的研究体系。孙景荣等（2012）同样借助 DEA 模型，研究了我国城市中酒店产业效率的空间特征，研究证实我国城市酒店产业的总体效率处在一般水平，而酒店综合效率的空间格局呈"东部高于东北，东北高于西部，西部高于中部"的特征。方叶林等（2013）通过搜集面板数据并借助改进后的 DEA 模型，对我国 31 个省份的星级酒店相对效率进行分析，并深入研究其相对效率的空间集聚态势与作用机理，最后基于波士顿矩阵分析法对提高星级酒店的相对效率提供建议。旅行社效率也是旅游效率研究中的重要领域，如孙景荣等（2014）实证研究了我国区域旅行社业效率在 2003—2009 年的空间分异与动态变化特征，研究发现我国旅行社业综合效率在总体水平上呈现上升态势，技术效率是综合效率变化的主要影响因素；从旅游效率的变化趋势来看，东、中、西部区域的旅行社业的全要素生产率都得到大幅度提升。胡志毅（2015）基于 DEA-Malmquist 模型分析了我国 2000—2009 年旅行社业发展效率，研究显示，得益于旅行社业规模效率的提升，技术效率处于稳步上升的态势，并且各省域旅行社效率与旅游化水平的对应关系具有同步变化和背离发展两类情形。旅游景区效率的研究也逐渐成为旅游领域的研究热点，其中，徐波等（2011）实证分析了我国 29 个省份旅游景区的运营效率，分析结果表明，各省旅游景区的运营效率相差较大，且大多数区域的规模效益呈现递减态势。曹芳东等（2012）综合 DEA 分析法与 CES 生产函数模型，对国家级景区的旅游效率进行测算，结果显示，国家级景区的旅游效率总体水平较低。曹芳东等（2014）又在后期分析了国家级景区的旅游效率空间格局动态演化，并探讨了影响因素对其演化轨迹的作用机理。

（四）旅游经济对区域经济发展的作用

旅游经济与地区经济发展的关系是旅游经济研究领域中的热点问题之一，国内学者对此的研究主要采用统计与数理分析以及计量模型等。在统计与数理分析方面，吴国新（2003）依据我国旅游发展状况，对旅游与总体经济的关系做统计分析，论证了旅游业发展对区域经济的增长效应。李兴绪等（2004）通过构建云南省 1997 年的投入产出模型，分析了云南省旅游业对经济增长的贡献，并根据云南省 1998—2002 年旅游总产出和增加值的估算发现，旅游业对区域经济增长影响显著，并且对优化国民经济产业结构具有促进作用。在计量分析方面，近年来基于 VAR 模型和误差修正模型的协整和因果检验、方差分解及脉冲响应等计量方法的应用逐渐增多。如刘长生等（2008）利用我国各省份在 1990—2006 年的面板数据，通过构建 VAR 模型并进行格兰杰因果性检验得出结论：旅游业发展与经济发展间具有长期均衡且互为因果的关系。和红等（2006）利用我国 1985—2006 年的旅游数据，构建 VAR 模型并引入方差分解和脉冲响应分析法，对旅游业与经济增长的动态关系进行分析，结果证实两者具有较强的双向相关性联系，并且这种相关关系呈现逐渐稳定和显著的特征。罗文斌等（2012）依据 1978—2008 年我国经济增长、第三产业发展与旅游产业发展的时间序列作为样本，并构建 Engel-Granger 两步协整模型、Granger 因果检验模型，对经济增长、第三产业发展与旅游业发展的长期均衡与因果关系进行检验。杨勇（2006）通过构建 VAR 模型，基于历史旅游数据做实证分析，验证出旅游发展与经济增长间不具有稳定的因果关系。赵磊等（2011）构建 VAR 模型对国内旅游与经济增长间的关系进行了计量分析，并利用协整关系检验、方差分解等检验方法进行深入探索后发现，二者间存在长期均衡的关系。钟高峥（2012）等利用 1989—2010 年西藏旅游数据，以及 Granger 因果检验、协整检验等方法实证研究了旅游业发展与经济增长的相互关系，结果表明西藏旅游外汇、总收入与当地生产总值存在长期的协整关系。

（五）空间溢出视角下旅游经济的研究

旅游经济是区域经济发展的重要支撑，由于时间和区域维度的相关性均存在于区域旅游经济发展过程中，因此，分析旅游经济空间溢出效应有利于协调区域之间旅游经济增长的相互影响关系，并促进区域旅游合作，推进区域旅游一体化建设。国内关于旅游经济空间溢出效应的研究成果中，根据研究内容可以分为旅游空间溢出特征、旅游经济增长因素的空间溢出以及区域间旅游空间溢出效应。

1. 旅游空间溢出特征

旅游经济的空间溢出特征是区域旅游产业在空间外部性的表现，是区域旅游发展空间溢出效应的外在表现形式。相关研究中，刘承良等（2009）以武汉城市圈为研究对象，通过构建旅游经济空间溢出模型以及对面板数据分析显示，武汉在区域旅游经济发展中呈现"一城独大"态势，并且城市间旅游经济空间溢出呈现差异化特征。王坤等（2013）研究了旅游效率的空间特征，并利用 ESDA－GIS、修正后的 DEA 模型与空间滞后模型，系统分析了长三角地区的旅游效率空间特征，研究发现区域旅游效率具有空间依赖性和空间溢出效应等特征。赵磊等（2014）通过搜集 1999—2009 年我国 30 个省份的面板数据，并运用空间面板的分析方法对旅游发展与经济增长的关系进行实证研究，结果显示，旅游业发展具有明显的空间自相关性及空间集聚性。

2. 旅游经济增长因素的空间溢出

对旅游经济增长因素的空间溢出展开研究，是基于地理空间视角揭示区域间旅游经济增长机理，国内对此的研究相当匮乏。向艺等（2012）基于旅游经济影响因素建立空间计量模型，在此基础上实证分析了我国内陆的 31 个省级行政区划单位旅游发展的内在机理。研究显示，我国旅游经济的空间依赖性显著，并且旅游接待设施数量、居民消费水平对旅游经济增长的促进作用较为显著。吴玉鸣（2014）借助空间面板计量经济学模型和 2001—2009 年我国旅游业面板数据，研究了旅游经济的空间溢出效应，结果显示，劳动与资本对旅游产出的弹性系数为正值，并且邻近省域间的旅游经济与旅游资本投入具有显著的空间溢出效应。王坤等（2016）运用面板 SDM 及空间效应分解法，使用 2002—2012 年泛长江三角洲的区域面板数据，实证研究了区域旅游发展及动力因子的空间效应。

3. 区域间旅游空间溢出效应

关于区域间旅游经济的空间溢出效应的研究近来也有所进展，其中，李凡等（2008）选择珠江三角洲区域为研究对象，通过构建旅游经济的溢出模型分析该区域城市间旅游经济溢出效应，研究证实，珠三角区域间旅游经济具有较强的关联性与溢出效应。李山等（2009）选择长江三角洲作为研究对象，构建旅游区域经济溢出模型，分析后认为，旅游经济溢出具有双向性，并与区域间的空间距离及规模级别差异呈负相关。

（六）小结

随着我国旅游产业不断发展，旅游经济的相关理论也不断更新，国内对于旅游经济的研究取得了长足进步。从研究内容上看，具有较强的综合性，所涉及的视角和层面比较完整且系统；从研究范围上看，既涉及宏观国家、省市层面，又包含旅游景区等微观尺度的研究；从研究方法上看，包括统计与数理分析、计量经济模型等定量方法，并且随着研究方法的不断更新，研究精度也逐渐得到提升。

长期以来，我国旅游业统计数据相对较少、旅游统计体系不健全，这导致运用数理统计方法或构造计量模型来评估旅游经济的规模、要素、效率及其对经济发展的综合贡献困难较大，也影响了各级政府和社会对旅游业发展趋势的准确判断和科学评估。就具体内容而言，国内对于旅游经济的研究依然存在诸多不足，例如旅游经济的理论研究略显薄弱；对于旅游经济的空间溢出效应的研究仍较少且缺乏系统性；对旅游经济增长影响因素的研究仍着重于分析人口、资本等传统投入要素，对制度和结构性因素的关注远远不够，并且，复合影响因素的综合研究中，各因素的选取仍然不够科学、系统和全面；与当时的研究背景有关，几乎所有旅游业全要素生产率的测算都未考虑旅游业所带来的环境污染问题，同时，关于旅游业生产率的研究较少进行部门间的比较；对于旅游经济增长对经济发展影响的实证研究仍显薄弱、滞后，显然与当前我国旅游经济迅猛增长的现状不契合。

第二节　理论基础

一　概念界定

（一）旅游经济相关概念

1. 旅游经济

旅游经济指旅游观光活动中，旅游者基于商品经济规则与旅游产品供给企业，由于经济利益的相互交织继而产生了经济交换，并透过这种经济交换关系又同时引发各类经济活动和经济关系的总和。旅游经济是基于旅游活动产生的众多经济现象与社会关系的综合形式，在旅游经济产生的过程中，旅游主体间会将经济利益作为相互联系的纽带。而旅游经济运行的基础是国家或地区所拥有的物质资料的总和，包括国民财产、劳动力、自然资源以及科学技术等因素。旅游经济的发展，促进了社会经济利益的提升。基于此，本书认为旅游经济是以旅游供给与市场有效需求为基础，在一定的社会环境下，旅游者出于满足旅游需要的目的与旅游从业者引发的各类交易现象与关系的总和。

从旅游经济的性质来看，旅游经济的商品化特征比较明显，旅游服务过程带有明显的综合性、独立性。其综合性体现在，旅游经济会影响到其他行业的发展，并与之产生关联的服务活动，影响关联产业部门的经济发展。独立性则体现在，旅游经济是第三产业中的独立经济服务产业。基于经济结构的概念，旅游经济结构是旅游经济系统各部门的比例关系、相互联系作用的形式。

2. 旅游总收入

旅游总收入属于总产值概念，是指旅游目的地国家或地区在一定时期内向旅游者销售旅游商品、服务或其他形式的劳务而获取的货币收入，也包含旅游目的地国家或地区通过向旅游者提供旅游资源、交通工具、设备设施、旅游劳务和旅游购物品而获取的货币。旅游总收入这一经济指标能够直接反映旅游目的地国家或地区旅游业的总体经营成果及总体规模状况，是衡量旅游经济效果的重要因素，也是评估国家或地区旅游业是否发达的重要标志。

旅游总收入可以根据其来源和需求弹性进行分类。从来源的角度看，旅游总收入可以分为国内旅游收入和旅游外汇收入。国内旅游收入来源于国内旅游消费，旅游外汇收入则源自入境游客在国内的旅游消费。从需求弹性来看，旅游总收入可以分为基本旅游收入和非基本旅游收入。基本旅游收入是指旅游目的地国家或地区的旅游产业部门通过向游客提供旅游食宿、交通、游览景点等旅游产品而获取的货币收入总额，与游客数量、消费水平成正比。非基本旅游收入指旅游目的地国家或地区的旅游产业相关部门向游客提供购物、美容、休闲娱乐等旅游设施和服务项目而获得的收入，并且非基本旅游收入所占比重越高，则该国家或地区的旅游发展的整体水平也越高。

（二）区域旅游经济增长相关概念

1. *旅游经济增长*

"旅游经济增长"这一概念是从"经济增长"的概念衍生出来的，经济增长是指一个国家生产商品和劳务能力的扩大，旅游经济增长是指一定时期内一个国家或地区旅游产业规模的扩大和旅游经济总值的增加，具体表现为旅游经济总产出的增大，是对一个国家或地区旅游经济总量的变化状况的反映。旅游经济增长方式则是在一定时期内对某个国家或地区旅游经济增长动力机制和要素投入情况的高度概括，分为粗放型增长方式和效益型增长方式两类。粗放型增长方式是凭借较快的发展速度和扩大外延再生产，其实质是依靠旅游人数的增加获取经济效益的增长方式，经济效益也相对较低。而效益型增长方式则是依靠调整综合要素与资源来挖掘内部潜力，其实质是以效益增长为中心，通过提高服务质量和旅游人均消费水平来获取经济效益的方式，经济效益也相对较高。在旅游业的发展初期，一个国家或地区大都会通过粗放型增长方式来扩大旅游产业规模，并增加旅游经济总值。当旅游经济总产出增长到一定数量后，为了提高旅游经济效益，必然会转变旅游经济增长方式，继而实现从粗放型向集约型的转换。

2. *旅游产业效率*

效率是用来反映经济活动与资源配置效果的衡量指标，是指成本与收益或投入与产出间的关系，是基于现有资源进行生产所能够提供的效用满足程度的总体表现，而旅游产业效率是效率概念结合旅游产业综合性和复杂性特征衍生而来的，而旅游产业效率的高低也在一定程度上决定了旅游产业的发展质量和发展态势。从供给方的角度来看，旅游产业作为综合产业群，由多类产业构成，具有分散性和多样性。从需求者角度来看，旅游产业是凭借旅游资源与基础设施，以旅游者为服务对象来满足其精神和物质需要，在旅游过程中为旅游者提供商品和服务的综合性产业。本书综合以上分析认为，旅游产业效率是指在旅游产业发展过程中旅游资源投入量所实现总产出的最大化，可以反映旅游经济活动对资源配置总体效果，也是旅游产业各利益相关者所获取收益的最大化程度。

旅游产业效率可以从规模效率、技术效率与利用效率三个方面进行测度。规模效率指用于旅游产业发展的资源要素投入满足对旅游发展资源需求的程度；技术效率则是旅游产业发展过程中，技术水平得到发挥的程度；利用效率则是在一定技术条件下，当旅游资源投入要素增加到一定程度的时候，各区域对投入要素的利用能力。

（三）空间溢出效应

空间溢出是从溢出概念演化而来，溢出最初用来描述单位或地区的水污染或大气污染给其他单位或地区造成影响的现象。在经济学中，溢出指代经济活动的外部性，是组织在开展某项活动的过程中，不仅导致预期效果的产生，而且会影响组织之外的人或社会；也可以理解为某种行为所产生的外部收益，而且是行为主体所得不到的收益。空间溢出则是基于空间计量经济学的理论基础而发展起来的新概念，并弥补了 Marshall 集聚效应、外部性以及其他临近溢出效应等传统计量经济学未能解决的问题。空间溢出是区域相互影响和作用的重要形式，区域之间相互学习、共同交流进而促进经济增长。本书认为，空间溢出是区域经济活动在空间上的一种外部性表现形式，反映出区域经济增长对其他区域的经济增长的影响。空间溢出还被广泛运用于区域发展和计量经济学的研究领域，并且溢出效应现象蕴含多层视角，例如知识溢出效应、产业溢出以及区域经济增长溢出等。

二 区域旅游经济增长的相关理论

（一）经济增长理论

1. 古典经济增长理论

此理论重点强调投资与储蓄对经济增长的决定性作用。其代表人物亚当·斯密认为，生产要素投入和技术进步所带来的生产效率的提高是经济增长的动力源泉。其中，要素投入包括资本、土地和劳动，这三类要素在生产中的地位也有所区别，劳动是非常重要的要素，它不仅包括劳动数量，还包括劳动质量，可划分为两类：生产性劳动与非生产性劳动，只有生产性劳动才能生产价值，并创造财富，非生产性劳动则不能产生财富，而且会消耗财富，所以实现经济增长必须依靠提高生产性劳动的总量。

亚当·斯密还对生产效率问题进行了关注，比较重视提高劳动效率，他指出决定劳动效率的关键因素是劳动分工与资本积累。其中，劳动分工可以带动劳动者提高生产熟练程度，减少因劳动者工作不熟练而造成的损失，并能够促进机器的发明和创造；资本积累可以带来资本存量的增加，并且能够促进劳动力数量的增加，直接带动经济增长。劳动分工和资本积累可以使得劳动效率得以提高，经济得以增长，但是二者的形成均依赖于投资，而投资又受利润驱动，所以，亚当·斯密对于以自由竞争为基础的政府政策的颁布进行了大力提倡。

马尔萨斯则从人口角度对古典经济增长理论进行了阐述，说明了人类在历史发展各个阶段是如何对生活资料进行生产和分配。他依据土地报酬递减规律阐述了生活资料的生产只能按算术级数增加这一论点，并基于生物学中的情欲不变性认为，人口的增长势必会超过生活资料的增加。另外，马尔萨斯还指出，工资会受人口规律的支配，即工人的工资水平与生活状况会随着工人数量的增减共进退，并周而复始地反复下去。

哈罗德—多马经济增长理论是从投资的需求和供给效应出发,将原凯恩斯短期静态分析动态化和长期化,其经济增长模型中,经济增长率是储蓄率与资本产出率的比值。在资本产出率固定时,经济增长率与储蓄率成正比,储蓄率则直接决定经济增长率,并且当经济处于均衡状态时,储蓄与投资相等,储蓄率提高即为投资率上升,继而带动经济增长。哈罗德—多马经济增长模型作为西方经济理论中较为常用的经济增长模型,其说服力和应用价值巨大,对于实现国家经济稳定增长具有一定借鉴作用。

2. 新古典经济增长理论

新古典经济增长理论指出,资本积累与劳动力的增加不是经济增长的根本动力,而技术进步才是促进经济增长的关键。该理论深入研究了资本要素投入与劳动要素投入的关系,并高度重视资本要素投入对经济增长的影响,指出经济增长的主要表现形式是资本积累,而资本积累的决定性因素则为投资收益率。以规模收益固定为前提,人均收入的唯一影响因素是资本和劳动的比率,并且投资收益率与资本边际收益率相同,而资本和劳动的比率决定资本的边际收益。另外,新古典经济增长理论模型中的劳动要素是简单劳动,资本要素则是未将质量考虑在内的原始物质资本。

在新古典增长理论中,技术为外生变量,且其进步速度固定。因为技术进步的存在,即使资本与劳动力之间具有固定的比例,资本边际收益率也能够提高,所以技术进步可以使资本边际收益随人均收入的提高而减少的趋势得到抑制,并且在长期的积累过程中,人均资本并不会停止增加,从而使人均收入持续上涨。但是,新古典增长理论把技术进步看作外生的、希克斯中性的,并不能确定技术进步的决定因素,这就削弱了此理论的解释力以及政策影响力。

3. 新经济增长理论

此理论的产生是基于新古典经济增长理论的缺陷,并且对新古典增长理论进行了补充与完善。罗默、卢卡斯作为新增长理论的典型代表,提出了"技术内生化"理论,并对经济增长的长期性做了探讨,指出经济增长决定因素是经济体系的内部力量而非外部力量。罗默在研究过程中先后提出了两个内生增长模型,强调经济增长是由专业化人力资本和特殊的知识所引起的,不仅人力资本与知识可以形成递增收益,还能促使资本、劳动等生产要素的收益递增,进一步促使整个经济产生规模递增收益。1990年在罗默提出的内生增长模型中,技术进步被假定为经济增长的核心,且认定技术进步为内生的。此外,他还对知识的效用进行了着重强调,并认同了政府干预的必要性,认为政府干预对人力资本的投资非常重要。卢卡斯的经济增长模型把资本划分为两类——人力资本与物质资本,对于人力资本的投资既能增加产出,还能产生外部效应。卢卡斯还认为,仅那些专业化的、表现为劳动者劳动技能的、特殊的人力资本才是经济增长的动力源泉。此类人力资本通过人力资本社会平均水平的提升来提高社会平均生产效率,因此,经济增长的实现并不是通过资本的积累,而是通过人力资本的积累。

罗默、卢卡斯等经济学家基于前人经济增长思想构建了内生增长理论,重视人力资本和知识对经济增长的促进作用,是对新古典经济增长理论的升华,但忽略了制度、环境因素对经济增长的作用,削弱了研究力度。

4. 新制度学派经济增长理论

新制度学派指出,与其说经济增长的原因为资本积累与技术进步等,还不如说是经济增长本身,而经济增长的决定性因素应为制度因素。新制度学派对经济增长提出了新理念,而科斯、诺斯等人将制度因素视为影响和决定经济增长的极为重要的内生变量,并深入探索经济增长与制度因素的相关关系。

科斯在对法律制度与经济运行效率、资源配置关系的研究中指出,社会成本拓展了交易成本范畴,人们需要在既定的制度下促进生产要素达到最佳配置,且要对可以实现此配置的所有可供选择的制度框架进行选择。不管初始权利如何配置,零交易成本下的自由交易均能实现生产要素的最佳配置,而在正的交易成本下,初始权利界定则对生产要素配置与经济增长产生显著影响。科斯着重探讨了法律制度对经济效率的影响,在他看来,合法权利的界定是实现资源合理、有效配置的必要保证。

诺斯则认为,虽然技术进步对经济增长具有重要作用,但高效率的经济组织才是促进经济增长的关键因素。能够产生个人刺激的有效经济组织具有决定性作用,而在诸多影响有效经济组织的制度因素中产权的影响效力最为明显。诺斯还强调,在技术没有实现重大突破时,经济增长依赖于制度因素的作用。此后,他对制度创新与经济增长之间的关系进行了探讨,认为制度创新是促使创新者获取追加利益的现存制度变革,且导致这一现象产生的动力源泉是个人利益最大化的实现。其实质是基于制度变革,创新者赢得盈利机会以达到收益增长的目标,最终导致制度均衡。从整体上看,制度均衡在潜在利益与外在条件的共同作用下有可能被打破,由此,制度变迁的过程是制度创新、制度均衡交替出现的过程。

随着经济增长理论的深入研究,制度影响的重要性也得到认可。然而制度变迁对于经济增长的促进作用是有条件的,但是,新制度经济学派并未对制度变迁发挥作用的条件进行很好的解释。并且新制度经济学派对制度增长理论的研究是借助语义逻辑与直觉思维的分析方法,缺乏诸如数理模型的逻辑推理工具,所以其理论的科学性备受主流增长学派的质疑。

(二) 传统区域经济学理论

1. 增长极理论

佩鲁开创了增长极理论，他指出增长并不会同时出现在所有地方，而是会以不同强度出现在一些增长点或增长极上，之后再通过各种渠道向外部扩散，并影响整体经济。佩鲁认为增长极是主导新产业和有创新能力的企业由于政策因素、自然条件等因素在一定区域的集聚发展而形成的"磁极"式的复合经济活动区，并且经济活动区在不断发展的过程中产生城市化趋向，而且通过资本集聚和扩散、技术创新与外溢对周边区域的经济发展产生吸引和扩散效应。佩鲁还着重研究了经济的空间效应，增长极往往作为具有促进和支配作用的经济空间，增长潜力与创新能力较强，通过产业间关联与外部经济等形式的乘数扩张效应来促进相关产业与周边地区经济发展。但佩鲁所探讨的增长极是与推进型产业相关联的，过于抽象地对推进型产业的作用进行强调，夸大了增长极的扩散作用，并且忽视了增长极所产生的负面效应。

后来学者对佩鲁所提出的概念进行了补充与修订，其中布代维尔把抽象的经济空间转换成地理空间，并提出了"增长中心"这一概念。他对增长极的地理区位属性进行了着重强调，指出增长极是经济活动在地理上的集聚，他将增长极概括为城市区域配置不断扩大的工业综合体，并在一定范围内对经济发展产生推动作用。作为主导区域经济发展的新生经济力量，增长极不仅能够形成高效的规模经济，对其他产业经济也具有支配效应、乘数效应以及极化与扩散效应。支配效应与拉动作用类似，是指增长极中的推动性单位与其他经济单位间产生商品供求关系，或生产要素的相互流动而对这些经济单位产生支配影响；乘数效应是通过增长极的经济力量带动相关产业的建立与发展，这一效应能够通过生产、就业以及经济效益总量得到体现；极化与扩散效应中，极化效应是通过推动性产业的迅速发展而带动其他部门的经济活动,并逐渐趋向增长极,在这一过程中能够形成经济要素、经济活动的极化,并促使地理上的极化,从而产生集聚经济。

综上所述,作为典型的区域发展不平衡学说,增长极理论强调了区域经济空间发展的不平衡性,对于相对落后的国家或地区,该理论主张优先发展优势性产业和地区,并把它们建设成增长极,随后利用增长极的扩散、拉动效应促进相关产业与周边地区的发展,逐步实现整体区域的经济增长。从积极层面上看,增长极理论是对区域经济均衡发展理论与发展模式的突破,强调了区域经济非均衡发展,与大多数国家客观发展的实际规律相符合。在消极层面上看,增长极理论强调把周围的物力、财力等资源汇集到中心并优先发展,这在一定程度上加剧了贫富差距。增长极理论还突出依靠政府力量建立增长极的理念,然而政府投入并不意味着增长极的必然出现。尤其在推进型产业与本地产业没有产生紧密联系,二者技术、规模相差过大时,往往无法形成产业链,并且资源向外扩散的渠道受阻,产业结构联系的中断,最终引起飞地经济的发展模式。

2. 不平衡增长理论

美国经济学家赫尔希曼在借鉴佩鲁增长极概念的基础上,基于资源稀缺性提出了经济的不平衡发展理论,该理论强调一个国家或地区发展某项产业,应当集中现有资源、成本优先发展该产业中的某一部分产业,将生产要素投入该部分产业直接生产性活动中,并依赖优先发展的生产部门的经济增长再促进其他产业部门的发展。该理论认为经济不平衡发展是普遍规律,强调以局部推动整体的做法不仅能有效推动产业前向、后向的联系与发展,并且能推动该产业在其他领域的深入拓展,从而使其与相关联产业共同发展,实现经济增长。整体上看,不平衡发展理论是以寻求资源配置效率的最大化为导向的产业间非均衡发展,并具有以下特征:第一,打破区域产业间增长速度的均衡态势,追求非均衡化,使某些产业超高速发展,某些产业减速发展,甚至负增长发展。第二，形成具有显著地方特色的经济发展主导产业。第三，区域工业结构的不平衡建立在资源配置效率最大化的基础上，并试图通过产业结构的高度化来促进整体产业投入产出效率的最大化。

在不平衡增长理论中，赫希曼着重强调了资源的有效配置，研究的是如何将稀缺资源有效地分配到最具有生产潜力的产业中，也就是联系效应最强的产业，继而利用这些产业的生产潜力与联系效应的发挥，依靠这类产业的优先发展推动相关产业的进步，最终促进整体经济的发展。不平衡增长理论有助于从宏观布局上把握经济的发展态势，为制定合理的经济决策提供科学的理论依据。但不平衡增长理论的缺点在于，缺乏对经济发展不平衡增长的趋向、过程以及转折点等要点的分析和论述，并忽视了对投资所导致的通货膨胀等负面效应。同时该理论还过分强调了投资决策的作用，而对诸如管理、政策、行政等要素的影响作用缺乏思考，同时高估了落后地区市场机制的作用。

3. 区域协同发展理论

协同是通过系统中各要素的协调合作，进而使得系统整体功能大于各要素功能和的一种系统结构状态，它不仅反映出系统发展的协调合作过程，而且体现了系统通过一系列要素组合所达到的结构优化结果。协同发展现象普遍存在于各领域，是系统演化发展的必然趋势。作为地区经济社会的综合体，区域系统包含资源、经济、生态环境、社会等，区域协同发展是通过区域系统的开放，各要素的自由流动，并结合各子系统间的非线性耦合的放大作用，最终实现区域系统总体效益的最大化，形成整体联动、互惠共赢的整体协同发展格局，其目标是通过区际、区域各子系统之间和子系统内部合理有效的协同运动来缓解区域系统自发引起的无序混乱程度，使系统呈现出宏观稳定、有序的状态。区域协同发展具有共生性、有序性、高效性以及动态性四大特征。其中，共生性是区域协同发展的基础特征，是指经济发展要素的高度协调与合作；有序性是区域协同发展的必备条件，区域协同发展系统的有序性源自内生的增长机制来引导无序运动，进而实现各生成要素的协同转化；高效性是区域同发展的目标，较高的协同水平表示各区域系统能高效快速地发展，并促进区域经济系统的高效持续发展；区域协同发展是动态过程，在各驱动因素的作用下，区域系统从无序走向有序，持续向更高水平演进，而序参量也通过役使其他驱动因素来引导区域系统的演化发展。

区域协同发展的主体是各级政府和区域协同组织等，其中，政府如何行使其职能在区域协同发展的过程中具有决定性作用。区域协同发展是促进区域经济结构升级、完善社会结构、提高生活质量的重要保障，能够增加社会财富的总量，并且能使社会财富的质量得到提升，从而实现经济社会发展量与质的统一。坚持区域协同发展理念，是遵循经济发展客观规律的体现，是科技创新支撑经济发展的关键，是区域间合作的重要基础。

（三）新经济地理学理论

区别于新古典经济理论、新增长理论中垄断竞争的生产要素流动性、运输成本、市场结构和报酬递增等假设，以克鲁格曼为代表的新经济地理学派，着重对集聚效应所产生的特定区域经济行为进行了强调，并阐释了产业在地理空间上的集聚与扩散状况，以及集聚效应的决定因素和内在机制。新经济地理学的理论基础是收益递增和不完全竞争理论，综观新经济地理学理论的研究框架，主要包括经济行为的空间集聚和经济增长趋同的动态变化这两方面内容。

1. 经济行为的空间集聚

新经济地理学理论的收益递增是指经济活动或经济上相互联系的产业，在空间上相互接近而节约成本，或者是产业规模的扩大所产生的规模经济等。收益递增的外在表现为空间集聚，它是各类产业、经济活动在空间集中后所产生的经济效应与吸引经济活动向一定区域靠近的向心力。而对于外部性或溢出效应较强的经济产业，其生产区位会呈现集中的态势，亦会导致产业集聚现象，并据此来获取递增收益。由此就会产生循环累积因果过程，进一步引发市场体系偏离均衡状态，并导致区域之间经济发展水平和收入分配的差异的扩大。劳动力与资本流动并不会使区域之间非均衡发展的态势得到扭转，逐步形成"中心—外围"空间格局。此外，经济全球化、区域经济一体化和区域之间贸易成本的降低也会引起大规模的产业集聚。

2. 经济增长趋同的动态变化

新经济地理学理论指出，运输成本、市场规模和区域之间劳动力的流动性影响区域经济一体化对经济活动和收入分配空间分异的作用。若区域经济一体化可以降低运输成本，同时引起市场容量的扩大与劳动力流动性的增强，那么，区域经济活动就能在更大的空间集聚，并且中心地带与外围地区的差距就会被拉大。相反，区域间劳动力如果不具有流动性，则位于中心地带的劳动力成本便会增加，这将导致经济活动在空间上发散，而地区差异则不会扩大。

新经济地理学中诸多理论模型也揭示出要素流动、贸易自由度以及规模经济等对经济空间格局复杂演化的作用机理，众多具体因素如市场关联、外生差异、需求规模和需求偏好等作用其间。虽然关系较为复杂，但是也具有一定的内在统一性，因为作用基础均为垄断竞争与规模收益递增。引发经济集聚的关键是循环累积因果机制，而贸易自由度的变化对循环累积因果机制也产生决定性的影响效应。

基于新古典增长索罗—斯旺模型，依靠不完全竞争与规模收益递增基本假定、一般均衡的分析方法、空间维度的独特建构以及严谨的理论模型而发展的新经济地理学理论，对产品、市场竞争与产业区位选择提供了有力的解释，获得了广泛的认同，成为主流经济学关注的焦点，并被誉为继产业组织理论、新贸易理论、新增长理论之后不完全竞争和收益递增革命的第四次浪潮，极大地推动了空间经济学的发展。

（四）旅游可持续发展理论

可持续发展理念提出于20世纪80年代，逐渐地，可持续旅游的思想也得到了重视。作为一个非常复杂的过程，旅游可持续发展牵涉人类物质与精神生活的多个层面，还关联到人类对自然和社会的认识水平，它伴随人类活动与意识的进步而发展。当前对旅游可持续发展理论还没有统一的表述，其中，世界旅游组织将旅游可持续发展定义为一种经营模式，其发展目的是向旅游者提供高质量的旅游经历，改善当地社区居民的生活质量，并维护当地社区和旅游者活动所依靠的环境。其他旅游可持续发展的观念则认为，不破坏旅游区域自然环境，不使旅游资源受到损坏，并合理开发和保护旅游资源，在实现社会、环境、经济三效合一的基础上持续发展的旅游经济开发行为即为旅游可持续发展。本书认为，旅游可持续发展应当确保旅游产业发展需要与社会、资源环境、经济发展相协调，并以不断满足当地居民与旅游者精神、文化、物质需要为目标，同时保证生态系统与居民生活质量的完整性、有序性和多样性。

旅游业可持续发展的本质是促使旅游与社会文化、自然环境以及人类活动之间形成整体，在满足当前及未来旅游产业发展需要的同时，又不损害旅游者和旅游区域利益的发展模式。旅游业可持续发展的目标是通过旅游产业发展来满足区域经济发展需要，提升旅游目的地社区居民的生活质量，并且，满足日益增长的旅游产业发展的需求，使旅游者产生高质量的旅游体验，同时维护旅游发展之基本吸引力要素的环境资源的质量，维持并提高旅游产业的生存力与竞争力，且在发展过程中维持"公平"的经营环境。旅游业可持续发展包括系统性、合理性、公平性、协调性以及共同性原则，其中，系统性原则指出，旅游发展战略的实施应该打破地区界线和专业、部门等的条块分割，进行综合分析、宏观调控的依据应为系统要素的相互关系；合理性原则指出应当在最大限度地发挥旅游资源应有的价值的同时，尽力延长其使用寿命，合理、科学地对旅游资源进行开发与保护，使其能够持续被利用；公平性原则指出要在满足当代人发展需要的同时，保证后代人具有公平享有旅游资源的权利；协调性原则指出系统各要素应当保持适度的发展规模，促使旅游发展能够健康、协调、稳定；共同性原则指出旅游发展务必摒弃狭隘的区域观念，实现旅游产业的整体发展与繁荣。

三　空间计量经济学方法

（一）空间计量经济学简介

空间计量经济学是计量经济学的一个分支，是经济学与地理学的结合，是一门处理横截面或面板数据回归模型中的空间相互作用（即空间依赖性）和空间结构问题（即空间异质性）的学科。起初，它被大量应用到城市经济学、区域科学、经济地理学和发展经济学等领域；近年来，随着空间计量经济学中一系列有效的理论和实证方法的形成，它被广泛应用到需求分析研究、环境科学、劳动经济学、社会学等学科，研究领域日益拓展。空间计量经济学为各学科的研究提供了重要的分析工具，为其开拓了新的研究思路。同时，近年来，模型理论诸如马歇尔外部性、代理人相互作用机制、集聚经济等，以及空间数据的实践使用过程都不断地向空间计量经济学提出新的要求，由此，研究空间计量模型的假设检验、模型设定和估计方法等方法论方面的文献出现了。

荷兰学者 Paelinck 于 1974 年提出了空间计量经济学（Spatial Econometrics）这一词汇，并在 1979 年与 Klaassen 合著的 *Spatial Econometrics* 中给出了模型设定的至少五个主要原则。Anselin 的《空间计量经济学：方法与模型》（*Spatial Econometrics: Methods and Models*）

(1988年）是空间计量经济发展的里程碑，文章对空间计量经济学进行了初步定义。

空间计量经济学用以处理各地区经济地理行为之间存在的空间交互作用，即空间效应（spatial effects），主要包括空间依赖性（spatial dependence）和空间异质性（spatial heterogeneity）两方面。

1. 空间依赖性（即空间自相关性）

它是指观测值在地理空间上具有依赖性，缺乏相互独立性。其中，观测值在地理空间上的相对位置可以是距离上的，也可以是空间位置上，即绝对位置与相对位置共同决定了空间相关的强度与模式。空间依赖性可分为真实空间依赖性和干扰空间依赖性两种，Anselin 对二者的不同进行了区分。其中，真实空间依赖性是地区之间创新或经济等差异在演变过程中的真实成分，是对客观存在的空间交互作用的反映，如区域经济要素的流动、知识的溢出、创新的扩散等，具体表现为：劳动力、资本流动等耦合形成的实体经济行为在空间上相互作用，研究开发的投入产出行为、空间上政策的示范效应等无形技术在地理空间上传播；干扰空间依赖性的来源则为观测值的测量问题，比如，我国地理数据一般是按照行政区划来统计的，这可能与研究问题的实际边界不一致，此调查过程中，数据的采集则非常容易出现测量误差。对应于真实空间依赖性和干扰空间依赖性，可以分别用空间滞后模型和空间误差模型两种模型来对其进行刻画。

2. 空间异质性

它是指观测值在不同地理空间上是有区别的，具有差异性。地理空间上的区域缺乏均质性而具有异质性是其产生区别的根本原因。具体而言，经济发展水平和创新行为在地理空间上具有较大差异性的根源为经济地理结构，诸如存在的发达与落后地区之间、核心地区与边缘地区等。空间异质性是对经济实践中各地区之间经济行为关系的不稳定性的反映。经典的计量经济学方法可用来考虑空间单元的特性，但若空间相关性与空间异质性同时存在，那么处理该问题比较好的方法就是空间变系数模型。

（二）空间权重矩阵的设定

对于空间计量经济模型的构建，首先就是空间权重矩阵的设定，它是一种与因变量的空间自回归过程相联系的矩阵。在空间计量模型中，空间权重矩阵是外生，即 n×n 维的矩阵（n 为地区数）包含了研究范围中任何两个区域之间相关的空间链接的外生信息。空间权重矩阵的设定对空间计量模型的估计结果产生直接影响，在空间计量领域具有重要作用。可以根据研究目的来具体设定空间权重矩阵，目前常用的有地理空间权重矩阵和经济空间权重矩阵。本书涉及的空间权重主要有以下两种：

1. 地理空间权重矩阵

地理空间权重矩阵是空间权重矩阵的基本形式，它只考虑地理相邻信息。

（1）简单二分权重矩阵。它是地理空间权重矩阵中最常用的权重矩阵，遵循 Rook 相邻规则，即两个地区拥有相同边界则视为相邻。w_1 为 n×n 阶的空间权重矩阵（n 为地区数），主对角线上的元素为 0，若地区 i 和 j（$i, j = 1, 2, \cdots, n$）边界相邻，w_1 中的元素 w_{ij} 的值为 1，否则即为 0。

（2）距离权重矩阵。它以各省份省会城市之间距离的倒数作为空间权值。其中，城市之间距离的测定是假定地球为圆形，通过确定地球半径和各城市经纬度坐标计算球面两点间距离而得。

2. 经济空间权重矩阵

本书中所应用的经济空间权重矩阵（W）是地理空间权重矩阵（w）与各地区 GDP 占所有地区 GDP 之和比重的均值为对角元的对角矩阵的乘积，具体形式为：

$$W = w \times diag\left(\frac{\bar{y}_1}{\sum_{i=1}^{N}\bar{y}_i}, \frac{\bar{y}_2}{\sum_{i=1}^{N}\bar{y}_i}, \cdots, \frac{\bar{y}_N}{\sum_{i=1}^{N}\bar{y}_i}\right)$$

其中，$\bar{y}_i = \frac{1}{t_1 + t_0 + 1}\sum_{t=t_0}^{t_1} y_{it}$ （2-1）

式（2-1）中，t 为考察时间期数，N 为研究地区个数（$N=31$），y 为研究地区 GDP。

（三）空间计量经济学模型

研究变量空间依赖性的存在是空间计量模型的应用前提，具体而言，空间滞后模型、空间误差模型与地理加权回归模型要求因变量存在空间依赖性，空间杜宾模型要求因变量与自变量均存在空间依赖性。通常选用全局 Moran 指数对变量的空间依赖性进行检验（见图2-1）。

1. 空间依赖性模型

（1）空间滞后模型（SLM，Spatial Lag Model）。它主要研究邻近地区的行为对整个系统内地区的行为存在影响（溢出效应）的情况，公式为：

$$y = \rho(I_T \otimes W_N)y + X\beta + \varepsilon \quad (2-2)$$

式中，y 为 $n \times 1$ 阶因变量向量；X 为 $k \times n$ 阶自变量向量；ρ 为空间自回归系数，度量相邻（近）地区观测值对本地区观测值的影响程度和方向；β 为 $k \times 1$ 阶回归系数向量；ε 为随机误差项；I_T 为 T 维单位时间矩阵；W_N 为 $n \times n$ 阶空间权重矩阵，n 为地区数，$(I_T \otimes W_N)y$ 为空间滞后因变量。

（2）空间误差模型（SEM，Spatial Error Model）。它用于地区之间的相互作用因所处的相对位置不同而存在差异时，地区之间的相互关系通过误差项加以反映，公式如下：

$$y = X\beta + \mu, \quad \mu = \lambda(I_T \otimes W_N)\mu + \varepsilon \quad (2-3)$$

式中，μ 为随机误差项；λ 为空间自相关系数，度量一个区域的变量变化对相邻（近）区域的影响程度；其余变量含义同式（2-2）。

（3）空间杜宾模型（SDM，Spatial Durbin Model）。它同时考虑了

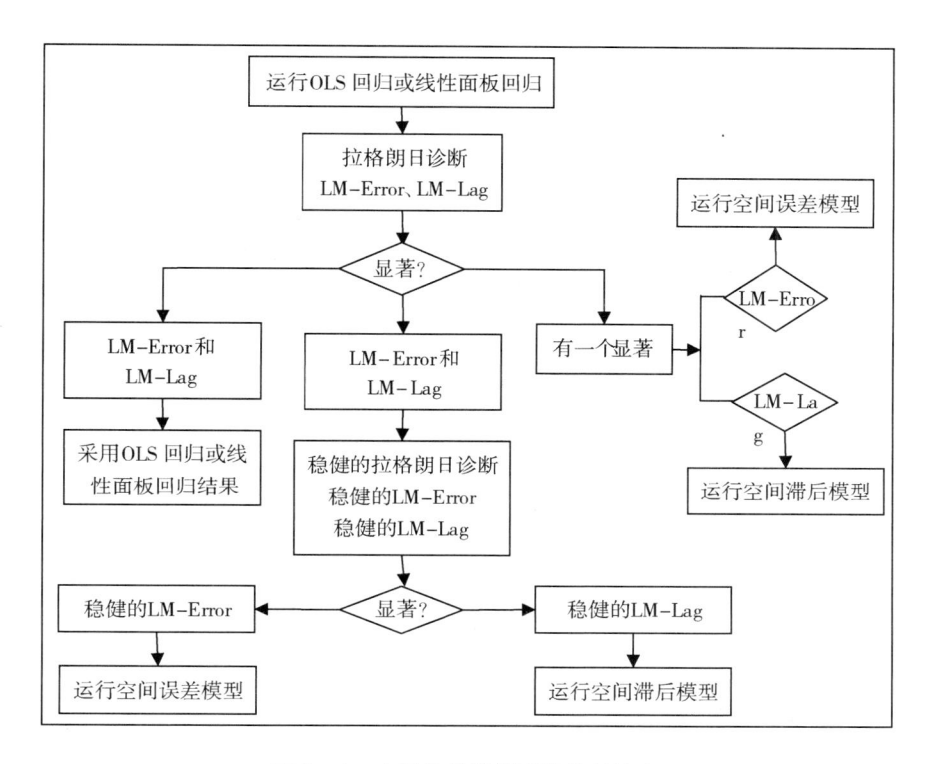

图 2-1 空间依赖性模型的选择流程

因变量和自变量的空间相关性，公式如下：

$$y = \rho (I_T \otimes W_{N1}) y + X\beta_1 + (I_T \otimes W_{N2}) X\beta_2 + \varepsilon \quad (2-4)$$

式（2-4）中，W_{N1}、W_{N2} 分别表示因变量 y、自变量 X 的空间相关关系；β_2 表示外生变量的空间自相关系数。

2. 空间异质性模型

空间扩展模型（Expansion Method）与地理加权回归模型（GWR，Geographically Weighted Regression）的应用较为广泛，公式如下：

$$y = X\beta (v_1, v_2) + \varepsilon, \varepsilon \sim N(0, \sigma^2) \quad (2-5)$$

式中，v_1 与 v_2 为地理坐标变量，通常使用经度与纬度变量；ε 为随机扰动项，它满足正态独立同分布。此方法的参数估计值与观测点的地理位置密切相关。

第三章　中国区域旅游经济发展状况分析

中国旅游经济经历了孕育阶段（1923—1949 年）、形成阶段（1950—1990 年）、成长阶段（1991 年至今）三个发展阶段，目前已经进入了高速发展期，尤其是 21 世纪以来，中国旅游经济规模不断扩大，旅游业在增长速度、产业地位和质量效益等方面都得到了显著提升。中国区域经济发展战略经历了中华人民共和国成立初期的平衡发展、改革开放后的不平衡发展、20 世纪 90 年代后的非均衡发展三个发展阶段，这对我国旅游经济发展的空间差异具有重要影响；且受区域资源禀赋、地区经济发展水平等条件的影响，目前，我国旅游经济发展的地区差异很大。全面认识和把握我国旅游经济增长的时空分异特征及其演化规律，对于剖析区域旅游经济时空分异形成的内在机制、推动旅游产业要素在时序和空间上的合理配置，进一步制定针对性强且行之有效的区域旅游经济增长调控和差异倾斜政策，来促进我国区域旅游经济高效、协调、可持续发展，具有非常重要的理论参考价值和现实指导意义。本书将对我国区域旅游景区、星级饭店、旅行社等核心旅游企业的发展现状与特征，以及旅游人数与收入等旅游经济增长指标的时空特征进行分析。

第一节　中国区域旅游企业经济状况分析

旅游企业是区域旅游业发展的载体，其经济状况直接决定区域旅游经济增长水平。近年来，我国旅游企业经济迅猛增长，2014 年旅游企业的数量为 39882 家，是 2001 年的约 1.68 倍；2014 年我国旅游企业的营业收入约为 6732.08 亿元，是 2001 年的约 3.46 倍，且由表 3-1 可知，2001—2014 年旅游企业营业收入基本处于增长态势；2014 年旅游企业的利润约为 145.73 亿元，是 2001 年的约 5.01 倍；2014 年旅游企业的全员劳动生产率为 34.77 万元/人，是 2001 年的约 3.58 倍。由于旅游企业经济发展势头良好，并且旅游需求旺盛，旅游市场容量逐年增加，从业人员、高校学生、固定资产投资等各类生产要素迅速集中到旅游业。2014 年旅游企业从业人员约为 193.63 万人；2014 年我国旅游企业固定资产原价约为 7121.97 亿元，是 2001 年的约 2.14 倍。

表 3-1　　中国旅游企业经济总体状况（2001—2014 年）

年份	数量（家）	营业收入（万元）	固定资产原值（万元）	利润额（万元）	全员劳动生产率（万元/人）	从业人数（人）	旅游院校学生数（人）
2001	23760	19467735.95	33311527.29	291109.79	9.70	2006458	342793
2002	26554	22606623.16	40089873.17	374408.89	10.32	2189507	417022
2003	30317	23080402.77	43408377.45	82100.12	9.52	2423695	459004
2004	32638	26756368.01	47260894.3	245541.07	10.93	2448751	578622
2005	35280	31963675.33	62330685.6	551150.58	12.27	2604231	566493
2006	38147	34432629.2	69347845.35	308704.52	25.56	2713413	734854
2007	48747	40423552.73	73419530.15	1403806.06	14.86	2720476	773757
2008	49444	43344709.31	79720514.43	1369541.63	15.93	2721318	844604
2009	49720	45281467.45	82758872.51	1057893.82	16.47	2749298	952438

续表

年份	数量（家）	营业收入（万元）	固定资产原值（万元）	利润额（万元）	全员劳动生产率（万元/人）	从业人数（人）	旅游院校学生数（人）
2010	34470	44765497.4	53331068.85	1759412.97	20.50	1857714	1086358
2011	37133	55388700.11	63293453.69	1160662.14	27.10	2044000	1083335
2012	38275	62541346.79	65977971.54	1132060.23	29.29	2135247	1073405
2013	39766	64185675.98	70889083.49	1787917.63	30.85	2080423	771551
2014	39882	67320754.37	71219712.14	1457264.58	34.77	1936306	753318

注：2010年仅为星级饭店和旅行社的综合经济，其余年份为所有旅游企业总体经济状况。
资料来源：《中国旅游统计年鉴》（2002—2015年）。

我国旅游企业经济在迅速发展的同时，各省（区市）却表现出了极大的空间差异，如2014年我国旅游企业营业收入最低的省份（区市）为西藏，仅为11.1109亿元，而企业营业收入最高的北京市高达1034.9254亿元，是西藏的93.14倍。为了更加直观地反映我国旅游企业经济的空间差异现象，在此利用Geoda软件对2014年我国省域旅游企业营业收入（亿元）进行空间分类，可将我国31个省（区市）划分为四大类型：当 $239.2 \leqslant F_1 \leqslant 1035$ 时，属于旅游企业经济发达地区，包括北京、山东、江苏、上海、浙江、福建、广东、湖南8个省（市）；当 $115.7 \leqslant F_1 \leqslant 226.2$ 时，属于旅游企业经济较发达地区，包括辽宁、安徽、湖北、重庆、四川、云南、广西7省（区市）；当 $59.36 \leqslant F_1 \leqslant 115.5$ 时，属于旅游企业经济欠发达地区，包括河北、天津、山西、陕西、河南、江西、新疆、海南8个省（区市）；当 $11.11 \leqslant F_1 \leqslant 51.23$ 时，属于旅游企业经济不发达地区，包括黑龙江、吉林、内蒙古、宁夏、甘肃、青海、西藏、贵州8个省（区）。可知，我国旅游企业经济发展在地理分布上是极不均衡的，旅游企业营业收入大体上呈现出"东南—中南—中部—西部与东北"梯度递减的格局，即由东南到西部与东北，旅游企业经济由发达地区逐渐过渡到旅游企业经济不发达地区，显然，东南部省份依然是我国旅游企业经济发展的核心和主导地区。

一 旅游景区发展状况分析

1. 旅游景区发展现状

旅游景区是依托旅游吸引物进行旅游休闲经营管理活动的有明确地域范围的区域，类型众多。目前，我国旅游业蓬勃发展，各级政府都将其作为支柱产业或主导产业来培植，由此各地旅游资源逐渐进入了全面开发期，旅游景区数量不断增加。尤其是近年来，传统优势旅游资源和社会景区资源都得到了长足发展，成为支撑旅游业发展的中坚力量。当前，我国旅游景区已成为旅游投资和运作最活跃的领域，其发展表现出了明显的市场化特点。具体而言，2014年我国旅游景区的利润额为34.61亿元，是2001年的4.35倍；2014年旅游景区的平均利润率为34%，部分旅游景区净资产回报率高达60%。

旅游景区是旅游产品的主要"生产企业"，也是旅游产品的主要消费目标，对旅游经济增长产生实质作用。《旅游区（点）质量等级的划分与评定》是我国国家旅游局对旅游景区质量和档次进行综合评价的国家标准，A级旅游景区现已成为旅游地竞争的主要依托之一。截至2014年年底，我国A级旅游景区总数为7359家，其中，5A级为184家，4A级为2403家，3A级为2704家，2A级为1948家，A级为120家。2014年，我国A级旅游景区共接待人数31.88亿人次，营业收入达3159亿元，其中23.92%为景区门票收入。伴随着我国旅游景区经营的转型，依托服务的利润比例在逐年提高，依赖门票的利润比例在逐年下降。

2. 旅游景区发展特征分析

2014年我国旅游景区的营业收入约为551.0399亿元，是2001年的约4.97倍，且由表3-2可知，与上一年相比，除2004年、2010年和 2011 年外，其余年份旅游景区营业收入的增长率均为正，年平均增长率达 495.18%；2014 年旅游景区的全员劳动生产率为 23.64 万元/人，是 2001 年的约 3.37 倍；景区从业人员、景区固定资产等旅游景区生产要素也发展良好，分别由 2001 年的约 15.81 万人、约 367.20 亿元增长到 2014 年的约 23.31 万人、约 1347.83 亿元。

表 3 - 2　　中国旅游景区经济总体状况（2001—2014 年）

年份	数量（家）	营业收入（万元）	固定资产原值（万元）	利润额（万元）	全员劳动生产率（万元/人）	从业人数（人）
2001	2952	1109744.02	3671989.91	79504.09	7.02	158128
2002	3409	2021936.03	5160948.82	199291.18	8.62	234482
2003	3901	4014169.36	4952588.45	280234.38	13.53	296604
2004	3834	2687381.87	9792204.8	207006.58	6.67	402640
2005	4392	3047665.8	20577700	225971.92	5.64	540131
2006	4584	4702814.6	16089114.03	-96429.89	8.33	564689
2007	8266	6311194.38	19945495.89	549355.97	9.85	640743
2008	7844	7571058.6	25218623.7	855684.22	12.76	593146
2009	7775	7625385.93	25139430.91	895504.33	11.06	689514
2010	4521	3960805.07	—	—	—	—
2011	1767	3522788.47	9242786.34	325233.16	17.48	201494
2012	1964	4491728.76	11154881.39	381638.78	19.84	226434
2013	2025	5264966.43	13246167.57	372858.99	22.13	237961
2014	2052	5510398.68	13478272.3	346101.22	23.64	233125

资料来源：《中国旅游统计年鉴》（2002—2015 年）。

由表 3 - 3 可知，A 级旅游景区在我国各省市区分布并不均匀，2014 年山东省 A 级旅游景区最多，数量为 651 个，主要集中在 2A 级及以上旅游景区，1A 级旅游景区较少；其次为江苏省和安徽省，且江苏省 5A 级旅游景区的数量居全国之最，省内并无 1A 级旅游景区。西藏的 A 级旅游景区数量居全国末尾，仅为 29 个，其次为宁夏。为了进一步研究我国 A 级旅游景区的空间分布状况，本书采用均衡度指数来量化 1A—5A 级旅游景区空间分布的均衡状况，计算公式为：

$$E = \sum_{j=1}^{n} x_{ij} \log_2 x_{ij} / \log_2 (1/m) \qquad (3-1)$$

式（3-1）中，x_{ij} 为 i 类旅游景区在第 j 个省（区市）内的个数占全国 i 类景区总个数的比例；m 为研究省（区市）个数（在此 $m = 31$）；为了保证 $\log_2$ 有意义，若某省（区市）内某类 A 级旅游景区的分布数量为 0，将取 x_{ij} 值为 0.0001 来表示。某类旅游景区的均衡度指数 E 越趋近于 1，则表示在全国范围内，此类旅游景区的空间分布越均衡。

表 3-3　　　　　　　2014 年中国 A 级旅游景区空间分布

地区	合计	AAAAA	AAAA	AAA	AA	A
全国	7359	184	2403	2704	1948	120
北京	207	7	63	85	42	10
天津	101	2	30	48	21	0
河北	324	5	119	76	123	1
山西	108	5	59	16	24	4
内蒙古	265	2	60	101	100	2
辽宁	267	3	77	129	50	8
吉林	176	3	47	60	42	24
黑龙江	404	4	77	134	164	25
上海	87	3	44	40	0	0
江苏	602	18	167	187	230	0
浙江	378	11	149	118	96	4
安徽	483	8	138	164	172	1
福建	168	7	78	64	19	0
江西	189	6	72	63	48	0
山东	651	9	175	285	179	3
河南	243	10	74	101	58	0

续表

地区	合计	AAAAA	AAAA	AAA	AA	A
湖北	288	9	101	120	55	3
湖南	232	6	78	112	34	2
广东	268	10	150	97	11	0
广西	224	4	111	83	26	0
海南	44	4	15	21	4	0
重庆	175	6	62	68	37	2
四川	299	9	133	66	90	1
贵州	118	3	51	51	13	0
云南	165	6	59	40	54	6
西藏	29	2	6	9	8	4
陕西	257	6	60	142	48	1
甘肃	197	3	61	56	75	2
青海	79	2	17	55	5	0
宁夏	36	3	10	14	9	0
新疆	295	8	60	99	111	17

资料来源：《中国旅游统计年鉴》（2015年）。

根据式（3-1）计算得到，我国全部旅游景区，5A级、4A级、3A级、2A级和1A级旅游景区的均衡度指数分别为0.9455、0.9550、0.9488、0.9431、0.8846和0.7080。可知，均衡度指数最大的是5A级旅游景区，其次为4A级旅游景区，均衡度指数最小的是1A级旅游景区，这说明5A级和4A级旅游景区在我国各省（区市）的空间分布相对均衡，而1A级旅游景区在我国各省（区市）的空间分布最不均衡，主要是由于1A级旅游景区在较多省（区市）空间分布个数为0。

为了直观地反映我国旅游景区营业收入的空间分布差异，在此利用 Geoda 软件对2014年我国省域旅游景区营业收入（亿元）进行空间分类，可将我国31个省（区市）划分为四大类型：当 $28.52 \leqslant F_2 \leqslant 44.33$ 时，属于旅游景区营业收入高水平地区，包括山东、江苏、上海、浙江、福建、广东、湖南、四川 8 个省（市）；当 $18.07 \leqslant F_2 \leqslant 28.08$ 时，属于旅游景区营业收入较高水平地区，包括北京、河南、湖北、陕西、广西、云南、海南 7 个省（区市）；当 $6.172 \leqslant F_2 \leqslant 15.78$ 时，属于旅游景区营业收入较低水平地区，包括内蒙古、河北、山西、宁夏、天津、安徽、江西、重庆 8 个省（区市）；当 $0.1093 \leqslant F_2 \leqslant 5.753$ 时，属于旅游景区营业收入低水平地区，包括黑龙江、吉林、辽宁、甘肃、青海、新疆、西藏、贵州 8 个省（区）。可知，我国旅游景区营业收入发展在地理分布上是不均衡的，旅游景区营业收入大体上呈现出"东南—中南—中北—西部与东北"梯度递减的格局，即由东南到西部与东北地区，旅游景区营业收入由高水平地区逐渐过渡到旅游景区营业收入低水平地区，显然，东部省份依然是我国旅游景区营业收入的核心和主导地区。

二 星级饭店业发展状况分析

1. 星级饭店业发展现状

旅游饭店业是旅游产业的核心要素，也是现代服务业的重要组成部分。受中央"三公消费"政策收紧影响，2013 年以来，我国旅游饭店业的餐饮和会议等均有不小程度的下滑现象。由此，我国由高端星级饭店与低端经济型连锁酒店主导的"哑铃形"结构正在发生改变，众多企业与各路资本竞相转向中档饭店市场，"橄榄形"结构有望成为我国饭店业的新格局。同时，随着洲际、万豪、温德姆等国际品牌高端连锁酒店不断加大在华投资，相继把中国列为重点发展区域；加之，7 天、如家等经济型酒店竞相圈地，加快了新店开张速度；多家商务型酒店和旅游酒店的收益也比较乐观。由此，我国饭店业未来发展将会形成海外品牌与民族品牌并存，二者共同合作又相互竞争、相辅相成的新局面。

星级酒店是由国家（省级）旅游局按照《旅游饭店星级的划分与评定》（GB/T14308—2010）评定的以夜为时间单位向游客提供配有餐饮和相关服务的住宿设施，共分为五个级别，星级越高，表示饭店的等级越高。截至2014年年底，我国共有11180家星级饭店，客房数为149.7899万间/套，床位数为262.4815万张，客房出租率为54.2%，营业收入为2151.4480亿元，固定资产原价为5009.4773亿元；就饭店经济类型而言，国有企业数量最多，为2678家，占总数的23.95%，营业收入占星级饭店业营业总收入的25.51%，其次为私营独资企业、私营有限责任公司，分别为2032家、1985家；就饭店星级而言，三星级饭店数量最多，为5406家，数量占总数的48.35%，营业收入占总收入的25.36，其次为二星级、四星级，分别为2557家、2373家，营业收入占总收入的比重分别为4.91%、34.08%，虽然五星级饭店个数仅占全国星级饭店总数的6.66%，但是其营业收入占比高达35.56%，可知，高星级饭店仍是我国星级饭店业营业收入的主要组成部分；就收入来源而言，客房、餐饮占我国星级饭店营业收入的比重分别为43.53%、41.13%。2014年星级饭店业从业人员数为136.19万人，其中大专以上学历人员占比20.21%。

2. 星级饭店业发展特征分析

我国星级饭店业营业收入的发展可大致分为两个阶段，第一个阶段为2001—2012年，我国星级饭店业营业收入均呈正增长，年均增长率为11.29%；第二个阶段为2013—2014年，我国星级饭店业营业收入开始呈现为负增长，由2012年的约2430.2158亿元下降到2014年的约2151.4480亿元。由表3-4可知，历年来全员劳动生产率基本处于正增长的状态，2014年达15.8万元/人，是2001年的2.18倍。

表 3-4　　中国星级饭店业经济总体状况（2001—2014 年）

年份	数量（家）	营业收入（万元）	固定资产原值（万元）	利润额（万元）	全员劳动生产率（万元/人）	从业人数（人）
2001	7358	7633231.98	21536177.13	-233558.58	7.26	7358
2002	8880	9144287.34	26729350.48	-303291.76	7.52	1216076
2003	9751	9831646.94	29159043.79	-408845.04	7.28	1350581
2004	10888	12386673.33	32277041.28	-62184.65	8.57	1446104
2005	11828	13466899.81	37560400	100737.92	8.88	1517070
2006	12751	14828550.3	39574463.42	329990.18	25.04	1580403
2007	13583	16470307.75	42985675.65	547616.01	9.87	1668095
2008	14099	17620127.76	43532505.97	324511.72	10.56	1669179
2009	14237	18181805.4	44429775.35	-115156.06	10.87	1672602
2010	11779	21226551.13	45467708.5	505421.24	13.43	1580963
2011	11676	23148244.44	45871264.65	614344.7	15	1542751
2012	11367	24302157.62	47675434.65	504636.54	15.28	1590590
2013	11687	22929283.7	50177192.22	-208810.08	15.26	1502469
2014	11180	21514480.1	50094772.76	-592068.67	15.8	1361869

资料来源：《中国旅游统计年鉴》（2002—2015 年）。

由表 3-5 可知，A 级旅游景区在我国各省区市分布并不均匀，2014 年广东省星级饭店最多，数量为 832 个，主要集中在三星级和四星级，且广东省的三星级饭店数量居全国之最，一星级饭店较少，仅有 3 家，其次为浙江省和山东省，分别为 792 家和 724 家。宁夏的星级饭店数量居全国末尾，仅有 90 家，其次为天津市。为了进一步研究我国星级饭店的空间分布状况，本书仍采用均衡度指数来量化一星级到五星级饭店空间分布的均衡状况，经计算得出，我国全部星级饭店、五星级、四星级、三星级、二星级和一星级饭店的均衡度指数分别为 0.9596、0.8726、0.9563、0.9527、0.9316 和 0.7562。可知，均衡度指数最大的是四星级饭店，其次为三星级饭店，均衡度指数最小的是一星级饭店，这说明四星级和三星级饭店在我国各省

（区市）内的空间分布相对均衡，而一星级饭店在我国各省（区市）的空间分布最不均衡，主要是由于一星级饭店在较多省（区市）内的空间分布个数为0。

表3-5　　　　　2014年中国星级饭店空间分布区域差异

地区	合计（家）	营业收入（亿元）	五星级（家）	四星级（家）	三星级（家）	二星级（家）	一星级（家）
全国	11180	2151.44801	745	2373	5406	2557	99
北京	523	260.83445	58	126	195	139	5
天津	93	26.1344069	16	34	37	6	0
河北	391	55.7934937	22	126	183	58	2
山西	251	33.7338632	17	61	125	48	0
内蒙古	272	26.4609684	8	34	104	125	1
辽宁	405	59.6833309	22	76	211	93	3
吉林	187	18.3085003	3	45	92	47	0
黑龙江	203	18.8150358	5	47	105	44	2
上海	240	189.203661	59	65	83	32	1
江苏	650	163.829893	78	178	292	102	0
浙江	792	220.2523984	72	175	329	203	13
安徽	367	51.4143987	20	102	167	77	1
福建	374	90.5744567	43	129	175	26	1
江西	322	33.4960884	11	91	181	39	0
山东	724	124.1545212	28	153	432	111	0
河南	303	35.0558155	8	47	180	66	2
湖北	416	49.7484689	19	74	190	132	1
湖南	420	76.2730501	16	54	198	146	6
广东	832	230.8868152	102	147	491	89	3
广西	401	38.4019582	10	63	231	96	1
海南	133	42.2164576	22	38	60	10	3
重庆	236	44.9467737	27	52	120	37	0
四川	388	66.8581924	20	101	148	116	3

续表

地区	合计（家）	营业收入（亿元）	五星级（家）	四星级（家）	三星级（家）	二星级（家）	一星级（家）
贵州	282	24.1154374	6	50	125	86	15
云南	624	43.6963942	20	59	225	298	22
西藏	113	6.6236826	1	27	33	48	4
陕西	325	43.8029097	10	44	205	66	0
甘肃	313	23.1374882	4	56	160	86	7
青海	144	8.7512418	2	27	66	48	1
宁夏	90	7.881791	0	31	51	8	0
新疆	366	36.3620674	16	61	212	75	2

资料来源：《中国旅游统计年鉴》（2015 年）。

为了直观地反映我国星级饭店营业收入的空间分布差异，在此利用 Geoda 对 2014 年我国省域星级饭店营业收入进行的空间分类，将我国 31 个省（区市）划分为四大类型：当 $76.27 \leqslant F_3 \leqslant 260.8$ 时，属于星级饭店营业收入高水平地区，包括北京、山东、江苏、上海、浙江、福建、广东、湖南 8 个省（市）；当 $43.8 \leqslant F_3 \leqslant 66.86$ 时，属于星级饭店营业收入较高水平地区，包括辽宁、河北、安徽、湖北、陕西、重庆、四川 7 个省（市）；当 $26.46 \leqslant F_3 \leqslant 43.7$ 时，属于星级饭店营业收入较低水平地区，包括内蒙古、新疆、山西、河南、江西、广西、云南、海南 8 个省（区）；当 $6.624 \leqslant F_3 \leqslant 26.13$ 时，属于星级饭店营业收入低水平地区，包括黑龙江、吉林、宁夏、甘肃、青海、西藏、贵州、天津 8 个省（区市）。可知，我国星级饭店营业收入发展在地理分布上是不均衡的，星级饭店营业收入大体上呈现出"东—中—西"梯度递减的格局，即由东到西，由星级饭店营业收入高水平地区逐渐过渡到星级饭店营业收入低水平地区，显然，东部省份依然是我国星级饭店营业收入的核心和主导地区。

三 旅行社业发展状况分析

1. 旅行社业发展现状

旅行社是指从事招徕、组织、接待旅游者等活动,并为游客提供相关旅游服务,开展国内旅游业务、入境旅游业务或者出境旅游业务的企业法人(中华人民共和国国务院令第550号)。作为联系游客与区域旅游资源之间的纽带,旅行社是旅游资源向经济优势转化的重要外在推力。改革开放以来,我国旅行社行业经历了初步形成阶段(1978—1989年)、快速成长阶段(1990—1994年)、结构调整阶段(1995—2001年)以及全面开放阶段(2002年至今),已取得了迅速、全面的发展。截至2014年年底,我国共有26650家旅行社,营业收入约为40295.8756亿元,固定资产原价约为764.6667亿元,利润额约为170.3232亿元,全员劳动生产率为118.06万元/人,从业人员数为34.1312万人。由于国民旅游需求的迅猛增加,促使了具有相对较低进入门槛的国内旅行社的规模急速加大,营业收入大幅提高,但是,国内旅行社业在旅游线路等产品的创新上很少,同类旅行社之间出现了严重的打"价格战"现象,这导致了我国旅行社业的净利润率不断减少,仅维持在0.5%左右。

从行业分工体系来看,我国旅行社行业目前仍处于由水平分工到垂直、水平分工共存的过渡阶段。在我国旅行社业的发展初期,采用的水平分类标准先后有一、二、三类社以及国内社、国际社。伴随《旅行社管理条例》的颁布,旅行社业的水平分工体系不断弱化,部分大型旅行社已经意识到了垂直分工的重要性,但整个行业尚未形成层次分明的垂直分工体系,行业面临转型升级。从市场结构来看,我国旅行社行业经历的发展过程有:政策性寡头垄断、垄断竞争再到市场集中与市场全面竞争。我国旅行社的行业集中度表现为先高后低的态势,具体而言,1980—2000 年国旅、中旅和中青旅的市场占有率由 79.6% 下降到 19.5%;2001—2006 年,国内旅行社、国际旅行社业集中度分别稳定于 15%—17%、45%—50%;近年来,市场规范化及行业整合力度的加强使其行业集中度有所回升。从市场发展趋势来看,旅行社未来抢占的两大新兴市场将为邮轮旅游和商务会馆旅游。长期来看,国内旅行社发展的主要趋势将为连锁经营、产业链纵向整合、在线旅游业务等。

2. 旅行社业发展特征分析

由表 3-6 可知,2001—2014 年,我国旅行社数量始终处于增长态势,从 2001 年的 10532 家增长到 2014 年的 26650 家,年均增长率为 7.48%,且我国旅行社的营业收入除 2003 年受"非典"影响外,其余年份也均处于增长态势,由 2001 年的约 589.7961 亿元增长到了 2014 年的约 4029.5876 亿元,增长了 5.83 倍。

表 3-6　　　中国旅行社业经济总体状况(2001—2014 年)

年份	数量(家)	营业收入(万元)	固定资产原值(万元)	利润额(万元)	全员劳动生产率(万元/人)	从业人数(人)
2001	10532	5897960.98	4154702.08	122808.63	30.65	10532
2002	11552	7106654.14	4122354.53	119306.07	31.01	229147
2003	13361	6527870.88	3879425.06	-2014.62	26.13	249802
2004	14927	10178219.75	4244815.56	30181.13	41.34	246219
2005	16245	11165901.33	4192600	12676.53	44.86	248919
2006	17957	14110317.1	4847979.04	57884.4	16.96	285917
2007	18943	16392983.64	5169965.08	108123.71	53.23	307977
2008	20110	16654825.85	5218605.9	85284.91	51.78	321655
2009	20399	18065300.87	5859589.69	114845.19	58.47	308978
2010	22691	23538946.27	7863360.35	1253991.73	—	276751
2011	23690	28717667.2	8179402.7	221084.28	95.8	299755
2012	24944	33747460.41	7147655.33	245784.91	106.05	318223

续表

年份	数量（家）	营业收入（万元）	固定资产原值（万元）	利润额（万元）	全员劳动生产率（万元/人）	从业人数（人）
2013	26054	35991425.85	7465723.7	1623868.72	105.86	339993
2014	26650	40295875.59	7646667.08	1703232.03	118.06	341312

资料来源：《中国旅游统计年鉴》（2002—2015年）。

由表3-7可知，旅行社在我国各省区市分布并不均匀，2014年江苏旅行社最多，数量为2099家，其次为山东和浙江，分别为2054家和2036家。西藏的旅行社数量居全国末尾，仅有102家，其次为宁夏。为了进一步研究我国旅行社的空间分布状况，本书仍采用均衡度指数［见式（3-1）］来量化其空间分布的均衡状况，经计算得出，我国旅行社的均衡度指数为0.6722。可知，相比于我国旅游景区（0.9455）和星级饭店（0.9596）的均衡度指数而言，旅行社的均衡度指数非常低，说明旅行社在我国各省（区市）的空间分布非常不均衡，主要集中在我国沿海省（区市）、北京等经济较为发达的地区，而西部地区旅行社数量则相对较少。就接待国内和入境游客人天数而言，全国接待国内游客是接待入境游客的5.10倍，其中，广东、山东和湖南接待入境游客量最大，青海、宁夏和西藏接待入境游客量最少；江苏、山东和福建接待入境游客量居全国前三，西藏、新疆和青海接待入境游客量为全国后三。

表3-7　　2014年中国星级饭店空间分布与营业收入的区域差异

地区	总数（家）	营业收入（亿元）	接待入境游客（人/天）	接待国内游客（人/天）
全国	26650	4029.5876	68551526	349784376
北京	1302	756.0160	5012473	11335684
天津	377	57.3594	160906	1600866

续表

地区	总数（家）	营业收入（亿元）	接待入境游客（人/天）	接待国内游客（人/天）
河北	1343	42.3115	601311	4349192
山西	771	36.8484	838838	7551455
内蒙古	887	16.3590	585329	3788379
辽宁	1210	89.1053	4261517	14080394
吉林	582	13.9402	312123	1481436
黑龙江	663	28.1097	1674501	3872269
上海	1185	594.3149	2232391	12041388
江苏	2099	253.9558	3597789	31557601
浙江	2036	256.6711	3176965	25702431
安徽	1046	50.3445	829494	11255134
福建	805	157.9608	3367081	27036032
江西	751	42.6875	716076	4373160
山东	2054	144.7772	7405220	27783516
河南	1100	30.5086	511515	3081173
湖北	1050	113.6549	2973664	18914963
湖南	751	134.2946	6271556	16103927
广东	1792	638.9334	11068712	26519991
广西	537	58.4332	888635	9799258
海南	352	53.2164	663280	16145352
重庆	504	126.7550	2068244	11710442
四川	457	57.8123	4447875	19878542
贵州	299	20.6054	201689	2148185
云南	704	158.3862	952840	26519814
西藏	102	2.8872	102141	454275
陕西	687	45.3119	3177883	6231398
甘肃	423	11.1555	211490	1244911
青海	237	6.9138	33412	1049644
宁夏	114	9.5676	74482	1314649
新疆	430	20.3901	132094	858915

资料来源：《中国旅游统计年鉴》（2015年）。

为了直观地反映我国旅行社营业收入的空间分布差异，在此利用 Geoda 软件对 2014 年我国省域旅行社营业收入（亿元）进行空间分类，可将我国 31 个省（区市）划分为四大类型：当 $144.8 \leqslant F_4 \leqslant 756$ 时属于旅行社营业收入高水平地区，包括北京、山东、江苏、上海、浙江、福建、广东、云南 8 个省（市）；当 $57.36 \leqslant F_4 \leqslant 134.3$ 时，属于旅行社营业收入较高水平地区，包括辽宁、天津、湖北、重庆、四川、湖南、广西 7 个省（区市）；当 $28.11 \leqslant F_4 \leqslant 53.22$ 时，属于旅行社营业收入较低水平地区，包括黑龙江、河北、山西、河南、陕西、安徽、江西、海南 8 个省；当 $2.887 \leqslant F_4 \leqslant 20.61$ 时，属于旅行社营业收入低水平地区，包括吉林、内蒙古、新疆、甘肃、宁夏、青海、西藏、贵州 8 个省（区）。可知，我国旅行社营业收入发展在地理分布上是不均衡的，旅行社营业收入大体上呈现出"东南—中—西北"梯度递减的格局，即由东南到西北，旅行社营业收入由高水平地区逐渐过渡到旅行社营业收入低水平地区，显然，东南部省份依然是我国旅行社营业收入的核心和主导地区。

第二节 中国区域旅游经济增长的时空演化特征分析

中国旅游经济增长迅猛，2014 年我国旅游总收入达 94084.9961 亿元，是 2001 年旅游总收入的 9.81 倍；2014 年我国旅游总收入占国内生产总值的比重高达 13.75%，比 2001 年增长了 4.91 个百分点。同时，由于各省（区市）在区位条件、旅游资源禀赋、交通状况、基础设施建设能力、地区经济水平、社会文化与发展政策等方面存在的客观差异性，各区域旅游经济增长差异和空间集聚差异十分突出，东部地区旅游经济保持高速增长和产业要素在空间上快速集聚，而中西部地区则低速增长和在空间上缓慢集聚，区域发展失衡，如 2014 年广东旅游总收入高达 8347.3305 亿元，为我国旅游总收入最多的省份，是 2014 年宁夏旅游总收入的 58.48 倍。基于此，本书将从时序变动特征、空间差异特征和时空演化三方面来分析我国区域旅游经济增长的状况。

一 区域旅游经济增长的时序发展特征

我国国内旅游、国际旅游和出境游等旅游经济的收入、人次，及其对国民经济的贡献等均经历了一个从少到多、从小到大的发展历程。

第一，旅游经济快速增长，对国民经济的贡献不断增强。

由表 3-8 可知，2001—2014 年，我国旅游总收入除 2003 年受"非典"影响降低外，其余年份均处于增长态势，可将其划分为三个小阶段：2001—2004 年，波动小幅度增长阶段；2004—2010 年，稳定增长阶段；2010—2014 年，迅猛增长阶段。

旅游业的关联性较强、涉及面广，能最大限度地带动交通业、零售业等相关产业的发展，它为解决农村人口就业，提高人民生活质量做出了重要贡献，同时，它促进了产业融合发展，有利于国民经济产业结构的优化调整，因此，旅游业在我国国民经济中的地位不断提高，即除 2003 年（"非典"）和 2008 年（国际金融危机）等特殊事件的影响外，旅游总收入占国内生产总值（GDP）的比重在逐渐提高，已由 2001 年的 4.53% 提高到 2014 年的 5.31%，提高了 0.78 个百分点。

表 3-8　　　　中国旅游总收入与 GDP（2001—2014 年）

年份	旅游总收入（亿元）	GDP（亿元）	旅游总收入占 GDP 比重（%）
2001	4995	110270.4	4.53
2002	5566	121002	4.60
2003	4882	136564.6	3.57

续表

年份	旅游总收入（亿元）	GDP（亿元）	旅游总收入占GDP比重（%）
2004	6840	160714.4	4.26
2005	7686	185895.8	4.13
2006	8935	217656.6	4.11
2007	10956.5	268019.4	4.09
2008	11585.8	316751.7	3.66
2009	12893.9	345629.2	3.73
2010	15681.1	408903	3.83
2011	22435.3	484123.5	4.63
2012	25866.6	534123	4.84
2013	29477.9	588018.8	5.01
2014	33807.8	636462.7	5.31

资料来源：《中国旅游统计年鉴》《中国统计年鉴》（2002—2015年）。

第二，国内旅游发展迅猛，并且国际旅游人数和外汇收入也迅速增长，成为重要的创汇手段。

由表3-9可知，除2003年受"非典"影响外，我国国内旅游人数和国内旅游收入均呈逐年增长态势，尤其是2010年以后，国内旅游走上了快车道，成为我国扩大内需的重要力量和城乡居民的重要消费领域。2014年国内旅游收入达30312亿元，是2001年的8.61倍；国内旅游人数达361100万人次，是2001年的4.61倍。相比于国际旅游而言，目前国内旅游仍是我国旅游业的主要生力军，2014年国内旅游收入占旅游总收入的比重为89.67%。

旅游业具有就地出口、换汇成本低、即买即卖、可避开贸易壁垒等优点，被各国认定为应大力发展的优秀出口产业，因此，旅游成为国家重要的创汇手段，也是平衡国际贸易的重要手段。除2003年受"非典"影响以及2008年和2009年受国际金融危机影响外，我国入境旅游收入和入境旅游人数均呈增长态势，分别由2001年的177.92亿美元、8901.3万人次增长到了2014年的569亿美元、15562.2万人次,分别增长了 2.20 倍、0.75 倍。

表 3-9　　国内旅游、入境旅游的人数与收入（2001—2014 年）

年份	国内旅游人数（万人次）	国内旅游收入（亿元）	入境旅游人数（万人次）	入境旅游收入（亿美元）
2001	78400	3522.4	8901.3	177.92
2002	88000	3878.4	9790.83	204
2003	87000	3442.3	9166.21	174.1
2004	110200	4710.71	10904	257.4
2005	121200	5286	12029.23	293
2006	139400	6230	12494.21	340
2007	161000	7770.62	13187.33	419.19
2008	171200	8749.3	13003	408.43
2009	190200	10183.69	12648	396.75
2010	210300	12579.77	13376.22	458.14
2011	264100	19305.39	13542.4	484.64
2012	296000	22706.22	13240.5	500.28
2013	326200	26276	15568.59	517
2014	361100	30312	15562.2	569

资料来源:《中国旅游统计年鉴》（2002—2015 年）。

第三,出境游发展进入新时期。

由表 3-10 可知,2001—2014 年,我国出境旅游人数以年平均 18.71% 的速度增长,2014 年我国出境旅游人数为 10727.55 万人次,是 2001 年的 8.84 倍。据表 3-10 的数据分析,可将其划分为两个时间段:2001—2009 年,出境游缓慢发展阶段;2009—2014 年,出境游迅速发展阶段。

表 3-10　　　　　中国出境游人数（2001—2014 年）

年份	2001	2002	2003	2004	2005	2006	2007
出境旅游人数（万人次）	1213.4	1660.2	2022.2	2885.3	3102.6	3452.4	4095.4
年份	2008	2009	2010	2011	2012	2013	2014
出境旅游人数（万人次）	4584.4	4765.6	5738.6	7025	8318.17	9818.52	10727.55

资料来源：《中国旅游统计年鉴》（2002—2015 年）。

二　区域旅游经济增长的空间分异特征

我国各省（区市）的旅游经济增长并不是均衡发展的，2014 年广东旅游总收入居全国之首，为 8347.8095 亿元，其次为江苏和浙江，分别为 8049.8033 亿元和 6300.4248 亿元；宁夏的旅游总收入居全国末尾，为 142.7352 亿元，其次为青海和西藏，分别为 201.9007 亿元和 203.8872 亿元。2014 年广东入境旅游收入居全国之首，为 1050.81 亿元，其次为浙江和上海，分别为 353.42 亿元和 344.11 亿元；甘肃的入境旅游收入居全国末尾，为 0.62 亿元，其次为宁夏和青海，分别为 1.14 亿元和 1.52 亿元。2014 年江苏国内旅游收入居全国之首，为 7863.51 亿元，其次为广东和浙江，分别为 7297 亿元和 5947 亿元；宁夏的国内旅游收入居全国末尾，为 141.6 亿元，其次为西藏和青海，分别为 194.99 亿元和 200.38 亿元。在此采用地理集中指数来测度我国旅游总收入、入境旅游收入和国内旅游收入在空间分布上的集中程度，计算公式为：

$$G = 100 \times \sqrt{\sum_{i=1}^{n} \left(\frac{x_i}{T}\right)^2} \qquad (3-2)$$

式中，G 为地理集中指数，X_i 为第 i 个省（区市）的旅游收入，n 为研究地区个数（在此 $n=31$），T 为所有研究地区的旅游收入之和。G 越接近 100，则旅游收入越集中，地域集聚性越强；G 越接近 $100 \times \sqrt{1/T}$，则旅游收入在空间上分布越分散，地域集聚性越差，均衡性越高。

经计算，2014 年我国旅游总收入、入境旅游收入和国内旅游收入的地理集中指数分别为 21.8121、32.6715 和 21.7018，它们的 $100 \times \sqrt{1/T}$ 分别为 0.3260、1.5823 和 0.3332，可知，我国旅游收入的空间分布相对集中，尤其是入境旅游收入，其地域集聚性最高，均衡性最低。

为了直观地反映我国旅游经济增长的空间分布差异，在此利用 Geoda 软件对 2014 年我国省域旅游总收入进行空间分类，可将我国 31 个省（区市）划分为四大类型：当 $4280 \leqslant F \leqslant 8348$ 时，属于旅游总收入高水平地区，包括辽宁、北京、山东、江苏、河南、浙江、广东、四川 8 个省（市）；当 $2708 \leqslant F \leqslant 3752$ 时，属于旅游总收入较高水平地区，包括山西、安徽、湖北、湖南、贵州、上海、福建 7 个省（市）；当 $1807 \leqslant F \leqslant 2666$ 时，属于旅游总收入较低水平地区，包括内蒙古、河北、天津、陕西、重庆、云南、广西、江西 8 个省（区市）；当 $142.7 \leqslant F \leqslant 1802$ 时，属于旅游总收入低水平地区，包括黑龙江、吉林、新疆、甘肃、宁夏、青海、西藏、海南 8 个省（区）。可知，我国旅游经济增长在地理分布上是不均衡的，旅游总收入大体上呈现出"东—中—西"梯度递减的格局，即由东到西，旅游总收入由高水平地区逐渐过渡到旅游总收入低水平地区，显然，东部省份依然是我国旅游总收入的核心和主导地区。

三 区域旅游经济增长的时空演化分析

（一）区域旅游经济增长总体空间差异的时序变化

可以从绝对差异和相对差异两个方面来对区域差异程度进行衡量，

前者反映了指标之间的绝对差额,后者消除了基数差异的影响,不同时点之间是可比的,本书采用标准差(S_t)变异系数(V_t)分别测度我国省域2001—2014年旅游经济增长的绝对差异和相对差异,计算公式为:

$$标准差:S_t = \sqrt{\frac{\sum_{i=1}^{n}(X_{ti} - \bar{X}_t)^2}{n}},其中 \bar{X}_t = \frac{1}{n}\sum_{i=1}^{n}X_i \quad (3-3)$$

$$变异系数:V_t = \frac{S_t}{\bar{X}_t} \quad (3-4)$$

其中,X_{ti} 为第 t 年第 i 个省(区市)的旅游收入;$\bar{X}_t$ 为第 t 年各省(区市)旅游收入的平均水平;n 为研究区域个数(在此,$n = 31$)。

由表3-11可知,近年来我国旅游经济的绝对差异呈不断增大的态势,除了2003年受"非典"影响下降外,旅游总收入标准差从2001年的320.9469上升到2014年的2126.0312,增长了5.6242倍;相对差异则呈缓慢下降的趋势,除2009年外,旅游总收入变异系数从1.0375下降到0.7005,由此可知,当前我国区域旅游经济增长的绝对差异和相对差异比较显著,发展态势在总体上表现为:绝对差异不断扩大,而相对差异缓慢下降。

表3-11　　中国省域旅游总收入、入境旅游收入与国内旅游收入的总体差异(2001—2014年)

年份	旅游总收入 标准差	旅游总收入 变异系数	入境旅游收入 标准差	入境旅游收入 变异系数	国内旅游收入 标准差	国内旅游收入 变异系数
2001	320.9469	1.0375	78.4960	1.8412	236.5782	0.9140
2002	368.0149	1.0115	88.6624	1.7918	280.0795	0.9096
2003	354.2284	1.0081	72.5189	1.8848	294.4524	0.9387
2004	463.2016	0.9866	97.6002	1.7382	382.8413	0.9054
2005	541.6659	0.9409	114.0225	1.6895	446.6609	0.8784

续表

年份	旅游总收入 标准差	旅游总收入 变异系数	入境旅游收入 标准差	入境旅游收入 变异系数	国内旅游收入 标准差	国内旅游收入 变异系数
2006	629.3875	0.9047	128.2895	1.6497	526.7839	0.8516
2007	746.8595	0.8783	142.6843	1.5623	637.5164	0.8376
2008	823.6881	0.8523	137.5095	1.5462	722.5757	0.8239
2009	940.4635	0.8873	142.4382	1.5240	855.1249	0.8013
2010	1181.3030	0.8101	174.1997	1.5348	985.5902	0.7475
2011	1399.1167	0.7644	181.3173	1.4582	1270.5405	0.7481
2012	1636.9011	0.7306	194.2418	1.4341	1496.2025	0.7109
2013	2002.0749	0.7380	190.4572	1.4699	1702.9344	0.6856
2014	2126.0312	0.7005	199.0145	1.5447	2003.6730	0.6894

（二）基于马尔科夫链的区域旅游经济增长的时空演变分析

本书采用马尔科夫链和空间马尔科夫链对我国旅游经济增长的时空演变进行分析，其中，前者是研究相较于2001年，各区域旅游经济增长在2014年等级转移的概率，后者是进一步研究区域之间的空间关系对区域旅游经济增长的影响。这样就能够明确区域所处的空间位置即邻近区域的旅游经济增长状况，并且奠定了进一步分析空间关系对区域旅游经济增长影响的基础。

1. 时间演变"马尔科夫矩阵"分析

马尔科夫链（Markov chain）是一种时间和状态均为离散的马尔科夫过程。在这个过程中，随机事件在$t+1$时刻的状态转移都仅仅与t时刻的状态有关系，而与t时刻之前的状态没有关系，即状态转移不存在后效性。

本书选择我国大陆31个省（区市）的旅游总收入作为研究对象，将每年的旅游总收入分为四个水平等级，分别为：低水平（7个）、较低水平（8个）、较高水平（8个）、高水平（8个），如此，就可构建一个如表3-12所示的$k=4$的马尔科夫转移概率矩阵（4×4阶）。

表3-12 马尔科夫转移概率矩阵

	低水平	较低水平	较高水平	高水平
低水平	m11	m12	m13	m14
较低水平	m21	m22	m23	m24
较高水平	m31	m32	m33	m34
高水平	m41	m42	m43	m44

表3-12中，mij表示t时刻的i类区域在$(t+1)$时刻转移为j类的概率，计算公式为：

$$mij = \frac{nij}{ni} \qquad (3-5)$$

式中，nij为整个研究时段内，由t时刻的i类区域在$t+1$时刻转移为j类区域的总数；ni为所有研究时刻中i类区域的总数。若某个区域的旅游经济增长水平在t时刻属于类型i，在$t+1$时刻类型未变，则区域类型转移为平稳的；若它在$t+1$时刻转移到比原来高的类型，则将其定义为向上转移，否则就为向下转移。马尔科夫链转移概率矩阵中对角线的数字表示区域旅游经济增长水平在不同研究时刻不发生转移的概率，非对角线上的数字则表示区域旅游经济增长水平向上或者向下转移的概率。

经计算得到2001—2014年我国旅游经济增长的马尔科夫转移概率矩阵结果（见表3-13），可知，矩阵中对角线上的数字相比非对角线上的数字而言，要大一些，这表明2001—2014年，我国各区域旅游经济增长水平的类型并没有大幅度波动，向高或低水平转移的概率相对较小，具有一定的稳定性。这是由于地区经济发展水平、旅游资源禀赋、交通基础条件等影响区域旅游经济增长的因素难以在短时间内做出巨大改变，由此导致区域旅游经济增长水平短期内难有大的改变。具体而言，2001年区域旅游经济增长水平高，2014年仍为高水平的可能性为75%，包括广东、北京、江苏、浙江、山东、河南，而向下转移的最大概率为12.5%；2001年区域旅游经济增长水平低，2014年仍为低水平的可能性为71.43%，包括新疆、甘肃、青海、宁夏、西藏，而低水平地区旅游经济增长向上转移的可能性最高为14.29%。相较于2001年，2014年旅游经济增长并未有由低或者较低水平直接转移为高水平的区域，表明区域旅游经济难以实现跨越式增长；同时，也并未有由较高或高水平直接转移到低水平的区域，表明区域旅游经济增长也不太可能出现急剧倒退现象。对较低和较高这两个等级而言，旅游经济增长较低水平区域向上一级和向下一级转移的概率相同，均为25%；旅游经济增长较高水平区域向上一级转移的概率高于向下一级转移的概率。

表3-13　2001—2014年我国旅游经济增长的马尔科夫转移概率矩阵

	低水平	较低水平	较高水平	高水平
低水平	0.7143	0.1429	0.1429	0
较低水平	0.25	0.5	0.25	0
较高水平	0	0.25	0.375	0.375
高水平	0	0.125	0.125	0.75

2. 时空演变"空间马尔科夫矩阵"分析

空间马尔科夫链是普通马尔科夫链与空间滞后变量的结合体，它可以进一步研究邻近区域旅游经济增长水平对本区域旅游经济增长水平的作用。空间滞后向量就是区域旅游经济增长的观测值（旅游总收入）向量与空间权重矩阵 W 的乘积。在此，选用邻接权重矩阵，即对于空间权重 W 中元素 w_{ij}，当区域 i 与 j 相邻（有共同边界）的时候，为1；否则，为0。

相比普通马尔科夫链，空间马尔科夫链的转移概率矩阵是一个条件概率矩阵，而普通马尔科夫链转移概率矩阵是无条件的，其条件就是区域 i 的空间滞后类型，即相邻区域的旅游经济增长水平。这样，普通马尔科夫链转移概率矩阵就被分解为 k 个 $k \times k$ 条件转移概率矩阵（在此 $k=4$），见表 3-14。

表 3-14　　　　　　　　　空间马尔科夫转移概率矩阵

		低水平	较低水平	较高水平	高水平
低水平邻居	低水平	m11^1	m12^1	m13^1	m14^1
	较低水平	m21^1	m22^1	m23^1	m24^1
	较高水平	m31^1	m32^1	m33^1	m34^1
	高水平	m41^1	m42^1	m43^1	m44^1
较低水平邻居	低水平	m11^2	m12^2	m13^2	m14^2
	较低水平	m21^2	m22^2	m23^2	m24^2
	较高水平	m31^2	m32^2	m33^2	m34^2
	高水平	m41^2	m42^2	m43^2	m44^2
较高水平邻居	低水平	m11^3	m12^3	m13^3	m14^3
	较低水平	m21^3	m22^3	m23^3	m24^3
	较高水平	m31^3	m32^3	m33^3	m34^3
	高水平	m41^3	m42^3	m43^3	m44^3
高水平邻居	低水平	m11^4	m12^4	m13^4	m14^4
	较低水平	m21^4	m22^4	m23^4	m24^4
	较高水平	m31^4	m32^4	m33^4	m34^4
	高水平	m41^4	m42^4	m43^4	m44^4

表 3-14 中，mij^n 表征当邻居平均旅游经济增长水平属于 n 时，该区域在 t 时刻为类型 i，而在 $(t+1)$ 时刻转移到类型 j 的概率，它可以考察相邻区域不同的旅游经济增长水平下，各区域旅游经济增长水平向上转移、向下转移或平稳的可能性。并且，可综合矩阵中的各元素，来了解相邻区域旅游经济增长水平对本区域旅游经济增长水平向上、向下转移的影响，即若对任意的 i 和 j，均有 mij^n = mij（$n=1$，2，3，4），则说明相邻区域旅游经济增长水平对本区域旅游经济增长水平向上或向下级转移并没有影响。

经计算得到2001—2014年我国旅游经济增长的空间马尔科夫转移概率矩阵结果（见表3-15），可知，2001—2014年，我国并未有相邻区域为高水平、本区域为低水平的省份。当面临低水平邻居时，低水平和较低水平区域不会发生旅游经济增长水平的转移，因为该区域没有旅游业技术进步的可能。当面临较高水平邻居时，低水平区域转移到较低水平、较高水平区域的概率均为50%。而进一步分析可知，在不考虑周围邻居环境的情况下，旅游经济增长由低水平区域转移到较低水平、较高水平区域的概率均为14.29%，可见，邻居为较高水平是可以提高低水平旅游经济增长区域向上转移的可能性的。同样地，面临较低水平、较高水平的时候，低水平区域仍保持为低水平区域的概率分别为1、0，不考虑周围邻居时的概率为71.43%，说明当周围邻居的水平必须足够高时，才可以减小低水平区域旅游经济增长不发生转移的可能性，即能够使旅游经济落后区域陷入低水平陷阱的可能性降低。

表3-15　2001—2014年我国旅游经济增长的空间马尔科夫转移概率矩阵

空间		低水平	较低水平	较高水平	高水平
低水平邻居	低水平	1	0	0	0
	较低水平	1	0	0	0
	较高水平	0	0	0	1
	高水平	0	1	0	1
较低水平邻居	低水平	1	0	0	0
	较低水平	0.6667	0	0.3333	0
	较高水平	0	0	0.5	0.5
	高水平	0	0	0	1
较高水平邻居	低水平	0	0.5	0.5	0
	较低水平	0	1	0	0
	较高水平	0	0.3333	0.6667	0
	高水平	0	0	0.5	0.5

续表

空间		低水平	较低水平	较高水平	高水平
高水平邻居	低水平	0	0	0	0
	较低水平	0	0.6667	0.3333	0
	较高水平	0	0.5	0.5	0
	高水平	0	0	0	1

当周围邻居分别为较低水平、较高水平、高水平时，较低水平旅游经济增长区域转为较高水平的概率分别为33.33%、0、33.33%，而在不考虑邻居环境时的转移概率为25%，这表明旅游经济增长高水平邻居增大了旅游经济增长较低水平区域提高的可能性，同时，部分区域可能会因为邻居是较高水平和低水平，而出现其旅游经济增长水平的转移表现出不稳定性。当邻居旅游经济增长为较低水平、较高水平、高水平时，较低水平的区域向下转移为低水平的概率为66.67%、0、0；若不将空间因素的影响考虑在内，那么，旅游经济增长较低水平区域向下转移的概率为25%，这表明较高水平和高水平邻居能大大降低较低水平区域向下转移的可能性，而较低水平旅游经济增长的区域容易"抱团"滞后发展旅游经济，而提高了其向下转移的概率。

当面临较低水平、较高水平和高水平邻居时，较高旅游经济增长水平区域向上转移的概率为50%、0、0，不考虑空间因素时，较高旅游经济增长水平区域向下转移的概率为37.5%；当面临较低水平、较高水平和高水平邻居时，较高旅游经济增长水平区域向下转移的概率为0、33.33%、50%，不考虑空间因素时，较高旅游经济增长水平区域向下转移的概率为25%，可见，对于较高旅游经济增长水平区域而言，高水平邻居并未能发挥其带动作用，低水平邻居也并未产生不良影响。

当周围邻居旅游经济增长为较低水平、较高水平时，区域由高水平向下转移为较高水平的概率分别为 0、50%，而不将空间因素的作用考虑在内时为 25%，这说明较高水平旅游经济增长的邻居可能增加高水平区域向下转移的可能，较低水平邻居对高水平区域旅游经济增长的向下转移并未产生影响。

第四章 空间溢出视角下中国区域旅游经济增长的影响因素研究

为了研究我国区域旅游经济的发展规律和作用机制，本书首先对其影响因素进行了研究。本书以经济增长理论为研究基础，不仅考虑了传统生产要素，还纳入了技术进步、人力资本、制度质量等因素，在此基础上紧密结合旅游经济自身发展特性，利用纳入空间效应的空间杜宾面板模型研究了旅游经济增长的各种因素及其溢出效应，更科学、准确地刻画了我国区域旅游经济增长空间依赖性的具体传导机制。

第一节 中国区域旅游经济增长因素分析

一 理论依据

经济增长是指一个国家生产商品和劳务能力的扩大，其理论发展主要经历了依靠人口、土地等资源禀赋、以物质与资本积累为中心的古典主义经济学，强调资本对经济发展的启动作用、主要动力为外生技术进步的新古典主义经济学，内生技术变化因素（知识、人力资本等）起关键作用的新增长理论，以制度（如市场机制、民主等）为根本解释变量的新制度学派经济增长理论。旅游经济是我国一个新的经济增长点，因而其增长直接受劳动力、资本、土地等生产要素的投入、知识的增长及运用、人力资本的增加、制度质量等因素的影响。

同时，旅游业具有自身特性，因而旅游经济的增长还直接依赖于诸多特殊因素，具体包括旅游资源禀赋、旅游交通通达性、地区经济发展水平、地区价格水平、地区旅游环境。

本书不仅考虑了传统生产要素对旅游经济增长的影响，而且对旅游人力资本、制度质量等因素也给予了充分关注，更重要的是，本书紧密结合了旅游业自身的经济特性，纳入了诸多旅游业赖以发展的特殊因素，对区域旅游经济增长因素进行了"专门化"的研究。

二 影响因素

1. 旅游劳动力

用旅游从业人员数（TP）来表示。

2. 旅游资本

用旅游企业固定资产（EA）来表示。

3. 旅游用地

用4A级以上旅游景区（TS）表示，具体计算见式（4-1）。

4. 旅游技术进步

地区专利的拥有量能反映出地区创新能力，同时在一定程度上折射出这些成果的市场应用潜能，因此这里用旅游专利授权数量（PN）来表示旅游技术的开发及运用。

5. 旅游人力资本

用旅游院校学生数（CS）来表示。

6. 制度质量

一般来说，地区市场化程度越高，其对外开放度和经济活动透明度越高,即地区制度质量越高,因此这里用樊纲等(2010)编制的"中国各省区市场化指数"(MI)来表示制度质量。

7. 旅游资源禀赋

旅游资源是旅游业发展的基础,它决定了一个特定地理区位上旅游业的发展潜力。旅游地旅游资源的垄断度、品位度和集聚等是刺激旅游者产生旅游动机的根本原因,一般而言,旅游资源丰度和品位度越高,对旅游者的吸引力就越强。用4A级以上旅游景区(TS)的加权数量来表示[见式(4-1)]。

$$TS = 0.4 \times 4A + 0.6 \quad (4-1)$$

8. 旅游交通通达性

旅游资源及旅游产品具有空间固定性,旅游者必须利用交通从旅游客源地到达旅游目的地,才能完成旅游活动,即交通是连接纽带,其便利与否直接影响旅游客源,它为旅游经济的发展提供支撑。对现代旅游业而言,地区旅游交通的便利程度,是开发旅游资源和建设旅游景区的必要条件,更是衡量地区旅游业发展水平的重要指标。其高低取决于人的移动性,即移动的能力、机会和意愿。旅游交通通达性(TI)用交通基础设施来反映,具体为铁路营运里程和公路里程的加权,权重分别用公路客运量、铁路客运量的比重来表示。

9. 地区经济发展水平

旅游作为高收入弹性产业,其需求量明显受到当地经济发展水平的正向影响。同时,地区经济发展水平对于当地旅游业的发展表现为供给作用,具体而言地区经济为旅游基础设施和旅游服务设施的建设提供资本支持。用地区人均GDP(PG)来表示。

10. 地区价格水平

旅游需求的价格弹性较大,具体而言,对于同类型旅游目的地,地区价格水平越低,旅游需求量越大,而对于不同类型旅游目的地,地区价格水平对旅游需求量的影响并不确定。用地区居民消费价格指数（CP）来表示。

11. 地区旅游环境

整洁的街道等环境氛围是旅游资源具有观赏价值的前提，其好坏直接影响游客满意度和重游率。用各地区的环境污染治理投资额（EP）来表示。

第二节 中国区域旅游经济增长的影响因素及其空间溢出效应研究

一 区域旅游经济增长影响因素的空间计量模型构建

在上述理论的基础上，为了估计各影响因素对旅游经济增长的作用方向和弹性系数大小，本书构建旅游经济增长因素的计量经济模型，其中，被解释变量旅游经济增长（TR）用旅游总收入来反映；解释变量主要包括旅游从业人员数（TP）、旅游企业固定资产（EA）、4A 级以上旅游景区（TS）、旅游专利授权数量（PN）、旅游院校学生数（CS）、市场化指数（MI）、旅游交通通达性（TI）、地区人均 GDP（PG）、地区居民消费价格指数（CP）、环境污染治理投资额（EP）。

（一）标准面板数据模型的构建

为了减少数据的异方差性，并使其具有可比性，在此所有数据均取其对数形式，这里构建了不考虑空间效应的旅游经济增长的标准面板数据计量经济学模型，其公式为：

$$\ln TR_{it} = a\ln TP_{it} + b\ln EA_{it} + c\ln TS_{it} + d\ln PN_{it} + e\ln CS_{it} + f\ln MI_{it} + \\ g\ln TI_{it} + h\ln PG_{it} + i\ln CP_{it} + j\ln EP_{it} + \mu_i + v_t + \varepsilon_{it} \quad (4-2)$$

式（4-2）中，$\ln TP$、$\ln EA$、$\ln TS$、$\ln PN$、$\ln CS$、$\ln MI$、$\ln TI$、$\ln PG$、$\ln CP$、$\ln EP$ 分别表示旅游从业人员数、旅游企业固定资产、4A 级以上旅游景区、旅游专利授权数量、旅游院校学生数、市场化指数、

旅游交通通达性、地区人均 GDP、地区居民消费价格指数、环境污染治理投资额的对数；t 表示时期（t = 1, 2, ⋯, T），在此 T = 13；i 表示截面地区（i = 1, 2, ⋯, N），在此 N = 31；TR_{it} 表示由 i 区域、t 时期旅游总收入构成的 NT × 1 向量；TP_{it}、EA_{it}、TS_{it}、PN_{it}、CS_{it}、MI_{it}、TI_{it}、PG_{it}、CP_{it}、EP_{it} 表示由 i 区域、t 时期 10 个解释变量构成的 NT × 10 矩阵；a，b，⋯，j 表示待估系数；μ_i、v_t 分别表示空间效应、时期效应；ε_{it} 为随机误差项。式（4 – 2）为空间和时期双效应面板数据模型；无 μ_i 时为时期效应面板数据模型，反映了随时期变化，但不随区域变化的特征变量对旅游经济增长的影响；无 v_t 时为空间效应面板数据模型，反映了随区域变化，但不随时期变化的特征变量对旅游经济增长的影响；无 μ_i 和 v_t 时为混合面板数据模型。标准面板数据模型采用混合普通最小二乘估计（PLS）、广义最小二乘估计（GLS）回归方法，运用 Eviews 软件来实现。

（二）空间面板计量经济模型的设定

1. 空间面板模型的检验

面板数据在用非平稳时间序列建立回归模型时，可能产生"伪回归"，为避免这一问题，必须首先对面板数据进行单位根检验以检验各变量的平稳性。然后，用 Moran 指数对我国旅游经济增长变量进行空间自相关检验，同时，用 LM 检验及 Robust LM 检验对各地区旅游经济增长与各影响因素之间的面板数据模型进行空间相关性检验，以判定是否应该采用空间面板数据模型对我国旅游经济增长因素进行研究。

（1）面板数据平稳性检验

面板数据的单位根检验主要分为两种情况：一种是假定所有横截面单位的自回归系数相同，如 LLC 检验；另一种是允许不同个体的自回归系数自由变动，如 IPS 检验、Fisher-ADF 检验和 Fisher-PP 检验。为克服一种检验方法带来的偏差，提高检验结果的精度和稳健性，在此运用上述4种方法分别对各面板数据变量进行单位根检验,这4种检验方法的原假设均为不平稳,所有变量的单位根检验中都带有截距项。

(2) 空间自相关检验

一般采用空间自相关指数 Moran I 来检验研究变量是否存在空间依赖性,其公式为:

$$\text{Moran I} = \frac{\sum_{i=1}^{n}\sum_{j\neq i}^{n}W_{ij}(x_i-\bar{x})(x_j-\bar{x})}{\sum_{i=1}^{n}(x_i-\bar{x})^2} \quad (4-3)$$

式 (4-3) 中,x_i 和 x_j 为 i 省份和 j 省份旅游总收入的对数 ($\ln TR$);$\bar{x}$ 为 $\ln TR$ 的平均值;W_{ij} 为标准化后的 $n*n$ 阶的空间权重矩阵 (n 为研究地区数,在此 $n=31$),本书采用了更符合区域旅游发展实际的距离权重矩阵,即以各省份省会城市之间距离[①]的倒数作为空间权值。Moran I 值在 -1 和 1 之间,越接近 1,表明旅游总收入的正相关性越强;越接近 -1,表明旅游总收入的负相关性越强;趋于 0 时,则表明旅游总收入空间不相关。

同时,还采用拉格朗日乘子(LM)检验及稳健的拉格朗日乘子(Robust LM)检验的统计量是否通过显著性检验来判定旅游经济增长面板数据模型(PM)是否存在空间相关性。

2. 空间面板模型

如果 Moran I、LM、Robust LM 通过显著性水平检验,则表明标准面板计量模型忽略了空间效应,会导致有偏的参数估计,因此应构建纳入空间效应的旅游经济增长模型。相近地区的旅游经济存在联系,以及不同地区旅游总收入的数据采集可能存在空间上的测量误差,相应的空间相关性在空间面板模型中体现在因变量的滞后项和误差项中,所以,空间面板模型(SPM)的两种基本模型是空间

---

① 假定地球为圆形,通过确定地球半径和各城市经纬度坐标计算球面两点间距离而得。

滞后面板模型（SLPM）和空间误差面板模型（SEPM）。其中，空间滞后面板模型（SLPM）研究了本地区一组解释变量以及相近地区旅游总收入对本地区旅游总收入的影响，在此构建的空间滞后面板模型（SLPM）为：

$$\ln TR_{it} = \rho \sum_{j=1}^{N} W_{ij} \ln TR_{it} + a\ln TP_{it} + b\ln EA_{it} + c\ln TS_{it} + d\ln PN_{it} + e\ln CS_{it} + f\ln MI_{it} + g\ln TI_{it} + h\ln PG_{it} + i\ln CP_{it} + j\ln EP_{it} + \mu_i + v_t + \varepsilon_{it} \quad (4-4)$$

式（4-4）中，ρ 为空间滞后（自回归）系数；W_{ij} 为标准化后的 $n*n$ 阶的空间权重矩阵（n 为研究地区数，在此 $n=31$）。

空间误差面板模型（SEPM）研究了本地区一组解释变量以及忽略掉的在空间上相关的重要变量（误差项）对本地区旅游总收入的影响，在此构建的空间误差面板模型（SEPM）见式（4-5），其中，Φ_{it} 为空间自相关的误差项，λ 为空间误差（自相关）系数。

$$\ln TR_{it} = a\ln TP_{it} + b\ln EA_{it} + c\ln TS_{it} + d\ln PN_{it} + e\ln CS_{it} + f\ln MI_{it} + g\ln TI_{it} + h\ln PG_{it} + i\ln CP_{it} + j\ln EP_{it} + \varphi_{it}$$

$$\varphi_{it} = \lambda \sum_{j=1}^{N} w_{ij}\varphi_{jt} + \varepsilon_{it} \quad (4-5)$$

旅游经济增长空间面板模型（SPM）应该选择滞后形式还是误差形式可以用拉格朗日乘子（LM）检验及稳健的拉格朗日乘子（Robust LM）检验来判断。具体而言，若在计量模型的空间依赖性检验中发现，LM-Lag 统计量相对于 LM-Error 统计量的显著性水平更高，且 R-LM（lag）显著而 R-LM（error）不显著，则应该选择空间滞后面板模型（SLPDM），反之，则应选择空间误差面板模型（SEPDM）。

3. 空间面板杜宾模型

除了邻近省份旅游经济增长的空间溢出效应外，如果在空间上相邻近省份的旅游从业人员数、旅游企业固定资产、4A 级以上旅游景区、旅游专利授权数量、旅游院校学生数、市场化指数、旅游交通通达性、地区人均 GDP、地区居民消费价格指数、环境污染治理投资额对本省份的旅游经济增长也产生作用，这就得利用空间杜宾面板数据模型（SDPDM），其计算公式为：

$$\ln TR_{it} = \rho \sum_{j=1}^{N} W_{ij} \ln TR_{it} + a\ln TP_{it} + b\ln EA_{it} + c\ln TS_{it} + d\ln PN_{it} + e\ln CS_{it}$$

$$+ f\ln MI_{it} + g\ln TI_{it} + h\ln PG_{it} + i\ln CP_{it} + j\ln EP_{it} + a' \sum_{j=1}^{N} W_{ij} \ln TP_{it} +$$

$$b' \sum_{j=1}^{N} W_{ij} \ln EA_{it} + c' \sum_{j=1}^{N} W_{ij} \ln TS_{it} + d' \sum_{j=1}^{N} W_{ij} \ln PN_{it} + e' \sum_{j=1}^{N} W_{ij} \ln CS_{it} +$$

$$f' \sum_{j=1}^{N} W_{ij} \ln MI_{it} + g' \sum_{j=1}^{N} W_{ij} \ln TI_{it} + h' \sum_{j=1}^{N} W_{ij} \ln PG_{it} + i' \sum_{j=1}^{N} W_{ij} \ln CP_{it} +$$

$$j' \sum_{j=1}^{N} W_{ij} \ln EP_{it} + \mu_i + v_t + \varepsilon_{it} \qquad (4-6)$$

式（4-6）中，$W\ln TP$、$W\ln EA$、$W\ln TS$、$W\ln PN$、$W\ln CS$、$W\ln MI$、$W\ln TI$、$W\ln PG$、$W\ln CP$、$W\ln EP$ 分别表示邻近省份旅游从业人员数（TP）、旅游企业固定资产（EA）、4A 级以上旅游景区（TS）、旅游专利授权数量（PN）、旅游院校学生数（CS）、市场化指数（MI）、旅游交通通达性（TI）、地区人均 GDP（PG）、地区居民消费价格指数（CP）、环境污染治理投资额（EP）空间滞后变量。

假设 H_0：$\zeta(\xi) = 0$ 或 $\zeta(\xi) + \lambda\alpha(\beta) = 0$，若 Wald_ spatial_ lag 和 LR_ spatial_ lag 的检验值未通过显著性检验，则表明无法拒绝原假设，则应将空间杜宾面板模型（SDPM）简化为空间滞后面板模型（SLPM）或空间误差面板模型（SEPM）。空间面板模型（SPM）采用极大似然估计（ML）回归方法，运用 Matlab 软件来实现。

（三）样本选择与数据来源

本书的研究对象为 2001—2014 年我国 31 个省、自治区和直辖市（不包括我国港澳台、南海诸岛等地区）的面板数据。旅游相关数据来自《中国旅游统计年鉴》（2002—2015 年）、国家旅游局网站、各省市旅游政务网等；环境污染治理投资来自《中国环境年鉴》（2002—2015 年）；旅游专利授权数量来自"中国国家知识产权局专利检索数据库平台","摘要"是"旅游","地址"是"某省市"（如北京），"公开（公告）日"是"某年份"（如 2010 年），检索已经公布的旅游专利信息；其余数据来自《中国统计年鉴》（2002—2015 年）、各省市统计年鉴（2002—2015 年）等。

二 基于空间面板计量模型的区域旅游经济增长因素的估计结果与分析

（一）区域旅游经济增长的数据检验

1. 面板数据的单位根检验

2001—2014 年我国 31 个省份面板数据的单位根检验结果见表 4 - 1。可知，lnTR、lnTP、lnEA、lnTS、lnPN、lnCS、lnMI、lnTI、lnPG、lnCP、lnEP 均拒绝原假设，即均在 1% 水平下平稳，即被解释变量和所有解释变量均为 0 阶单整（I（0））变量。

表 4 - 1　　　　　　变量的面板数据单位根检验结果

变量	LLC 检验统计量	IPS 检验统计量	ADF 检验统计量	PP 检验统计量
lnTR	-9.7750(0.0000)*	-6.0632(0.0000)*	135.2411(0.0000)*	133.5887(0.0000)*
lnTP	-12.0328(0.0000)*	-8.6157(0.0000)*	187.8159(0.0000)*	213.4573(0.0000)*
lnEA	-13.3095(0.0000)*	-8.3923(0.0000)*	181.4472(0.0000)*	196.2764(0.0000)*
lnTS	-14.6271(0.0000)*	-9.7347(0.0000)*	199.2024(0.0000)*	198.5643(0.0000)*
lnPN	-10.3898(0.0000)*	-6.9877(0.0000)*	160.4654(0.0000)*	167.6068(0.0000)*
lnCS	-7.4354(0.0000)*	-7.8400(0.0000)*	173.1183(0.0000)*	220.4822(0.0000)*
lnMI	-12.4641(0.0000)*	-6.6094(0.0000)*	157.9825(0.0000)*	165.3549(0.0000)*
lnTI	-15.2543(0.0000)*	-9.7815(0.0000)*	200.3168(0.0000)*	193.9160(0.0000)*
lnPG	-11.4139(0.0000)*	-7.8052(0.0000)*	172.6121(0.0000)*	175.4677(0.0000)*
lnCP	-17.3946(0.0000)*	-10.0302(0.0000)*	185.2164(0.0000)*	194.4532(0.0000)*
lnEP	-12.1820(0.0000)*	-8.3486(0.0000)*	175.6470(0.0000)*	192.7945(0.0000)*

注：括号内的数字为 p 值；*、**、*** 分别代表在 1%、5%、10% 的水平上显著。

2. 旅游经济增长的空间相关性检验结果

2001—2014 年中国 31 个省份旅游经济增长（ln*TR*）的空间自相关 Moran I 指数如图 4-1 所示，可知 14 年间我国旅游经济增长（ln*TR*）的 Moran I 值均通过了 10% 的显著性水平检验，即均存在着显著的正向空间自相关性，这说明在研究我国旅游经济增长因素时，有必要使用纳入空间效应的空间计量模型进行参数估计。2001 年以来我国旅游经济增长的 Moran I 值呈稳定态势，即我国 31 个省份之间的旅游经济增长具有稳定的空间依赖性。进一步，计算面板全局 Moran I 指数，得到 Moran I 为 0.1128，Moran I – statistic 为 3.5447，平均值为 – 0.0110，标准差为 0.0349，边际概率为 0.0004，可知 2001—2014 年我国 31 个省份的旅游经济增长（ln*TR*）在全局上存在明显的空间依赖性。

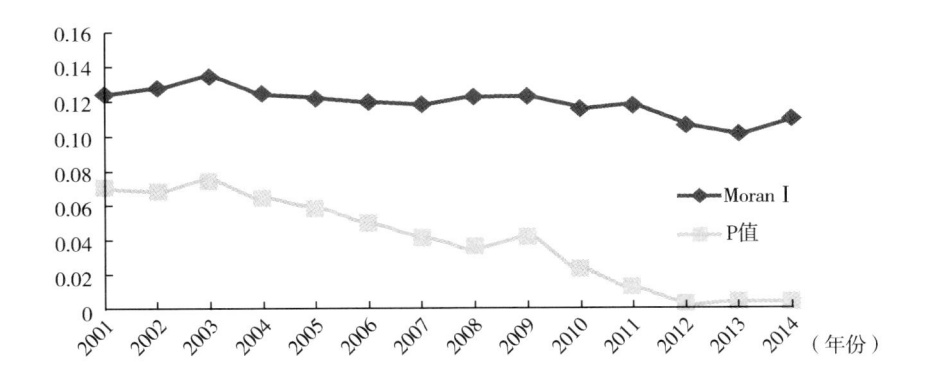

图 4-1 2001—2014 年我国 31 个省份旅游经济增长的 Moran I 指数

（二）区域旅游经济增长因素的模型选择与总体估计

首先是空间面板数据模型中空间滞后面板模型还是空间误差面板模型的判断选择。由标准面板回归 PLS 估计残差的 LM 及其 Robust LM 检验结果（见表 4-2）可知，空间滞后面板模型（SLPDM）的 LM 和 Robust LM 检验值均通过了 1% 的显著性水平检验，空间误差面板模型

(SEPDM)仅 LM 通过了 1% 的显著性水平检验，Robust LM 并未通过 10% 的显著性水平检验，并且空间滞后面板模型（SLPDM）的 LM 的显著性水平高于空间误差面板模型（SEPDM）的 LM 的显著性水平。综上，空间面板数据模型应选择空间滞后形式。

表 4-2　我国旅游经济增长的标准面板数据模型估计结果

变量	系数值	变量	系数值
C	4.6934 (0.3863)	lnMI	0.1095 (0.2435)
lnTP	0.1423*** (0.0511)	lnTI	0.0250* (0.0001)
lnEA	0.2134** (0.0118)	lnPG	0.5498* (0.0000)
lnTS	0.1611* (0.0008)	lnCP	-2.5677** (0.0265)
lnPN	0.2481* (0.0000)	lnEP	0.1131* (0.0060)
lnCS	0.0256* (0.0000)	LM test no spatial lag	32.0576* (0.000)
Adj-R^2	0.8980	Robust LM test no spatial lag	22.5501* (0.000)
Log L	-240.5324	LM test no spatial error	10.0724* (0.002)
DW	1.4432	Robust LM test no spatial error	0.5650 (0.452)

注：括号内的数字为 p 值；*、**、***分别代表在 1%、5%、10% 的水平上显著。

其次是检验判断空间杜宾面板模型（SDPDM）是否可简化为空间滞后模型（SLPDM）。通过空间滞后杜宾面板模型的 Wald 和似然比（LR）检验来进行判断选择，结果显示，Wald_spatial_lag 的值为 46.4097，概率值 prob_spatial_lag 为 1.2088e-06；LR_spatial_lag

的值为 43.4338，概率值 prob_ spatial_ lag 为 4.1590e-006，均通过了 1% 的显著性水平检验，说明无法拒绝 $\zeta(\xi)=0$ 和 $\zeta(\xi)+\lambda\alpha(\beta)=0$ 的原假设，因此，空间杜宾面板模型（SDPDM）不可简化为空间滞后模型（SLPDM）。

最后是空间滞后杜宾面板模型中固定效应还是随机效应的判断选择。通过空间 Hausman 检验来考察空间效应与旅游经济增长各因素之间的相关性，Hausman 统计量为 16.6431，概率 P 值为 0.7325，未通过 1% 的显著性水平检验，即接受了个体效应与旅游经济增长各因素无关的原假设，因此空间滞后杜宾面板模型应选择随机效应。可知，标准面板模型和空间面板模型的 Hausman 检验结果并不一致。综上，对于我国旅游经济增长而言，空间滞后、随机效应的杜宾面板模型是最佳模型。

表 4-3　　我国旅游经济增长的空间杜宾面板模型的估计结果

变量	系数值	P 值	变量	系数值	P 值
$\ln TP$	-0.00004	0.2349	$W\ln TP$	-0.0005**	0.0269
$\ln EA$	-0.0020**	0.04629	$W\ln EA$	-0.0129***	0.0574
$\ln TS$	41.5112*	0.0000	$W\ln TS$	97.3533*	0.0005
$\ln PN$	0.0004	0.7600	$W\ln PN$	0.0021	0.8202
$\ln CS$	2.0991*	0.0037	$W\ln CS$	0.8082	0.8535
$\ln MI$	200.5482*	0.0000	$W\ln MI$	214.3995	0.3336
$\ln TI$	0.0000*	0.0000	$W\ln TI$	-0.0000	0.4896
$\ln PG$	0.0295*	0.0000	$W\ln PG$	0.0051	0.8379
$\ln CP$	-0.9351	0.9676	$W\ln CP$	-98.3659	0.4621
$\ln EP$	0.1674	0.4713	$W\ln EP$	-7.6152*	0.00005
Log L	-2929.1666		teta	0.2860*	0.0000
Adj-R^2	0.8156				

注：*、**、***分别代表在 1%、5%、10% 的水平上显著。

由表 4-3 可知：（1）4A 级以上旅游景区（lnTS）、旅游院校学生数（lnCS）、市场化指数（lnMI）、旅游交通通达性（lnTI）、地区人均 GDP（lnPG）的系数值均为正，且均通过了 1% 水平的显著性检验，表明这 5 个因素均对区域旅游经济增长产生正向促进作用。旅游企业固定资产（lnEA）通过了 5% 水平的显著性检验，但其系数值为负，表明区域旅游企业固定资产对区域旅游经济增长未能起到促进作用，与预期作用方向不一致。旅游从业人员数（lnTP）、旅游专利授权数量（lnPN）、地区居民消费价格指数（lnCP）、环境污染治理投资额（lnEP）对区域旅游经济增长的作用并不显著。（2）被解释变量（lnTR）的空间滞后项（teta）的系数在 1% 水平上显著，表明本省份旅游经济增长存在正的外部性，即对相邻近省份旅游经济增长产生明显的正向空间溢出效应。各解释变量的空间交互项中 4A 级以上旅游景区（WlnTS）的系数为正，且通过了 1% 的显著性水平检验，表明旅游资源禀赋可能存在空间溢出效应。旅游从业人员数（WlnTP）、旅游企业固定资产（WlnEA）、环境污染治理投资额（WlnEP）的空间交互项的系数显著为负，表明邻近省份旅游从业人员数、旅游企业固定资产、地区旅游环境对本省份旅游经济增长的加权影响为负。旅游院校学生数（lnCS）、市场化指数（lnMI）、旅游交通通达性（lnTI）、地区人均 GDP（lnPG）空间交互项的系数不显著，说明这 4 种因素对旅游经济增长的作用没有形成良好的省域联动机制，本省份这 4 种因素的发展均对邻近省份旅游经济增长缺乏有效辐射。

（三）区域旅游经济增长各因素的空间溢出效应研究

空间计量模型的回归系数并不能反映自变量对因变量的影响，要通过直接效应、间接效应和总效应来反映。为进一步研究各因素对区域旅游经济增长的不同影响，在此测算了各影响因素的直接效应、间接效应和总效应（见表 4-4），可知，在空间杜宾面板模型直接效应中，本省份的旅游企业固定资产、旅游资源禀赋、旅游院校学生数、市场化指数、旅游交通通达性、地区经济发展水平对本省份的旅游经济增长产生明显的促进作用,其中市场化指数($lnMI$)的系数值最大,其次为4A级以上旅游景区($lnTS$)。

在空间杜宾面板模型间接效应中,4A级以上旅游景区通过了1%的显著性水平检验,说明旅游资源禀赋通过空间传导机制对其他邻近省份的旅游经济增长产生了促进作用,这说明我国在省域之间形成了旅游资源的初步整合,出现了协调发展的趋势。旅游从业人员数、旅游企业固定资产、地区环境氛围均通过了10%水平的显著性检验,但是对其他邻近省份的旅游经济增长却产生了负的外部性,究其原因,这3种因素的发展会对邻近省份旅游经济增长的各种资源产生"截流效应",进而削弱邻近省份旅游经济的增长。旅游专利授权数量和旅游院校学生数的知识溢出效应,以及旅游交通通达性、地区经济发展水平、地区价格水平对其他邻近省份旅游经济增长的影响都不明显。

在空间杜宾面板模型总效应中,4A级以上旅游景区、市场化指数均通过了10%水平的显著性检验,说明旅游资源禀赋、市场化指数通过规模效应、溢出效应等对所有地区的旅游经济增长有促进作用,其中,市场化指数($lnMI$)的系数值最大,这说明宏观区域制度环境对我国旅游经济增长的推动更显著、力度更强。旅游从业人员数、旅游企业固定资产、地区旅游环境均通过了10%显著性水平检验,但是对旅游经济增长产生了阻碍作用,说明这3种因素对旅游经济增长的负向扩散效应远大于其直接效应,具体而言,旅游从业人员的素质还有待提高;旅游业中的"游、购、娱"等高附加值部门是其赖以发展的核心,同时,我国星级饭店固定资产占旅游企业固定资产总额的80%左右,其中国有企业又占较高比重,旅游产业结构亟待优化,这些均束缚了旅游企业固定资产对旅游经济增长的支撑作用;环境投资中用于改善旅游环境的投资比重应加大。

表 4-4 我国区域旅游经济增长因素的直接效应、间接效应和总效应

变量	直接效应 系数	P 值	间接效应 系数	P 值	总效应 系数	P 值
lnTP	-0.00003	0.2987	-0.00037**	0.0447	-0.0004**	0.0450
lnEA	0.0018***	0.0722	-0.0103*	0.0798	-0.0121*	0.0533
lnTS	40.4121*	0.0000	72.4371*	0.0082	112.8492*	0.0002
lnPN	0.0003	0.7970	0.0013	0.8686	0.0016	0.8482
lnCS	2.0884*	0.0056	0.1644	0.9640	2.2527	0.5489
lnMI	197.3112*	0.0000	146.6128	0.4524	343.9240***	0.0758
lnTI	0.0000*	0.0000	-0.0000	0.4156	-0.0000	0.9532
lnPG	0.0296*	0.0000	-0.0030	0.8845	0.0266	0.2074
lnCP	1.5879	0.9463	-82.3582	0.4571	80.7703	0.4375
lnEP	0.2629	0.2697	-6.2640*	0.0005	-6.0012*	0.0013

注：*、**、***分别代表在 1%、5%、10%的水平上显著。

第三节 小结

一 主要结论

基于 2001—2014 年中国 31 个省份的面板数据，运用空间计量经济模型对中国旅游经济增长因素进行了研究，主要结论为：

（1）中国区域旅游经济增长存在明显的空间依赖性，相邻近省份的旅游经济增长对本省的旅游经济增长有推动作用。且 2001 年以来我国区域旅游经济增长的空间互动效应稳定发展，因此在旅游经济增长因素研究中应充分考虑省与省的空间联动效应。

（2）纳入了因变量的空间滞后项和自变量的空间交互项的空间杜宾面板模型是研究我国区域旅游经济增长因素的最佳模型。本省份的旅游企业固定资产、旅游资源禀赋、旅游院校学生数、市场化指数、

旅游交通通达性、地区经济发展水平对本省份的旅游经济增长产生明显的促进作用，其中市场化指数的系数值最大，其次为旅游资源禀赋、旅游院校学生数。可知，我国旅游经济增长主要依靠土地、资本等生产要素的投入，以及制度质量的提高和人力资本的投入，而不是通过追求外生技术进步来获得的，属于典型的要素、内生技术、制度质量驱动型增长。旅游资源禀赋、市场化指数对所有省份的旅游经济增长有促进作用，其中市场化指数的系数值最大。旅游资源禀赋对其他邻近省份产生显著的正向空间溢出效应。

（3）旅游从业人员数、地区旅游环境对本省份旅游经济增长的作用不显著，但通过"资源截流效应"对相邻近省份旅游经济增长产生显著的负向作用；旅游企业固定资产的间接效应大于直接效应，这导致旅游从业人员数、地区旅游环境、旅游企业固定资产对所有省份的总效应为负。旅游专利授权数量、地区价格水平对本省份及相邻近省份旅游经济增长的作用均不显著。

二 政策建议

各种因素对区域旅游经济增长产生着错综复杂的直接和间接影响，带来明显的促进或阻碍作用，呈现出一种"有利的"和"不利的"共存局面。如何实现旅游经济的持续发展、提高区域旅游经济增长的质量，并实现旅游在不同区域之间的协调、联动发展，成为当前中国旅游经济增长的关键。对此，提出以下发展对策与建议：（1）政府在制定旅游业发展规划时，应充分发挥旅游业发展"增长极"的空间溢出效应，加强区域之间的交流与合作，促进各种资源要素的跨地区流动与集聚，实现各种资源要素的最大配置、最远辐射。（2）各省政府应拓宽促进区域旅游业发展的思路，"跳出旅游业来看旅游"，改善区域旅游发展的整体制度环境，不断推动和深化要素市场改革。应该厘清政府对旅游主导的范畴与内容，减少由于过度行政干预而导致的政策执行过程中的不公平竞争现象，鼓励旅游产业投资主体多元化发展。（3）借助我国高铁等交通基础设施的大力建设，根据旅游资源的地理空间的邻近性、旅游产品的互补性、内在关联性，进行打破行政区界线的区域间旅游的联合与协作。（4）大力培养本地区旅游院校学生，增强旅游人力资本；借助地区经济完善旅游服务设施和旅游基础设施的建设等，以此来共同促进本地区旅游经济的可持续发展和旅游经济增长质量的提升。（5）采取相应措施减少相邻近地区旅游从业人员数对本地区各类资源的截流，在不同地区之间的流动，减小旅游企业固定资产对相邻近省份的旅游屏蔽作用，弱化相邻近地区的环境氛围对本地区旅游形象的影响，从而降低相邻近省份这3种因素的发展对本省份旅游发展的负向影响。

第五章 中国区域旅游经济效率及其影响因素、空间溢出特征研究

一个国家或地区的经济发展目标应是在满足环境约束和技术约束的前提下实现经济产出的最大化。因为边际报酬递减，仅仅依靠增加各生产要素的投入来促进旅游经济的增长是难以持续的，所以，我国旅游经济增长的关键是提高生产率。

2014年，《国务院关于促进旅游业改革发展的若干意见》明确提出"加快转变发展方式：以转型升级、提质增效为主线，推动旅游开发向集约型转变，更加注重资源能源节约和生态环境保护，实现旅游可持续发展"。当前，我国旅游业能源消耗量和旅游主要污染物排放量已从2001年的2897.11万吨标准煤和5385.99万吨分别增长到2014年的4242.70万吨标准煤和9346.44万吨，旅游业的能源消耗与环境污染已不容忽视，旅游业也面临着向资源节约和环境友好的新型增长模式转型发展的严峻考验。同时，我国旅游业大发展起步较晚，政策和市场体系还不健全，导致旅游业在不同地区之间和不同细分行业之间具有十分明显的不均衡发展现象。因此，揭示环境约束下我国旅游效率的发展与演化规律，明确环境约束下旅游效率在各地区与各细分行业的异质性，找寻旅游效率提升的影响因素，探索旅游集约化发展的路径，对促进我国区域旅游经济高速、健康、可持续发展有重要的理

论指导意义。

本书将从时间、空间和行业三个维度对我国环境约束下的旅游业效率进行多层面评价。具体而言，本书把环境因素纳入旅游业生产率研究体系，运用 DEA-Malmquist 模型，采用 2001—2014 年中国旅游业省级面板和行业面板数据，对中国整体、30 个省市和 2 个细分行业环境约束下旅游业全要素生产率的变化分别进行了测算和分析，基于区域和行业视角深入研究了我国旅游业增长质量、增长方式、增长潜力和内生机制等问题，之后，在理论分析我国环境约束下旅游效率影响机制的基础上，利用面板数据模型，对环境约束下中国旅游业 TFP 的影响因素进行了实证分析。

第一节 中国区域旅游经济效率的测度与特征

一 研究方法和数据来源

（一）研究方法

1. DEA-Malmquist 模型

数据包络分析法（DEA）中的 Malmquist 生产率指数法主要被应用于研究动态效率变化趋势，本书用其对环境约束下中国旅游业生产效率进行测算和分解。Färe 等（1992）把两个相邻时期（t 与 $t+1$）的 Malmquist 生产率指数（tfpch）定义为：

$$M_0(x_t, y_t, x_{t+1}, y_{t+1}) = \sqrt{\frac{D_0^{t+1}(x_{t+1}, y_{t+1})}{D_0^{t+1}(x_t, y_t)} \times \frac{D_0^t(x_{t+1}, y_{t+1})}{D_0^t(x_t, y_t)}} \quad (5-1)$$

式（5-1）中，$D_0^t(x_t, y_t)$ 和 $D_0^{t+1}(x_{t+1}, y_{t+1})$ 分别为依据生产点在相同时间段（即 t 和 $t+1$）同前沿面技术相比较的投入距离函数；$D_0^t(x_{t+1}, y_{t+1})$ 和 $D_0^{t+1}(x_t, y_t)$ 分别为依据生产点在混合期同前沿面技术相比较得到的投入距离函数。Malmquist 生产率指数（tfpch）

可以分解为技术效率变化（effch）和技术变化（techch）两部分，其中技术效率变化（effch）可进一步分解为纯技术效率变化（pech）和规模效率变化（sech），即 tfpch = effch × techch = pech × sech × techch。其中，pech > 1，表示资源配置与利用的改善使效率提高；sech > 1，表示区域投入集聚规模改变，规模效率提高；effch > 1，表示生产技术有所改进；tfpch > 1，表示综合生产率提高。上述指标 = 1 和 < 1，则分别表示效率无变化和效率降低。

2. 面板数据模型

（1）面板单位根检验。为了避免面板数据的伪回归，需利用面板单位根检验来考量经济变量的平稳性，以确保估计结果的有效性，并对经济变量是否为同阶单整变量做出判断。为保证检验的精度和稳健性，本书利用 LLC、IPS、Fisher-ADF 和 Fisher-PP 四种检验方法分别考量各变量的平稳性，它们的原假设均为存在单位根。

（2）面板协整检验。它用以判断因变量与自变量间长期联系的存在与否。为允许最大程度的个体差异，本书使用由 Pedroni（1999 年）提出的异质面板协整检验。该检验利用回归残差构造了 Panel v、Panel rho、Panel PP、Panel ADF、Group rho、Group PP 和 Group DF 7 个统计量，它们的原假设均为变量间无协整关系。

（3）面板数据模型的选择。依据对截距项和解释变量系数的不同假设，把面板数据回归模型分为混合回归（MRM）、变系数回归（VCRM）和变截距回归模型（VIRM）三种形式，利用 F 检验能确定选取上述哪种模型形式。其中，根据个体不同的影响形式，变系数和变截距回归模型均可分为固定效应模型（FEM）和随机效应模型（REM），利用 Hausman 检验能确定选取上述哪种影响形式。

F 检验主要检验以下两个假设：H_0——混合回归模型；H_1——变截距回归模型。假设检验的 F 统计量为：

$$F_2 = \frac{(S_3 - S_1) / [(N-1)(k+1)]}{S_1 / [NT - N(k+1)]} \sim F[(N-1)(k+1), N(T-k-1)]$$

$$F_1 = \frac{(S_2 - S_1) / [(N-1)k]}{S_1 / [NT - N(k+1)]} \sim F[(N-1)k, N(T-k-1)] \quad (5-2)$$

式（5-2）中，N、T、k 分别表示截面数据、时期长度、自变量数据；S_1、S_2、S_3 分别表示变系数、变截距、混合回归模型的残差平方和。

若统计量 F_2 比 5% 水平下 F 分布临界值小，则接受假设 H_0，应选用 MRM；否则，拒绝假设 H_0，并对假设 H_1 进行检验，若统计量 F_1 比 5% 水平下 F 分布临界值小，则接受假设 H_1，应选用 VIRM；否则，拒绝假设 H_1，应选用 VCRM。

Hausman 检验假设随机影响模型中个体影响与自变量无关，若接受此假设，则应选用 REM；若拒绝，则应选用 FEM。

（二）指标选取

由本书第四章的研究可知，我国旅游经济增长属于典型的资本、人力、土地等要素驱动型，由此，根据科学性、可操作性和适宜性等原则，本书选取了各因素中的"旅游劳动力"和"旅游资本"作为测算旅游经济效率的投入指标，同时将环境因素纳入了其中。具体而言，本书分别选取劳动力投入、资本投入和能源投入这三个投入指标，以及营业产出（"好"产出）和环境污染产出（"坏"产出）这两个产出指标。

1. 投入指标

（1）劳动力投入：选用"旅游从业人员数"来表征。

（2）资本投入：利用国际上通用的永续盘存法（perpetual inventory method）对其进行估算，计算公式为：

$$K_{it} = (1-\delta_{i,t}) \times K_{i,t-1} + I_{i,t} = (1-\delta_{i,t})^t \times K_{i,0} + \sum_{j=1}^{t} I_{i,j} \times (1-\delta_{j,t})^{t-j} \quad (5-3)$$

式（5-3）中，K_{it} 和 $K_{i,t-1}$ 分别为第 t 年和第 $t-1$ 年 i 地区的旅游业资本存量；$I_{i,t}$ 为 i 地区在 t 年的旅游业固定资产原值；$\delta_{i,t}$ 为资本折旧率，本书依据研究文献，将其设为 4%；$K_{i,0}$ 为 i 地区基年（在此为 2001 年）的旅游业资本存量，本书用 Harberger（1978）提出的稳态方法（steady-state method）对基年旅游业资本存量进行推导，估算公式为：

$$K_{i,t-1} = I_{it} / (g_{i,t} + \delta_{i,t}) \quad (5-4)$$

式（5-4）中，$g_{i,t}$ 为研究期内（在此为 2001—2014 年）地区 i 的旅游业固定资本平均增长率。

（3）能源投入：采用"剥离系数法"对其进行计算，公式为：

$$EI_{it} = \frac{ER_{it}}{ER'_{it}} \times EI_{it}' \quad (5-5)$$

式（5-5）中，EI_{it} 为 i 地区在 t 年的旅游能源消耗；ER_{it} 为 i 地区在 t 年的旅游营业收入；ER'_{it} 为 i 地区在 t 年的交通运输、仓储和邮政业，批发、零售业，住宿、餐饮业的生产总值之和（2001—2005 年为交通运输、仓储及邮电通信业，批发零售贸易及餐饮业这两大行业；2006—2014 年为交通运输、仓储和邮政业，批发和零售业，住宿和餐饮业这三大行业）；EI'_{it} 为 i 地区在 t 年的交通运输、仓储和邮政业，批发、零售业和住宿、餐饮业这两大行业的能源消耗之和，在此，为便于统计，把其消耗原煤、洗精煤、其他洗煤、型煤、煤矸石、焦炭、焦炉煤气、高炉煤气、转炉煤气、其他煤气、原油、汽油、煤油、柴油、燃料油、石脑油、润滑油、石蜡、溶剂油、石油沥青、石油焦、液化石油气、炼厂干气、其他石油制品、天然气、液化天然气、热力、电力、其他能源等各种能源转化成了标准煤形式。

2. 产出指标

（1）营业产出：选取"旅游企业营业收入"来表征营业产出。

（2）环境污染产出：在此采用"剥离系数法"对其进行计算，公式如下：

$$TPE_{it} = \frac{TP_{it}}{TP'_{it}} \times PE_{it}' \qquad (5-6)$$

式（5-6）中，TPE_{it} 为 i 地区在 t 年的旅游业污染排放量；TP_{it} 为 i 地区在 t 年的旅游从业人员数；TP'_{it} 为 i 地区在 t 年的地区常住总人口数；PE'_{it} 为 i 地区在 t 年的生活主要污染物排放量，包括生活废水、生活化学需要量、生活氨氮、生活二氧化硫、生活烟（粉）尘排放量和生活垃圾清运量。本书在测算环境约束下的旅游业生产率时将污染排放量作为一项非期望产出，在计算时对其取倒数以正向化。

（三）研究对象与数据来源

本书以 2001—2014 年中国 30 个省（区市）（因我国西藏自治区、港澳台地区、南海诸岛等地区的数据不全，故未纳入分析）为研究对象。旅游从业人员数、旅游企业固定资产原值、旅游企业营业收入、旅游企业规模来自《中国旅游统计年鉴》（2002—2015 年），综合考虑数据的可获得性和可对比性，本书研究的旅游企业主要包括星级饭店业和旅行社业，其他旅游企业尚未纳入本书研究范围；各种能源折算标准煤系数来自《综合能耗计算通则》（GB/T2589—2008）等（见表 5-1）；交通运输、仓储和邮政业、批发、零售业和住宿、餐饮业的各种能源消耗来自《中国能源统计年鉴》（2002—2015 年）中的地区能源平衡表；国内生产总值，交通运输、仓储和邮政业以及批发、零售业和住宿、餐饮业的生产总值，生活垃圾清运量来自《中国区域经济统计年鉴》（2002—2015 年）；生活主要污染物排放量、环境污染治理投资主要来自《中国环境年鉴》（2002—2015 年）；地区常住人口来自《中国统计摘要》；非农业人口比重来自《中国人口和就业统计年鉴》（2002—2015年）。东、中、西三大地区的划分标准：采用1986年全国人大六届四次会议通过的"七五"计划和1997年全国人大八届五次会议正式公布的地区划分标准。

表 5-1　　各种能源折标准煤参考系数

能源名称	原煤	洗精煤	其他洗煤	型煤	焦炭
折算标煤系数	0.7143kgce/kg	0.9kgce/kg	0.35715kgce/kg	0.6kgce/kg	0.9714kgce/kg
能源名称	焦炉煤气	高炉煤气	其他煤气	其他焦化产品	原油
折算标煤系数	0.59285kgce/m^3	0.1286kgce/m^3	0.57975kgce/m^3	1.3kgce/kg	1.4286kgce/kg
能源名称	汽油	煤油	柴油	燃料油	石脑油
折算标煤系数	1.4717kgce/kg	1.4717kgce/kg	1.4571kgce/kg	1.4286kgce/kg	1.5kgce/kg
能源名称	润滑油	石蜡	溶剂油	石油沥青	石油焦
折算标煤系数	1.4143kgce/kg	1.3648kgce/kg	1.4672kgce/kg	1.3307kgce/kg	1.0918kgce/kg
能源名称	液化石油气	炼厂干气	其他石油制品	天然气	液化天然气
折算标煤系数	1.7143kgce/kg	1.5714kgce/kg	1.2kgce/kg	12.7215kgce/m^3	1.7572kgce/kg
能源名称	热力	电力			
折算标煤系数	0.03412kgce/MJ	0.1229kgce/kW·h			

资料来源：综合能耗计算通则（GB/T2589—2008）等。

二　中国旅游经济效率变动的区域差异

（一）全国层面旅游业 TFP 的特征分析

1. 总体特征

本书采用规模报酬不变模型（CRS模型），从产出的角度，运用DEAP2.1软件分别测度2001—2014年环境约束下中国旅游业总体Malmquist生产率指数及其分解，结果见表5-2。可知，2001—2014年环境约束下中国旅游业TFP的年均增长率为4.1%，其中，技术进步年均增长4.1%，技术效率年均无变化，即技术进步是旅游业TFP增长的主要推动力量。这表明，尚待提高的效率状况使得我国旅游业发展中现有资源和技术的潜力还没有得到充分挖掘,因此,通过改善效率来提高旅游业增长还存有余地。

表 5-2　环境约束下中国旅游业总体 Malmquist 全要素生产率（TFP）指数及其分解（2001—2014 年）

时间	技术效率变化指数（effch）	技术进步变化指数（techch）	纯技术效率变化指数（pech）	规模效率变化指数（sech）	全要素生产率指数（tfpch）
2001—2002 年	1.027	0.951	1.024	1.003	0.977
2002—2003 年	1.004	0.916	1.003	1.002	0.920
2003—2004 年	1.011	0.841	1.012	0.999	0.850
2004—2005 年	1.028	1.235	1.045	0.984	1.270
2005—2006 年	0.961	1.126	0.947	1.015	1.082
2006—2007 年	1.016	1.003	1.016	1.000	1.019
2007—2008 年	0.970	1.085	0.978	0.993	1.053
2008—2009 年	1.003	1.056	0.991	1.012	1.058
2009—2010 年	0.987	1.182	1.012	0.976	1.167
2010—2011 年	0.992	1.093	0.985	1.008	1.084
2011—2012 年	0.922	1.177	0.948	0.973	1.085
2012—2013 年	1.073	0.892	1.022	1.050	0.957
2013—2014 年	1.020	1.057	1.023	0.997	1.078
平均值	1.000	1.041	1.000	1.001	1.041

从各年旅游业 TFP 的增长情况来看,除 2002 年、2003 年、2004 年和 2013 年这四年外,中国旅游业 TFP 均表现为正增长,且呈波动式发展,其中,2004 年、2007 年和 2013 年是峰谷,2005 年和 2010 年是峰顶。2002—2004 年旅游业 TFP 增长率处于下降阶段,主要是受"非典"影响,旅游业技术性衰退,以致技术进步变化指数呈现负增长,且逐年降低;2004—2005 年旅游业 TFP 迅猛增长,是增长最快的一年,主要得益于技术进步和纯技术效率的大幅度增长,分别增长了 23.5% 和 4.5%,原因在于 2005 年旅游业从"非典"的衰退中迅速、

全面复苏；作为我国加入 WTO 过渡期的最后阶段，旅游业从中稳定受益；国家对旅游政策的倾斜等，使得我国旅游能源消耗从 2004 年的 2523.84 万吨标准煤降低到 2005 年的 2004.28 万吨标准煤。2005—2007 年旅游业 TFP 有所下降，主要在于技术进步变化指数逐年降低。2007—2010 年旅游业 TFP 稳定增长，是由于在资本和劳动力投入以及能源消耗变化不大的情况下，旅游业营业收入大幅增长，即从 2007 年的 3280.38 亿元增长到 2010 年的 4472.45 亿元，增长了 36.34%。2010—2013 年旅游业 TFP 波动下降，主要是 2011 年和 2013 年旅游业技术性衰退的原因。2013—2014 年旅游业 TFP 又迅猛反弹，是因为 2014 年资本、劳动力、能源这三种旅游业投入要素均有所降低，分别从 2013 年的 54808.63 亿元、183.82 万人、2249.96 万吨标准煤下降到 2014 年的 54012.02 亿元、169.78 万人、2228.70 万吨标准煤，但旅游营业收入从 2013 年的 5881.12 亿元上升到 2014 年的 6171.52 亿元，旅游能源消耗从 2013 年的 7589.22 万吨标准煤下降到 2014 年的 7324.11 万吨标准煤。

从旅游业 TFP 分解来看，技术进步与综合效率的变化趋势相似，是综合效率的主要影响因素。纯技术效率和规模效率则呈现"波峰—波谷"的波浪式发展态势，其中纯技术效率年均无变化，规模效率平均仅增长 0.1%。

2. 旅游业 TFP 贡献率

由旅游业要素投入、产出与 TFP 构成的增长率（见表 5 - 3）可知，2001—2014 年旅游业 TFP 增长对我国旅游营业产出的贡献率仅为 32.21%，可见有 67.79% 的贡献率来自旅游业要素投入，这与资本和劳动力的 5.92% 和 2.69% 的较高增长率相吻合，说明我国旅游业发展仍具有明显的粗放型特点，旅游业还未真正实现由粗放型向集约型增长模式的转变。资本投入仍是我国旅游业增长的主要推动力，表明我国旅游业增长仍具有"高投入—高产出"模式。2001—2014 年旅游业

TFP 增长对我国旅游污染物排放量的作用率为 59.53%，说明我国旅游业生产效率低下仍是其污染产生的主要源泉。

表 5-3 2001—2014 年旅游业要素投入、产出与 TFP 构成的增长率 单位：%

时间	Y_1	Y_2	L	K	E	TFP	TFP 对 Y_1 贡献率	TFP 对 Y_2 作用率	effch	techch
2001—2014 年	12.73	6.89	2.69	5.92	10.78	4.10	32.21	59.53	0	4.10

注：Y_1、Y_2、K、L、E 分别代表旅游营业产出、旅游污染物排放量、资本存量、劳动力和旅游能源消耗。

（二）省域层面旅游业 TFP 的特征分析

1. 旅游业 TFP 及其分解的时序变动

（1）动态变化特征

由 2002—2014 年中国各地区环境约束下旅游业 Malmquist 生产率指数（见表 5-4）可知，2002—2014 年我国各地区旅游业 TFP 大小不断变化，均呈波浪式发展。2002—2014 年旅游业 TFP 基本表现出东部地区 > 中部地区 > 西部地区的特征，历年旅游业 TFP（均 > 0.9）均较高的地区有天津和上海，历年旅游业 TFP 均值低于 1 的地区有河北和青海。导致旅游效率提高的主要原因是"投入冗余"或"产出不足"的情况得到改善；导致旅游效率降低的主要原因是"投入冗余"或"产出不足"的情况加剧。以 2014 年为例，变化最明显的是：山西旅游业 TFP 大幅度下降，从 1.023 提高到 2.746，这是因为 2014 年山西旅游从业人数和旅游能源消耗这两个投入要素分别从 2013 年的 4.95 万人和 40.67 万吨标准煤降低到 2014 年的 4.07 万人和 36.48 万吨标准煤，旅游污染物排放量这一负向产出从 2013 年的 123.55 万吨降低到 2014 年的 105.81 万吨，促使"投入冗余"和"产出不足"均得到改善，旅游效率提高；山东旅游业 TFP 大幅度下降，从 1.203 降低到 0.97，这是因为旅游营业收入从 2013 年的 276.93 亿元下降到

2014 年的 268.93 亿元，旅游污染物排放量这一负向产出从 2013 年的 385.46 万吨上升到 2014 年的 456.10 万吨，造成"产出不足"加剧、旅游效率下降。

表 5-4　2002—2014 年中国各地区环境约束下旅游业 Malmquist 全要素生产率（TFP）指数

年份 地区	2002	2003	2004	2005	2006	2007	2008	2009	2010	2011	2012	2013	2014	均值
北京	1.231	0.836	1.187	1.342	1.363	0.879	1.012	1.052	1.390	1.057	1.144	1.018	1.093	1.123
天津	1.014	1.069	0.995	1.496	1.010	1.096	1.079	1.084	1.079	1.168	1.127	1.222	1.057	1.115
河北	0.817	0.835	0.718	1.204	1.076	1.009	1.018	1.100	0.895	1.370	1.034	0.937	0.968	0.999
辽宁	1.029	1.069	0.764	1.036	1.109	1.060	1.118	1.077	1.226	1.062	1.080	1.149	1.050	1.064
上海	1.058	0.908	1.089	1.426	1.054	1.173	0.960	1.056	1.353	1.058	1.104	1.267	1.071	1.121
江苏	1.036	0.903	0.752	1.433	1.159	1.062	1.115	1.060	1.214	1.103	1.041	0.978	1.017	1.067
浙江	1.105	0.922	0.715	1.206	1.254	1.021	1.081	1.024	1.463	1.063	0.902	0.925	1.077	1.058
福建	0.879	1.002	0.701	1.402	1.068	1.003	0.986	1.136	1.401	1.082	1.053	1.013	0.992	1.055
山东	1.321	0.593	0.798	1.122	1.059	1.121	1.099	1.113	0.978	1.221	1.094	1.203	0.970	1.053
广东	0.896	1.154	0.974	0.962	1.106	1.079	0.972	1.075	1.389	1.182	1.098	1.035	1.099	1.079
海南	0.966	1.269	0.884	1.069	1.095	1.080	1.048	1.081	1.279	1.215	1.082	0.892	1.617	1.121
东部平均	1.032	0.960	0.871	1.245	1.123	1.053	1.044	1.078	1.242	1.144	1.069	1.058	1.092	1.078
山西	1.094	0.849	0.968	1.501	1.174	1.025	0.950	0.913	1.165	0.926	1.126	1.023	2.746	1.189
内蒙古	0.992	1.101	0.572	1.444	1.154	0.849	1.066	1.282	1.210	1.001	0.886	0.804	1.006	1.028
吉林	1.072	0.987	1.017	0.889	1.13	1.069	1.098	1.123	1.058	1.031	1.142	0.988	1.066	1.052
黑龙江	0.745	1.004	0.76	1.35	1.096	1.074	1.169	0.882	1.362	0.649	1.308	1.050	1.087	1.041
安徽	1.008	0.986	0.779	1.554	1.123	0.987	1.001	1.037	1.093	1.012	1.042	0.978	0.914	1.040
江西	0.985	1.024	0.680	1.681	1.132	0.821	1.375	0.992	1.160	1.268	1.010	0.862	1.025	1.078
河南	1.078	0.895	0.735	1.151	1.207	0.959	1.169	1.001	1.258	0.886	0.935	0.888	1.155	1.024
湖北	1.118	0.747	0.940	1.378	1.023	1.070	1.073	1.073	1.162	1.361	1.31	0.894	1.009	1.089
湖南	1.218	1.008	0.685	1.648	1.081	0.943	1.036	1.138	1.211	1.155	1.043	0.959	1.151	1.098
广西	1.005	0.933	0.871	1.197	1.03	1.092	0.994	1.086	1.154	1.224	1.105	0.978	0.983	1.050
中部平均	1.032	0.953	0.801	1.379	1.115	0.989	1.093	1.053	1.183	1.051	1.091	0.942	1.214	1.069
重庆	1.127	0.758	0.712	1.472	1.128	1.087	1.019	1.107	1.256	1.051	1.472	0.789	1.136	1.086

续表

年份 地区	2002	2003	2004	2005	2006	2007	2008	2009	2010	2011	2012	2013	2014	均值
四川	1.066	0.92	0.783	1.222	1.072	1.148	0.911	1.231	1.066	1.332	1.002	0.979	0.877	1.047
贵州	0.880	0.877	1.136	1.279	0.873	1.056	0.978	1.258	1.140	0.941	0.857	0.928	1.084	1.022
云南	0.962	0.797	1.181	1.255	0.997	1.09	1.194	1.072	0.895	1.205	1.477	0.580	1.284	1.076
陕西	0.992	0.755	0.776	1.427	0.981	1.081	1.140	1.052	1.288	1.151	1.094	0.892	0.875	1.039
甘肃	0.880	0.763	1.011	1.436	0.980	1.039	0.917	1.069	1.250	0.960	1.022	0.934	0.843	1.008
青海	0.579	0.850	0.854	0.740	1.022	0.834	1.155	1.014	0.551	1.103	1.085	0.958	0.881	0.894
宁夏	0.632	1.314	0.802	1.016	1.070	0.808	1.229	0.742	1.283	0.893	1.037	0.904	1.342	1.006
新疆	0.935	0.845	1.124	1.361	0.938	1.096	0.804	0.980	1.321	1.140	1.094	0.967	0.842	1.034
西部平均	0.895	0.875	0.931	1.245	1.007	1.027	1.039	1.058	1.117	1.086	1.127	0.881	1.018	1.024

(2) 旅游效率类型分析

地区旅游效率评价主要有同一年份旅游效率的相对大小和不同年份旅游效率的变化程度，因此，本书依据这两个维度对地区旅游效率的状态进行类型划分。2002—2014年我国各地区旅游业TFP均值为1.059，旅游业TFP变化率均值为4.775%，在此将其分别作为横坐标"效率大小"和纵坐标"效率变化率"的临界值，将地区按照旅游业TFP状态分为四种类型（见图5-1）。

第一，Ⅰ型：山西、云南、江西、海南、重庆、湖南6个地区的旅游业TFP较高，且增长速度较高。它们的旅游产业往往发展较为成熟，但是如果不前瞻性地采取相应措施，发展到一定程度后，极易进入停滞期，而发展成Ⅱ型。

第二，Ⅱ型：宁夏、黑龙江、内蒙古、福建、青海5个地区的旅游业TFP不高，但增长速度较高。它们的旅游产业通常属于朝阳产业，正在高效发展中。

第三，Ⅲ型：西部地区平均水平属于此类。河北、贵州、河南、安徽、陕西、山东、四川、新疆、广西、吉林、甘肃、浙江12个地区的旅游业TFP较低，且增长速度也较低。它们往往处于旅游业发展的

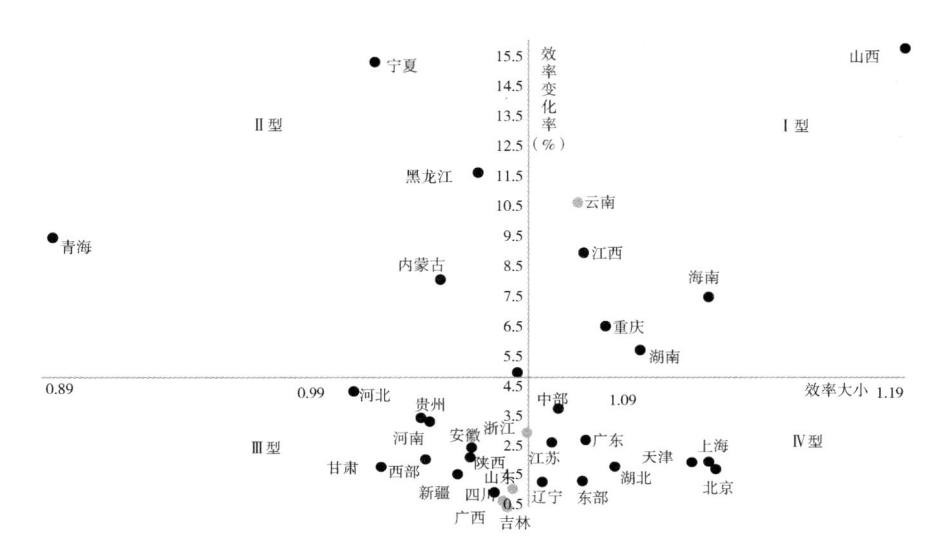

图5-1 基于旅游业TFP的地区分类

探索阶段，旅游投入有待加大，还没有达到一定的产业规模。

第四，Ⅳ型：东部和中部地区平均水平属于此类。广东、上海、北京、天津、江苏、湖北、辽宁7个地区的旅游业TFP较高，但增长速度不高。它们的旅游产业发展已非常成熟，竞争优势日益减小。

2. 旅游业TFP及其分解的空间差异

（1）空间格局特征

由我国各地区2001—2014年的旅游业Malmquist生产率指数及其分解（见表5-5）可知，我国旅游业TFP的变动存在着明显的区域差异。三大地区的旅游业TFP平均增长率依次为东部地区（6.6%）、中部地区（4.9%）、西部地区（0.6%），可知，东部和中部地区均高于全国平均水平，西部地区低于全国平均水平（4.1%）。东部地区具有相对较高的旅游业TFP增长，这与其优越的地理位置、较高的经济发展水平和国家政策倾斜有关；西部地区相对较低的旅游业TFP增长与其旅游营业产出不足和旅游污染物排放多有关。三大区域旅游业TFP

增长的主要推动力量是技术进步,技术效率变化对旅游业 TFP 增长的作用较低甚至为负（西部）。2001—2014 年旅游业 TFP 平均增长率前三个地区分别为山西（12.8%）、上海（11.3%）和北京（11.1%），其中,山西旅游业 TFP 增长是技术效率和技术进步共同推动的结果,上海和北京旅游业 TFP 增长主要是由技术进步推动的。2001—2014 年青海（-12.6%）、宁夏（-2%）、河北（-1.5%）和甘肃（-0.5%）的旅游业 TFP 出现了负增长。

表 5-5　中国各地区旅游业 Malmquist 全要素生产率（TFP）指数及其分解（2001—2014 年）

地区	技术效率变化指数（effch）	技术进步变化指数（techch）	纯技术效率变化指数（pech）	规模效率变化指数（sech）	全要素生产率指数（tfpch）	旅游营业产出增长率	TFP 贡献率
北京	1.004	1.106	1.004	1.001	1.111	13.50	82.22
天津	1.045	1.061	1.037	1.008	1.109	13.81	78.93
河北	1	0.985	1	1	0.985	13.66	-10.98
辽宁	0.993	1.066	0.992	1	1.058	10.87	53.36
上海	1	1.113	1	1	1.113	14.94	75.64
江苏	1	1.056	1	1	1.056	11.82	47.38
浙江	0.992	1.052	0.994	0.998	1.044	12.51	35.17
福建	1	1.04	1	1	1.04	15.60	25.64
山东	1.001	1.034	0.995	1.006	1.035	15.01	23.32
广东	1	1.072	1	1	1.072	11.69	61.59
海南	1.015	1.091	1.012	1.004	1.107	13.04	82.06
东部平均	1.005	1.061	1.003	1.002	1.066	13.31	49.59
山西	1.063	1.062	1.062	1	1.128	14.51	88.22
内蒙古	0.987	1.017	0.986	1.001	1.004	16.61	2.41
吉林	1.009	1.04	1.009	1	1.049	9.86	49.70
黑龙江	0.981	1.036	0.976	1.005	1.016	9.27	17.26
安徽	0.992	1.036	0.991	1.001	1.028	15.73	17.80
江西	1.006	1.045	1.002	1.005	1.051	23.63	21.58

续表

地区	技术效率变化指数（effch）	技术进步变化指数（techch）	纯技术效率变化指数（pech）	规模效率变化指数（sech）	全要素生产率指数（tfpch）	旅游营业产出增长率	TFP贡献率
河南	0.985	1.028	0.983	1.002	1.013	13.14	9.89
湖北	1.016	1.058	1.015	1.001	1.075	16.80	44.64
湖南	1.031	1.046	1.031	1	1.079	22.71	34.79
广西	0.996	1.049	0.995	1.001	1.045	9.60	46.87
中部平均	1.007	1.042	1.005	1.002	1.049	15.19	32.26
重庆	1.009	1.051	1.006	1.003	1.061	18.43	33.10
四川	0.99	1.047	0.989	1.001	1.036	14.21	25.33
贵州	0.981	1.032	0.979	1.002	1.012	19.48	6.16
云南	1.003	1.047	1.003	1	1.05	17.26	28.97
陕西	0.958	1.067	0.957	1.002	1.022	12.81	17.17
甘肃	0.971	1.025	0.986	0.985	0.995	13.32	-3.75
青海	1	0.874	1	1	0.874	18.27	-68.97
宁夏	1.025	0.957	1.033	0.992	0.98	18.99	-10.53
新疆	0.968	1.055	0.966	1.002	1.021	12.25	17.14
西部平均	0.989	1.017	0.991	0.999	1.006	16.11	3.72
全国平均	1	1.041	1	1.001	1.041	14.78	27.74

从旅游业TFP贡献率来看，2001—2014年三大地区的旅游业TFP对旅游营业产出的贡献率依次为东部地区（49.59%）、中部地区（32.26%）、西部地区（3.72%），且东部和中部地区均高于全国平均水平（27.74%），但三大地区旅游业TFP的贡献率均未超过50%，说明我国旅游业TFP增长对旅游业增长的贡献率仍较低，西部地区旅游业增长方式的粗放型特点更为明显，其次为中部地区，东部地区旅游业增长方式相对集约。旅游业TFP贡献率超过50%的地区仅有山西、北京、海南、天津、上海、广东和辽宁7个地区，说明这7个地区旅游业增长方式较为集约。旅游业TFP贡献率低于30%的地区有16个之多，青海、河北、宁夏和甘肃的旅游业TFP贡献率甚至表现为负增

长,说明劳动力和资本要素的投入仍是我国大部分地区旅游业增长的主要动力,旅游业发展仍具有较明显的粗放型特点。

为进一步揭示旅游业 TFP 增长率和旅游业 TFP 贡献率的空间分布特征,本书将旅游业 TFP 增长率和旅游业 TFP 贡献率进行排序,并应用空间四分位图分别将其划分为四类。其中,旅游业 TFP 增长率(%) >6 为第一等级,4≤TFP 增长率≤6 为第二等级,0<TFP 增长率<4 为第三等级,TFP 增长率≤0 为第四等级;旅游业 TFP 贡献率(%) >50 为第一等级,25≤TFP 贡献率≤50 为第二等级,0<TFP 贡献率<25 为第三等级,TFP 贡献率≤0 为第四等级。

可知,我国各地区旅游业 TFP 增长率和旅游业 TFP 贡献率基本耦合,二者处于相同等级的有 24 个地区,占 80%,具体而言,北京、山西、上海、天津、海南和广东 6 个地区的旅游业 TFP 增长率和旅游业 TFP 贡献率均处于第一等级;江苏、云南、吉林、广西、浙江和福建 6 个地区的旅游业 TFP 增长率和旅游业 TFP 贡献率均处于第二等级;山东、安徽、陕西、新疆、黑龙江、河南、贵州和内蒙古 8 个地区的旅游业 TFP 增长率和旅游业 TFP 贡献率均处于第三等级;甘肃、河北、宁夏和青海 4 个地区的旅游业 TFP 增长率和旅游业 TFP 贡献率为负数,均处于第四等级。旅游业 TFP 增长率等级优于旅游业 TFP 贡献率等级的地区有 4 个,具体而言,湖南、湖北和重庆的旅游业 TFP 增长率处于第一等级,而旅游业 TFP 贡献率处于第二等级;江西的旅游业 TFP 增长率处于第二等级,而旅游业 TFP 贡献率处于第三等级,说明这 4 个地区旅游业 TFP 的增长速度高于旅游业 TFP 对旅游业增长的贡献率。旅游业 TFP 贡献率等级优于旅游业 TFP 增长率等级的地区有 2 个,具体而言,辽宁的旅游业 TFP 增长率处于第二等级,而旅游业 TFP 贡献率处于第一等级;四川的旅游业 TFP 增长率处于第三等级,而旅游业 TFP 贡献率处于第二等级,说明这 2 个地区旅游业 TFP 对旅游业增长的贡献率高于旅游业 TFP 的增长速度。

第五章 中国区域旅游经济效率及其影响因素、空间溢出特征研究

(2) 旅游业增长方式类型分析

为分析中国各地区旅游增长方式，本书分别以旅游营业产出增长率和旅游业 TFP 为横坐标和纵坐标，以全国平均值为原点，做出中国各地区旅游业 TFP 与旅游营业产出增长率平均水平散点图（见图 5-2）。根据各象限内旅游业 TFP 与旅游营业产出增长率的不同特征，将我国各地区旅游增长方式分为 4 种不同类型。图 5-2 中，直线 L 为穿越原点（0，0）和全国平均水平点（14.7777，1.0423）的一条直线，表示旅游业 TFP 对旅游营业产出的平均贡献度，进一步把 I 象限和Ⅲ象限细分为 4 个子象限。

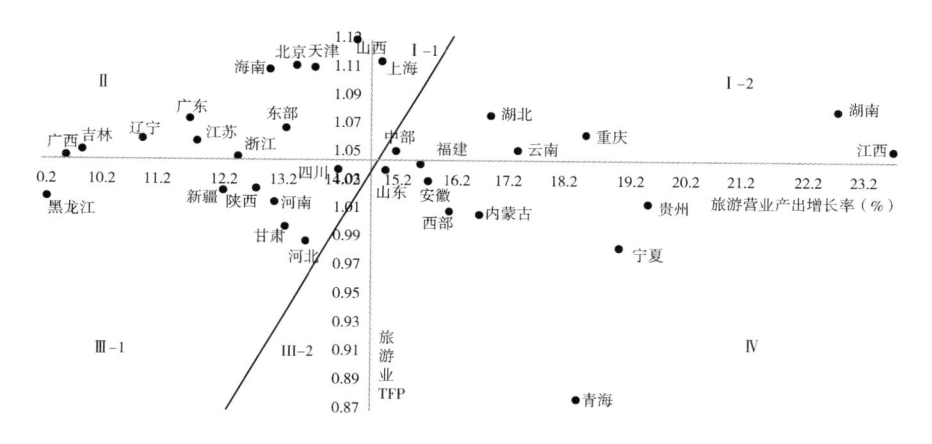

图 5-2 中国各地区旅游业 TFP 与旅游营业产出增长率平均水平散点示意 (2001—2014 年)

第一，I-1（技术进步型）：上海的旅游业 TFP 和旅游营业产出增长率均高于全国平均水平，旅游业 TFP 贡献度高，旅游营业产出增长速度较快，旅游业发展具有竞争潜力，处于快速成长阶段。

I-2（低技术进步型）：中部地区平均水平属于此类。湖北、云南、重庆、湖南和江西 5 个地区的旅游业 TFP 和旅游营业产出增长率均高于全国平均水平，旅游业 TFP 贡献度较小，旅游业发展具有一定

潜力，处于发展阶段。

第二，Ⅱ（高技术进步型）：东部地区平均水平属于此类。山西、天津、北京、广西、吉林、海南、广东、江苏、辽宁和浙江10个地区的旅游营业产出增长率低于全国平均水平，但旅游业TFP高于全国平均水平，技术进步对旅游业增长的贡献率较大，具有较好的旅游业增长质量和较强的旅游业发展竞争力。

第三，Ⅲ-1（成熟型）：黑龙江、新疆、陕西、河南、甘肃、河北和四川7个地区的旅游业TFP和旅游营业产出增长率均低于全国平均水平，旅游业TFP对旅游增长有一定贡献，旅游营业产出增长主要依赖旅游业TFP，一般属于成熟型目的地。

Ⅲ-2（衰退型）：我国没有旅游业TFP和旅游营业产出增长率均低于全国平均水平，且技术进步速度低至不能支持旅游业可持续增长的地区。

第四，Ⅳ（要素驱动型）：西部地区平均水平属于此类。山东、福建、安徽、内蒙古、贵州、宁夏和青海7个地区的旅游业TFP低于全国平均水平，旅游营业产出增长率高于全国平均水平，技术进步对旅游业增长的贡献较低，旅游业发展的竞争力较差。

三 中国旅游经济效率变动的行业差异

（一）分行业TFP的特征分析

本书测算了2002—2014年环境约束下中国旅游业细分行业——星级饭店业和旅行社业的Malmquist生产率指数及其分解（见表5-6），可知，旅游业TFP、技术效率（effch）和技术进步增长率（techch）均存在较大的行业异质性。环境约束下星级饭店业TFP年均增长率为4.8%，而旅行社业TFP年均增长率出现负增长（-4.7%），可能是由于国民可支配收入的提高和人们对更高水平旅游居住环境的追求刺

表 5-6　环境约束下中国旅游业细分行业的 Malmquist 全要素生产率（TFP）指数及其分解（2002—2014 年）

年份		2002	2003	2004	2005	2006	2007	2008	2009	2010	2011	2012	2013	2014	平均
全要素生产率指数（tfpch）	星级饭店	0.911	1.049	0.538	1.573	1.208	1.028	1.067	1.067	1.223	1.061	1.101	1.071	1.046	1.048
	旅行社	0.872	0.899	2.198	0.407	0.921	0.904	0.985	1.014	1.251	0.772	1.011	0.933	1.001	0.953
技术效率变化指数（effch）	星级饭店	1	1	1	0.957	1.03	1.014	1	0.974	1.005	1.012	0.999	1.007	0.98	0.998
	旅行社	1	1	1	1	1	1	1	1	1	1	1	1	1	1
技术进步变化指数（techch）	星级饭店	0.911	1.049	0.538	1.643	1.172	1.014	1.067	1.096	1.217	1.049	1.102	1.064	1.067	1.05
	旅行社	0.872	0.899	2.198	0.407	0.921	0.904	0.985	1.014	1.251	0.772	1.011	0.933	1.001	0.953
纯技术效率变化指数（pech）	星级饭店	1	1	1	1	1	1	1	1	1	1	1	1	1	1
	旅行社	1	1	1	1	1	1	1	1	1	1	1	1	1	1
规模效率变化指数（sech）	星级饭店	1	1	1	0.957	1.03	1.014	1	0.974	1.005	1.012	0.999	1.007	0.98	0.998
	旅行社	1	1	1	1	1	1	1	1	1	1	1	1	1	1
TFP 贡献率	星级饭店	-0.451	0.647	-1.782	6.588	2.055	0.253	0.948	2.208	1.326	0.672	2.052	-1.252	-0.741	0.557
	旅行社	-0.623	1.220	-79.478	-0.800	-0.300	-0.596	-0.867	0.167	0.824	-1.044	0.063	-1.005	0.008	-0.270

激了星级饭店业追求更高质量的发展，而旅行社业现有进入门槛较低，导致一些效率低下的旅行社拉低了旅行社业的整体效率水平。星级饭店业 TFP 的增长是由技术进步来推动的，技术效率呈现负增长，即星级饭店业存在技术无效率问题。旅行社业 TFP 的负增长主要是由技术进步率负增长导致的，即旅行社业存在技术衰退问题。与整个旅游业 TFP 年均增长率（4.1%）相比，星级饭店业 TFP 年均增长率（4.8%）略高，而旅行社业明显低。星级饭店业 TFP 除了 2002 年和 2004 年为负增长外，其余年份 TFP 均为正，2005 年为星级饭店业 TFP 最高的一年，增长率高达 57.3%，主要是因为星级饭店业能源消耗从 2004 年的 1616.43 万吨标准煤降低到 2005 年的 1116.86 万吨标准煤，星级饭店业营业收入从 2004 年的 1236.60 亿元增长到 2005 年的 1344.16 亿元，"投入冗余"和"产出不足"问题均在一定程度上得到了解决；从 2007 年开始星级饭店业 TFP 呈稳定发展态势。旅行社业 TFP 从 2009 年才开始逐渐进入正增长，2004 年为其最高的一年，增长率高达 119.8%，主要是因为旅行社业资本投入和劳动力投入分别从 2003 年的 1218.85 亿元、24.90 万人减少到 2004 年的 845.23 亿元、8.87 万人，"投入冗余"问题得到有效解决；并且旅行社业污染物排放量（负向指标）从 2003 年的 667.04 万吨减少到 2004 年的 274.09 万吨，"产出不足"问题也在一定程度上得到了有效解决。

从 TFP 贡献率来看，2002—2014 年星级饭店业 TFP 对其营业收入的贡献率超过了 50%，历年来，技术进步对星级饭店业 TFP 贡献率均大于（或等于）技术效率对其 TFP 的贡献率。2002—2014 年旅行社业 TFP 对其营业收入的贡献率为负，说明劳动力和资本要素的投入仍是旅行社业 TFP 增长的源泉；历年来旅行社业的技术效率均无变化，因此，历年来旅行社业 TFP 的低下均是由技术进步变化率出现负增长导致的。

（二）分行业 TFP 的空间特征分析

由我国各地区 2001—2014 年的环境约束下旅游业细分行业的 Malmquist 生产率指数及其分解（见表 5-7）可知，我国星级饭店业 TFP 东部地区＞中部地区＞西部地区，且东部和中部地区星级饭店业 TFP 均比全国平均水平高。星级饭店业 TFP 排名前五的地区分别为山西、天津、北京、海南和上海，主要集中在我国东部地区，它们基本是由技术进步和技术效率共同推动的结果。星级饭店业 TFP 排名后四的地区分别为青海、宁夏、河北、黑龙江，这 4 个地区的星级饭店业 TFP 均小于 1，其中，黑龙江星级饭店业的技术进步变化指数和技术效率均小于 1，表明黑龙江星级饭店业技术衰退和效率低下均是造成其综合效率低下的原因；青海、宁夏和河北星级饭店业的技术效率均大于技术进步变化指数，表明这 3 个地区技术衰退是造成其综合效率低下的主要原因。

表 5-7 中国各地区环境约束下旅游业细分行业的 Malmquist 全要素

生产率（TFP）指数及其分解（2001—2014 年）

地区	星级饭店业			旅行社业		
	全要素生产率指数（tfpch）	技术效率变化指数（effch）	技术进步变化指数（techch）	全要素生产率指数（tfpch）	技术效率变化指数（effch）	技术进步变化指数（techch）
北京	1.084	1.011	1.072	1.083	1	1.083
天津	1.088	1.037	1.05	1.123	1.06	1.059
河北	0.978	1	0.978	1.003	1	1.003
辽宁	1.036	0.992	1.044	1.065	1.006	1.059
上海	1.067	1	1.067	1.128	1	1.128
江苏	1.04	1	1.04	1.04	1	1.04
浙江	1.028	1	1.028	1.05	0.998	1.052
福建	1.028	1.002	1.025	1.033	0.984	1.049
山东	1.015	1.002	1.013	1.057	1.001	1.056

续表

地区	星级饭店业 全要素生产率指数（tfpch）	星级饭店业 技术效率变化指数（effch）	星级饭店业 技术进步变化指数（techch）	旅行社业 全要素生产率指数（tfpch）	旅行社业 技术效率变化指数（effch）	旅行社业 技术进步变化指数（techch）
广东	1.038	0.992	1.047	1.073	1.006	1.067
海南	1.077	1.038	1.037	1.116	1.004	1.111
东部平均	1.044	1.007	1.036	1.070	1.005	1.064
山西	1.109	1.068	1.038	1.034	0.995	1.039
内蒙古	1.003	1.005	0.998	0.957	0.97	0.986
吉林	1.054	1.025	1.028	0.992	1.013	0.979
黑龙江	0.995	0.985	1.01	1.023	1	1.023
安徽	1.003	1.019	0.985	1.01	0.974	1.038
江西	1.031	1.006	1.025	1.032	0.999	1.033
河南	1.005	1.002	1.002	1.014	0.972	1.043
湖北	1.031	1.017	1.014	1.065	1.005	1.06
湖南	1.041	1.038	1.003	1.057	1	1.057
广西	1.026	1.006	1.019	1.059	1.009	1.049
中部平均	1.030	1.017	1.012	1.024	0.994	1.031
重庆	1.025	1.016	1.009	1.049	1.006	1.043
四川	1.03	1.021	1.009	1.037	1.005	1.032
贵州	1.025	1.002	1.022	1.047	1.031	1.015
云南	1.023	1.013	1.01	1.106	0.985	1.122
陕西	1.008	0.998	1.01	1.122	0.998	1.124
甘肃	1.032	1.009	1.022	1.039	1.021	1.017
青海	0.867	1	0.867	0.886	1	0.886
宁夏	0.973	1.027	0.947	0.896	1	0.896
新疆	1.019	1.006	1.013	1.029	0.977	1.053
西部平均	1.000	1.010	0.990	1.023	1.003	1.021
全国平均	1.025	1.011	1.014	1.039	1.001	1.039

我国旅行社业 TFP 东部地区＞中部地区＞西部地区，但中部和西部地区旅行社业 TFP 均低于全国平均水平。旅行社业 TFP 排名前

五的地区分别为上海、天津、陕西、海南和云南，多数位于我国东部地区，除天津旅行社业 TFP 是由旅行社业技术进步和技术效率共同推动的结果外，另外 4 个地区旅行社业 TFP 均是由技术进步推动的。旅行社业 TFP 排名后四的地区分别为青海、宁夏、内蒙古和吉林，这 4 个地区的旅行社业 TFP 均小于 1，基本是由旅行社业技术衰退导致的。

综合来看，我国东部、中部地区和全国平均水平，以及天津、海南、湖北、广西、山东、重庆、贵州、甘肃和四川 9 个地区的星级饭店业 TFP 及其分解、旅行社业 TFP 及其分解均大于 1，说明这些地区的星级饭店业 TFP 和旅行社业 TFP 的增长均是其技术效率和技术进步共同推动的结果。上海、陕西、浙江和江苏星级饭店业和旅行社业的技术效率均小于或等于 1，且综合效率均大于 1，表明这 4 个地区的星级饭店业 TFP 和旅行社业 TFP 均是由其技术进步推动的。

（三）环境约束下旅游业生产率的稳健性结果检验

为考察资本折旧率和基年、资本存量的不同对测算结果的影响，本书参考王恕立等（2012 年）的做法，通过改变资本折旧率以及对基年资本存量进行不同方法的测算来对本书测算的环境约束下旅游业生产率进行稳健性分析。已有文献中用的旅游业资本折旧率有：本书所用折旧率 4%（J. W. Lee, 2010）、7%（Wu, 2003）和 9.6%（Zhang, 2008）。已有文献中基年旅游业资本存量的测算方法有：本书所用的稳态方法（Harberger, 1978），以及 Hall 等提出的方法（Hall et al., 1999；原毅军，2009）。环境约束下旅游业生产率的稳健性分析结果见表 5 - 8，可知，在改变资本折旧率和基年资本存量的测算方法以后，环境约束下旅游业生产率的数值均只是稍有轻微变化，但是并未对本书的基本判断和结论有影响，因此，本测算的环境约束下旅游业生产率是稳健的。

表 5-8　　环境约束下旅游业生产率的稳健性分析结果

折旧率 (%)	指数	旅游业分地区测算结果 (2001—2014 年)		旅游分行业测算结果 (2001—2014 年)	
		Harberger 基年资本存量测算方法	Hall 等基年资本存量测算方法	Harberger 基年资本存量测算方法	Hall 等基年资本存量测算方法
4	技术效率变化指数（effch）	1	0.997	0.999	0.999
	技术进步变化指数（techch）	1.041	1.030	1	1.001
	全要素生产率指数（tfpch）	1.041	1.027	0.999	1.000
7	技术效率变化指数（effch）	1	0.997	0.999	0.999
	技术进步变化指数（techch）	1.041	1.029	1.004	1.001
	全要素生产率指数（tfpch）	1.039	1.025	1.003	1.000
9.6	技术效率变化指数（effch）	0.998	0.996	0.999	1.002
	技术进步变化指数（techch）	1.040	1.028	1.003	1.000
	全要素生产率指数（tfpch）	1.038	1.024	1.001	0.999

第二节　中国环境约束下旅游经济效率变动的影响机制研究

一　环境约束下旅游业 TFP 影响因素的理论分析

环境约束下旅游效率是由宏观层面的经济政策导向驱动、中观层面的旅游生产单元价值驱动和微观层面的旅游消费需求刺激驱动共同影响的，如图 5-3 所示。

其一，宏观层面：发展政策导向和投资偏向对地区旅游效率的提升具有重要作用，开发旅游资源、设计旅游产品、开拓旅游市场、完善旅游设施以及治理旅游环境等旅游发展过程均需要政府经济政策的支持，因此，通过政策的实施和加大旅游投入力度而不断加强建设地区旅游项目，对地区旅游效率的整体提升具有关键性作用。本书选用环境污染治

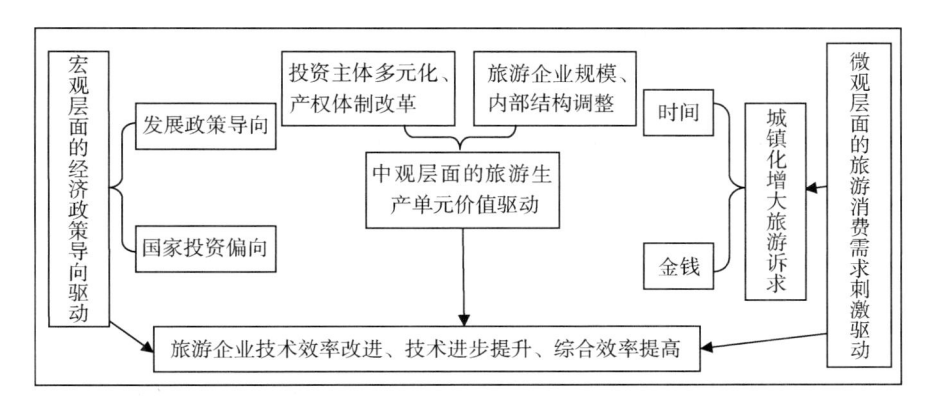

图 5-3 环境约束下旅游业 TFP 影响机制图

理投资占 GDP 比重（X_3）这一指标来反映地区旅游环境的治理。

其二，中观层面：旅游生产资本的多元化投资、旅游企业产权体制的改革、旅游企业规模和内部结构的调整、旅游要素的自由流通和合理配置等都会对地区旅游效率产生作用。本书选用旅游企业规模变化量（X_2）这一指标来反映旅游企业规模的变化。

其三，微观层面：我国城镇化发展迅速，这给居民带来了周末双休、法定节假日和带薪休假等休闲时间，以及相对更多的自由支配收入，这必然刺激旅游消费需求，促进旅游消费水平的升级，进一步提升旅游发展效率。本书选用非农业人口占总人口比重（X_1）这一指标来反映地区城镇化水平。

二 环境约束下旅游业 TFP 影响因素的面板估计结果及分析

本书先通过面板单位根检验来考量 2002—2014 年指标数据的平稳性，当所有变量均为同阶单整时，利用面板协整检验分析因变量与自变量之间的长期均衡关系，最后建立面板数据回归模型对环境约束下旅游业生产率（TFP）的影响因素进行定量测度。

(一) 面板数据的单位根和协整检验结果

由表 5-9 可知，Y、X_1、X_2 和 X_3 均在 1% 显著性水平下拒绝原假设，即环境约束下旅游业 TFP、非农业人口占总人口比重、旅游企业规模变化量、环境污染治理投资占 GDP 比重均为 0 阶单整 I (0)。进一步，7 个统计量基本都在 1% 显著性水平下拒绝原假设，即各自变量 (X_1、X_2 和 X_3) 与因变量 (Y) 之间均具有长期稳定的协整关系。

(二) 面板数据模型的选择与估计

利用软件 Eviews 6.0 对旅游业 TFP 影响因素进行 F 检验的结果为：$F_2 = 1.3447 > F(0.95, 116, 270) = 1.2858$，拒绝假设 H_0；$F_1 = 1.3936 > F(0.95, 87, 270) = 1.3175$，拒绝假设 H_1，所以，应选用变系数回归模型（VCRM）。进一步，由 Hausman 检验可知，Chi-Sq. 统计量为 0.0000，Chi-Sq. d.f. 为 3，概率 P 为 1.0000，即接受原假设，所以，应选用随机效应模型（REM）。综上可知，环境约束下旅游业 TFP 影响因素的面板数据回归模型应选用随机效应变系数回归模型，模型公式如下：

$$Y_{it} = \beta_0 + \beta_{1i}X_{1it} + \beta_{2i}X_{2it} + \beta_{3i}X_{3it} + \mu_{it}, \mu_{it} = \lambda_i + r_t + \varepsilon_{it} \quad (5-7)$$

式 (5-7) 中，Y、X_1、X_2 和 X_3 分别表示因变量和三个自变量；$i = 1, 2, \cdots, N$ 表示个体数目（在此，$N = 30$）；$t = 1, 2, \cdots, T$ 表示 T 个时期（在此 $T = 13$）；β_i 指待估变系数；μ_{it} 指随机干扰项。为使面板数据优势最大化、估计误差最小化，选用广义最小二乘法（FGLS）估计随机效应模型（REM）（Greene, 2000）；为消除横截面异方差与序列自相关性的影响，采用截面加权估计法（CSW）估计全国范围的模型。

利用随机效应变系数回归模型对中国环境约束下旅游业 TFP 影响因素进行面板估计，可知，模型拟合优度为 0.51，F 统计量为 2.9063，通过了 1% 显著性水平检验，D.W 值为 2.2771，模型检验效果较好。X_1、X_2 和 X_3 三个解释变量对各地区环境约束下旅游业 TFP 的影响系数见表 5-10。

表 5-9　面板数据的单位根和协整检验结果

检验方法		Y	X_1	X_2	X_3
LLC 检验		−15.9218(0.0000)*	−8.32145(0.0000)*	−27.8113(0.0000)*	−18.7952(0.0000)*
IPS 检验		−11.8273(0.0000)*	−2.37041(0.0000)*	−18.8816(0.0000)*	−13.7166(0.0000)*
Fisher-ADF 检验		233.894(0.0000)*	130.78(0.0000)*	358.092(0.0000)*	261.72(0.0000)*
Fisher-PP 检验		313.227(0.0000)*	248.716(0.0000)*	538.129(0.0000)*	340.037(0.0000)*
Pedroni 检验	Panel v-Statistic		3.112543(0.0009)*	2.923999(0.0017)*	0.326017(0.3722)
	Panel rho-Statistic		−7.060163(0.0000)*	−6.574584(0.0000)*	−6.784204(0.0000)*
	Panel PP-Statistic		−14.59108(0.0000)*	−10.32385(0.0000)*	−15.82588(0.0000)*
	Panel ADF-Statistic		−13.45221(0.0000)*	−10.99676(0.0000)*	−12.61823(0.0000)*
	Group rho-Statistic		−3.371828(0.0004)*	−2.310836(0.0104)**	−3.428225(0.0003)*
	Group PP-Statistic		−21.17486(0.0000)*	−14.7748(0.0000)*	−24.41202(0.0000)*
	Group ADF-Statistic		−16.86788(0.0000)*	−14.78168(0.0000)*	−16.69728(0.0000)*

注：表格内括号外的数值为单位根和协整检验的统计量，对应统计量的 P 值，*、**、*** 分别表示在 1%、5%、10% 显著性水平下拒绝原假设。

表 5-10　中国环境约束下旅游业生产率影响因素的面板数据模型估计结果

地区		X_1	t统计量	X_2	t统计量	X_3	t统计量
东部地区	北京	0.00115	2.448993**	-9.71E-05	-2.737348*	2.094606	1.367147
	天津	-0.002028	-4.42561*	0.00044	6.395783*	16.36429	18.60069*
	河北	0.000998	0.93058	0.000239	10.86628*	-3.201271	-2.010197**
	辽宁	0.004107	8.082318*	-1.15E-06	-0.064454	-9.357022	-12.35911*
	上海	0.002102	5.679518*	4.95E-05	1.837461**	-6.764839	-3.007145*
	江苏	-1.88E-05	-0.051381	0.000195	16.19888*	3.268569	3.409878*
	浙江	0.000636	0.721323	9.16E-05	4.774316*	2.163147	2.130233**
	福建	0.003336	4.939597*	0.000493	16.00932*	-8.084193	-6.506988*
	山东	-0.003233	-1.509509	7.91E-06	0.407671	12.9265	2.198538**
	广东	0.000709	1.558634	-0.000268	-10.78315*	8.400565	19.5534*
	海南	0.00497	4.285009*	-0.000946	-4.980475*	-5.691306	-1.597733
中部地区	山西	-0.027831	-6.031071*	0.000546	2.658525*	52.87782	7.67071*
	内蒙古	0.003281	4.637819*	0.00085	13.16125*	-7.68033	-9.301257*
	吉林	0.005644	8.795957*	-0.000673	-12.71748*	-18.76918	-11.62065*
	黑龙江	-0.002978	-4.701351*	0.000696	9.512164*	12.99013	7.815946*
	安徽	0.004066	4.062058*	0.000577	18.7839*	-6.056792	-20.44397*
	江西	0.004285	4.936015*	0.000888	23.36423*	-6.276896	-8.042364*
	河南	-0.005085	-3.64203*	9.31E-05	4.310842*	17.67826	5.947148*
	湖北	-0.002069	-2.754667*	8.94E-05	2.816557*	17.32742	7.234231*
	湖南	0.000565	0.593288	0.000765	28.47887*	5.696405	5.918269*
	广西	-0.000832	-0.71906	9.17E-05	2.052447**	4.496755	5.632913*
西部地区	重庆	0.00071	0.963812	0.001364	14.55369*	0.985324	0.761196
	四川	0.005539	5.403571*	0.000291	8.746752*	-11.82324	-6.395443*
	贵州	0.006602	3.765026*	-0.000161	-1.368904	-9.109555	-4.401064*
	云南	0.02233	7.608786*	-0.000237	-3.203682*	-31.10906	-7.346583*
	陕西	-6.95E-05	-0.095024	0.000578	12.01623*	0.868274	0.703835
	甘肃	0.00306	3.045735*	0.000382	5.284127*	-5.455416	-9.791235*
	青海	-0.008371	-3.72332*	-0.001081	-3.694121*	14.88404	2.948049*
	宁夏	-0.002919	-1.937221**	4.17E-05	0.077266	3.974519	2.447707**
	新疆	0.002483	4.296023*	-9.27E-05	-1.31071	-3.43224	-7.231746*

注：*、**、***分别表示在1%、5%、10%显著性水平下显著。

由表 5-10 可知，非农业人口占总人口比重对我国东部、中部和西部地区各省市环境约束下旅游业 TFP 的作用各异。东、中和西三大地区中均包括非农业人口占总人口比重对环境约束下旅游业 TFP 显著促进、作用不明显、显著负向作用的省区市。作用系数排名前三名和后三名的地区分别为：云南、贵州和吉林；山西、青海和河南。

旅游企业规模变化量对旅游业 TFP 的影响系数较小。中部地区省市（除吉林外）、部分东部地区省市（福建、天津、河北、江苏、浙江和上海）和部分西部地区省市区（重庆、陕西、甘肃和四川）环境约束下旅游业 TFP 的大小与旅游企业规模变化量呈显著正相关。宁夏、山东、辽宁、新疆和贵州环境约束下旅游业效率的提高并不显著依赖于旅游企业规模的变化。北京、云南、广东、吉林、海南和青海环境约束下旅游业效率的大小与旅游企业规模变化量呈显著负相关。

环境污染治理投资占 GDP 比重对我国各地区环境约束下旅游业 TFP 的影响存在显著差异。对环境约束下旅游业 TFP 具有显著正向作用的省市绝大多数位于我国东部和中部地区；西部地区除青海省和宁夏回族自治区外，环境污染治理投资占 GDP 比重对环境约束下旅游业 TFP 的作用不显著或呈显著的负向作用。其中，山西的系数估计值最高，环境污染治理投资占 GDP 比重每提高 1%，环境约束下旅游业 TFP 就提高 52.87782%。

第三节　中国区域旅游经济效率的空间溢出特征分析

上文已对我国区域旅游经济效率的空间差异特征进行了分析，下面将通过探索性数据分析（Exploratory Spatial Data Analysis，简称 ESDA）方法探讨我国区域旅游经济效率的空间关联格局和空间溢出特征。

一 区域旅游经济效率的全局空间自相关分析

本书采用全局 Moran I 指数检验区域旅游经济增长的空间依赖性存在与否，其用向量形式表示如下：

$$\text{Moran I} = \frac{n}{s_0} \frac{\sum_{i=1}^{n} \sum_{j \neq i}^{n} w_{ij}(x_i - \bar{x})(x_j - \bar{x})}{\sum_{i=1}^{n} (x_i - \bar{x})^2} \quad (5-8)$$

式中，x 为各省（区市）的旅游经济效率；n 为地区数（在此 $n = 30$）；$\bar{x} = \frac{1}{n}\sum_{i=1}^{n} x_i$；

w_{ij} 为 $n*n$ 阶空间权重矩阵 w 中的元素值，对 w 而言，在此选用简单地理二分法，即若地区 i 和 j ($i, j = 1, 2, \cdots, n$) 边界相邻，那么，w 中的元素 w_{ij} 的值为1，否则即为0，主对角线上的元素为0；S_0 是空间权重矩阵 w 中所有元素之和。在假设显著性水平（如5%）下，全局 Moran I 的值介于 -1—1，当 I 大于 0 时为正相关，表明不同省（区市）旅游经济效率在空间上有相似的属性，且其值越接近1，正相关性越强，即邻近空间单元之间具有很强的相似性，表明旅游经济效率的集聚程度就越高；小于 0 时为负相关，表明不同省（区市）旅游经济效率在空间上有不相似的属性，且越接近 -1，负相关性越强，即邻近空间单元之间具有很强的差异性，表明邻近地区旅游经济效率存在显著差异；其值趋于 0 时，则表示邻近空间单元不相关，表明各省（区市）旅游经济效率呈无规律的随机分布状态。

我国2001—2014 年旅游业平均全要素生产率的全局 Moran I 值为0.1243，999 次重复排列方法的假设检验下 P 值为 0.0790，通过了

10%的显著性检验水平，这表明我国邻接省（区市）的旅游业全要素生产率具有显著的相似性，旅游业全要素生产率具有较高的集聚程度。但是，就2001—2014年旅游业平均规模效率变化和技术效率变化等分解效率、星级饭店与旅行社等旅游各部门的平均全要素生产率，以及2002年、2003年、2004—2014年以来各年的旅游业全要素生产率而言，全局Moran I均未通过10%显著性检验水平，空间依赖性特征并不明显。

二 区域旅游经济效率的局部空间自相关分析

为进一步分析我国旅游经济效率在邻接省（区市）上的空间自相关性，在此采用局部空间自相关分析方法来反映局部空间旅游经济效率的差异程度，对Local Moran I统计量及其显著性水平进行测算，并结合Moran散点图和LISA集聚图将局部差异的空间格局可视化。Local Moran I的计算公式为：

$$Local\ Moran\ I_i = Z_i \sum_{j \neq i}^{n} w'_{ij} Z_j \qquad (5-9)$$

式中，$Z_i = (x_i - \bar{x})/s^2$ 是 x_i 的标准化量值；Z_j 是与 i 区域相邻接的属性标准化值；w'_{ij} 是按照行和归一化的权重矩阵。

(1) Moran散点图。其绘制于一个笛卡尔坐标系中，横坐标对应中心省（区市）i 旅游经济效率的标准化值 Z_i，纵坐标对应与中心省（区市）i 相邻接的所有省（区市）旅游经济效率的加权平均 $\sum w'_{ij} Z_j$，也称空间滞后变量，即第 i 省（区市）旅游经济效率这一观测值的空间滞后就是与其邻接省（区市）观测值的加权平均。Moran散点图划分为四个象限，分别对应四种类型：第一象限，高高集聚（HH），表示中心省（区市）与邻接省（区市）的旅游经济效率都较高；第二象限，低高集聚（LH），表示中心省（区市）旅游经济效率较低，而其邻接省（区市）旅游经济效率较高；第三象限，低低集聚（LL），表示中心省（区市）与邻接省（区市）的旅游经济效率都较低；第四象限，高低集聚（HL），表示中心省（区市）旅游经济效率较高，而其邻接省（区市）旅游经济效率较低。因此，第一象限和第三象限内省（区市）的旅游经济效率存在较强的空间正相关，即均质性；而第二象限和第四这两个象限内省（区市）的旅游经济效率存在较强的空间负相关，即异质性（见图 5-4）。

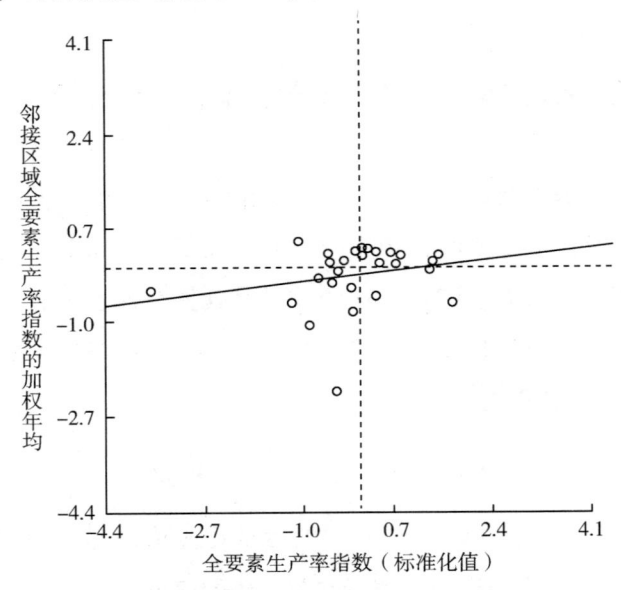

图 5-4　中国旅游经济效率的 Moran 散点

利用 Geoda 软件做出我国各省（区市）旅游经济效率的 Moran 散点图（见图 5-4），可知，位于第一象限和第三象限的省（区市）分别有 11 个和 9 个，占总数的 66.67%，表明我国各省（区市）旅游经济效率存在"两极化"空间。且第一象限 HH 区和第三象限 LL 区数量相当，表明我国旅游经济效率发达省（区市）和旅游经济效率不发达省（区市）在空间上集聚分布的范围相当。由表 5-11 可知，位于 HH 区的省（区市）基本位于我国东部地区，位于 LL 区的省（区市）

基本位于我国西部地区。

表5-11　中国各省（区市）旅游经济效率空间类型分布情况

类型	HH区	LH区	LL区	HL区
地区	江苏、江西、浙江、广西、湖北、重庆、上海、北京、天津、湖南、广东	贵州、福建、安徽、河北、河南	青海、宁夏、甘肃、新疆、四川、山东、黑龙江、内蒙古、陕西	山西、辽宁、吉林、云南

注：海南与我国任何省（区市）均不接邻。

（2）LISA集聚图。它揭示我国省（区市）旅游经济效率的热区（Hot spot）和盲区（Blind spot），在Z检验显著性概率的基础上，LI-SA的四种显著类型对应于Moran散点图中的四个象限，显著（高—高）区是整个HH区的核心旅游经济效率区，是整个研究区旅游经济效率最具活力的地区和旅游经济效率的引擎区；显著（高—低）区的旅游经济效率远比其周边地区高；显著（低—高）区的旅游经济效率远比其周边地区低，形成"旅游经济效率塌陷区"；显著（低—低）区是整个LL区的核心，是整个研究区旅游经济效率的最不发达区。

本书在Z检验（P≤0.05）的基础上做出我国平均旅游全要素生产率的LISA集聚图（LISA Cluster Map），考察区域属性和其周边区域属性的正相关或负相关程度。我国旅游经济效率并没有显著的"高高"热点区，"低低"塌陷区为新疆、甘肃和四川省，它们均位于我国西部地区。

第四节　小结

一　主要结论

对旅游业全要素生产率的研究通常仅考虑劳动力和资本等投入要

素所产生的"好"产业——旅游营业收入，而忽视了旅游能源消耗所产生的"坏"产出——旅游主要污染物排放量。本书把环境因素纳入了旅游业生产率研究体系，运用 DEA-Malmquist 模型对 2001—2014 年我国 30 个省份旅游产业效率和分行业效率的变动进行了测度，分析了其时序变动趋势和空间分布特征，基于区域和行业视角深入研究了我国旅游业增长质量、增长方式、增长潜力和内生机制等。进一步，在理论分析我国环境约束下旅游效率影响机制的基础上，利用面板数据模型实证分析了环境约束下中国旅游业 TFP 的主要影响因素。最后，利用探索性数据分析方法对我国环境约束下区域旅游经济效率的空间溢出特征进行了实证分析。通过研究，本书得出以下基本结论：

（1）从时间变化特征来看，2001—2014 年环境约束下中国旅游业 TFP 的年均增长率为 4.1%，技术进步是其增长的主要推动力量。尚待提高的效率状况使得我国旅游业发展中现有资源和技术的潜力还没有得到充分挖掘；通过改善效率来提高旅游业增长还存有余地。

除少数特殊年份外，中国旅游业 TFP 均表现为正增长，且呈波动式发展。2001—2014 年旅游业 TFP 增长对我国旅游营业产出的贡献率仅为 32.21%，我国旅游业发展仍具有明显的粗放型特点，旅游业还未真正实现由粗放型向集约型增长模式的转变。资本投入仍是我国旅游业增长的主要推动力，我国旅游业增长仍具有"高投入—高产出"模式。2001—2014 年旅游业 TFP 增长对我国旅游污染物排放量的作用率为 59.53%，我国旅游业生产效率低下仍是其污染产生的主要原因。

（2）从空间特征来看，2002—2014 年我国各地区旅游业 TFP 大小不断变化，均呈波浪式发展。我国旅游业 TFP 的变动存在着明显的区域差异，平均增长率为东部地区＞中部地区＞西部地区，三大区域旅游业 TFP 增长的主要推动力量是技术进步，技术效率变化对旅游业 TFP 增长的作用较低甚至为负（西部）。

我国西部地区旅游业增长方式的粗放型特点更为明显，其次为中部地区，东部地区旅游业增长方式相对集约。劳动力和资本要素的投入仍是我国大部分地区旅游业增长的主要原动力，旅游业发展仍具有较明显的粗放型特点。东部、中部和西部地区平均水平分别属于高技术进步型、低技术进步型和要素驱动型。

（3）从行业特征来看，我国环境约束下旅游业 TFP、技术效率和技术进步增长率均存在较大的行业异质性。环境约束下星级饭店业 TFP 年均增长率为 4.8%，其增长是由技术进步来推动的，技术效率呈现负增长，即星级饭店业存在技术无效率问题。环境约束下旅行社业 TFP 年均增长率出现负增长（-4.7%），主要是由技术进步率负增长导致的，即旅行社业存在技术衰退问题。我国星级饭店业和旅行社业 TFP 均表现为东部地区＞中部地区＞西部地区。

（4）从影响机制来看，环境约束下旅游效率是由宏观层面的经济政策导向驱动、中观层面的旅游生产单元价值驱动和微观层面的旅游消费需求刺激驱动共同影响的。就具体影响因素而言，东、中和西三大地区中均包括非农业人口占总人口比重对环境约束下旅游业 TFP 显著促进、作用不明显、显著负向作用的省市区。旅游企业规模变化量对旅游业 TFP 的影响系数较小，宁夏、山东、辽宁、新疆和贵州环境约束下旅游业效率的提高并不显著依赖于旅游企业规模的变化，北京、云南、广东、吉林、海南和青海二者呈显著负相关，其余省（区市）二者呈显著正相关。环境污染治理投资占 GDP 比重对我国各地区环境约束下旅游业 TFP 的影响存在显著差异，对环境约束下旅游业 TFP 具有显著正向作用的省市绝大多数位于我国东部和中部地区；西部地区除青海和宁夏外，环境污染治理投资占 GDP 比重对环境约束下旅游业 TFP 的作用不显著或呈显著的负向作用。

（5）从空间溢出特征来看，我国旅游业平均全要素生产率的全局 Moran I 值为 0.1243，通过了 10% 的显著性检验水平，即我国邻接省（区市）的旅游业全要素生产率具有显著的相似性，旅游业全要素生产率具有较高的集聚程度。我国各省（区市）旅游经济效率存在"两极化"空间，位于"高高"区的省（区市）有江苏、江西、浙江、广西、湖北、重庆、上海、北京、天津、湖南和广东 11 个，基本位于我国东部和中部地区，但是我国旅游经济效率并未形成显著的"高高"热点区；位于"低低"区的省（区市）有青海、宁夏、甘肃、新疆、四川、山东、黑龙江、内蒙古和陕西 9 个，基本位于我国西部地区，且新疆、甘肃和四川是我国旅游经济效率的显著"低低"塌陷区。

旅游业平均规模效率变化和技术效率变化等分解效率、星级饭店与旅行社等旅游各部门的平均全要素生产率，以及 2002 年、2003 年、2004—2014 年以来各年的旅游业全要素生产率的空间依赖性特征并不显著。

二 政策建议

基于上述研究结论，本书相对应地提出如下政策性启示与建议：

（1）应不断推进旅游业增长模式由粗放型向集约型转变，实现旅游业可持续增长，关键在于由过分依赖要素投入转变为持续提升生产率，避免过早的资本深化。具体建议为：

以旅游市场的供求规律为基本原则，合理增加基础设施、教育培训和科学研究等公共领域的资本投入规模，东部地区的天津、山东、广东、江苏和浙江，中部地区的山西、河南、湖北、黑龙江、湖南和广西，西部地区的青海和宁夏等环境污染治理投资占 GDP 比重对环境约束下旅游业 TFP 具有显著正向作用的省市应加大环保投资力度，改善产能。

东部地区的福建、天津、河北、江苏、浙江和上海，中部地区的江西、内蒙古、湖南、黑龙江、安徽、山西、河南、广西和湖北，西部地区的重庆、陕西、甘肃和四川等地的旅游企业规模变化量对旅业 TFP 具有显著正向影响的省市应保证旅游企业规模能够满足旅游发展需要，不断优化人力资本结构和旅游产业要素结构，提高旅游要素的利用效率，扩大地区旅游发展的规模效应，并提高旅游市场信息反馈机制的效率，提升旅游市场需求与现实生产力之间融洽对接效能。

东部地区的海南、辽宁、福建、上海和北京，中部地区的吉林、江西、安徽和内蒙古，西部地区的云南、贵州、四川、甘肃和新疆等非农业人口占总人口比重对环境约束下旅游业 TFP 促进作用显著的省市应进一步加快城镇化进程，实现"旅游城镇化"与"城镇旅游化"共同、协调发展。

（2）今后旅游业的发展过程中应妥善处理好资源、环境与旅游业增长三者之间的关系，推进"生态旅游"和"低碳化旅游"的普及发展，实现旅游业"又好又快"增长。

（3）鉴于目前我国旅游效率存在的区域和行业异质性以及空间关联特征，政府应该推进旅游发展的市场化深入改革，弱化行政性边界的存在，逐渐形成旅游发展的"制度红利"；有序引导旅游要素在地区与行业之间合理流动，促进资源节约、环境友好型旅游业生产技术的推广应用，加强落后地区与先进地区、星级饭店业与旅行社业之间的技术合作交流，顺利实现技术扩散，不断缩小旅游业效率在地区和行业间的差距；加强东部和中部地区旅游经济效率"增长极"的培育，在形成示范效应的同时，通过合作与交流来带动周围省（区市）旅游效率的提升，同时，采取规避、限制等措施来避免旅游经济效率"塌陷区"带来的负面影响。

第六章 基于空间计量模型的区域旅游经济增长对经济发展的作用研究

我国经济增长主要依赖于投资、出口和消费，旅游作为一种重要的消费方式在拉动经济增长，促进旅游地经济发展已经成为广泛的共识。现阶段，我国正处于经济转型时期，探究区域旅游经济增长对其经济发展的关系，把握旅游业在地区经济综合发展中的地位和发展趋势，对于推动我国经济结构战略性调整，加快转变我国经济发展方式具有重要意义。

第一节 基于空间面板模型的区域旅游经济增长对经济发展作用的全域常参数研究

由于区位条件、生态环境、开发基础、市场发育程度等客观因素的影响，不同地区旅游发展模式存在显著差异，然而相邻地区之间在空间上存在密切的经济联系，本地区旅游业发展不仅对本地区经济产生直接影响，也势必对其邻近地区的经济产生一定程度的溢出效应。也就是说在区域间存在空间相互影响的前提下，地区间旅游经济增长和经济发展的空间联动性会进一步增强，那么如果忽视空间要素的影响可能会导致模型估计得到的参数有偏，使得研究结果出现偏差，而进行空间面板分析能够从时间维度和空间维度有效解决数据间可能存在的异质性，模型所揭示的结论更为客观和科学。因此，本书以2002—2014年我国31个省（区市）的面板数据为研究样本，首先，为避免面板数据可能产生的"伪回归"问题，进行面板数据单位根和协整检验，并利用Hausman检验在固定效应模型和随机效应模型中做出选择。其次，将空间权重矩阵的设置分为地理空间权重矩阵和经济空间权重矩阵，采用空间自相关检验验证各区域旅游发展与其经济增长之间是否存在显著的空间联动特征。在此基础上运用空间面板回归模型进行参数估计，科学识别各区域旅游发展与经济增长之间的作用机制与影响关系，以期为推动我国各区域旅游持续快速发展、加快各区域经济结构转型和发展模式转变，提供一定的理论依据和决策参考。

一　区域旅游经济增长对经济发展作用的空间面板数据模型的构建

（一）面板模型的选择

空间计量的基本思想是把区域间的相互关系引入模型中，通过空间权重矩阵对基本线性回归模型进行修正。空间计量经济学考虑了空间相关性对经济活动的影响，将空间结构权重纳入研究模型，使模型分析与结论更贴近客观事实。相邻区域间客观上存在经济联系，以及不同区域观测值的采集在空间上可能有测量误差，由此，空间相关性在空间自回归模型中分别体现在因变量的滞后项与误差项，这分别与空间滞后模型（Spatial Auto Regressive Model，SAR）和空间误差模型（Spatial Error Model，SEM）这两种空间计量基本模型相对应，其中，SAR模型主要研究相邻区域的行为对整个系统内区域的行为存在影响（溢出效应）的情况；SEM模型是当区域之间的相互作用因所处的相对位置不同而存在差异时，区域间的相互关系就通过误差项加以反映。两类模型的基本形式分别为：

$$SAR: y = \rho (I_T \otimes W_N) y + X\beta + \varepsilon \quad (6-1)$$

$$SEM: y = X\beta + \mu, \ \mu = \lambda (I_T \otimes W_N) \mu + \varepsilon \quad (6-2)$$

式中，y 为 $n*1$ 阶被解释变量即地区经济发展向量；X 为 k 个解释变量即区域旅游经济增长的 $k*n$ 阶矩阵；β 为 $k*1$ 阶回归系数向量；μ 和 ε 为随机误差项；λ 为空间自相关系数，度量一个区域的变量变化对相邻区域的影响程度；ρ 为空间自回归系数，度量相邻区域观测值即地区经济发展对本区域经济发展的影响程度和方向；I_T 为 T 维单位时间矩阵（在此，$T=14$），W_N 为 $n*n$ 的空间权重矩阵（在此，研究区域个数 $n=31$）；$I_T \otimes W_N$ 为空间滞后被解释变量。

这两个模型所反映的空间相关性均是全局的，即研究范围内任何两个区域之间均存在相关性。SAR 模型表示一个区域经济发展水平和旅游经济增长变量，均会通过空间传导机制作用于其他区域；SEM 模型意味着区域外溢是随机冲击的作用结果。由于空间效应的存在，各区域观测样本相互依赖，观测值在空间上缺乏独立性，采用普通最小二乘法 OLS 估计空间滞后模型不仅是有偏的，而且是不一致的；估计空间误差模型是无偏的，但不具有有效性。因此，空间计量模型的估计不能采用 OLS，而是运用极大似然法（ML）。

（二）空间权重矩阵的设定

地理空间权重矩阵中最常用的简单二分权重矩阵遵循 Rook 相邻规则，空间邻接标准认为空间单元之间的联系仅仅取决于二者相邻与否，即只要不同空间单元相邻，则认为它们之间具有相同的影响程度，本书认为这对于研究范围为 31 个省（区市）而言，并不非常适用。如用空间邻接标准衡量的区域的地理位置，与河南省相邻的有山东、河北、山西、陕西、湖北、安徽 6 个省，但不能认为河南与这 6 个省之外的其他省市区均没有联系，也不能认为河南与这 6 个省之间的相互影响是等同的。因此，本书仍选用更符合区域旅游发展实际的距离权重矩阵，即以各省份省会城市之间距离的倒数作为空间权值（见第四章第二节）。

但是，邻近区域之间的经济联系并非完全一样，相较于经济发达地区，落后地区的影响力度较小，即发达地区具有更强的空间影响力，可以对周围落后地区产生更大的吸引力和辐射力。所以，经济权重矩阵可以更好地对区域之间客观存在的经济关联进行模拟。经济空间权重矩阵（W）是地理空间权重矩阵（w）与以各区域 GDP 占所有区域 GDP 之和比重的均值为对角元的对角矩阵的乘积，公式为：

$$W = w * diag\left(\frac{\overline{y_1}}{\sum_{i=1}^{N}\overline{y_i}}, \frac{\overline{y_2}}{\sum_{i=1}^{N}\overline{y_i}}, \cdots, \frac{\overline{y_N}}{\sum_{i=1}^{N}\overline{y_i}}\right)$$

其中，
$$\overline{y_i} = \frac{1}{t_1 + t_0 + 1}\sum_{t=t_0}^{t_1} y_{it} \quad (6-3)$$

式（6-3）中，t 为考察时间期数，N 为研究地区个数（$N=31$），y 为研究地区 GDP。由于不同空间权重矩阵的设置对模型估计的结果会产生较大的影响，本书分别采用这两种空间权重矩阵进行空间自相关检验和空间面板数据分析。

（三）相关变量与数据来源

1. 相关变量

（1）被解释变量与核心解释变量

第一，经济发展。被解释变量"地区经济发展水平"采用地区人均 GDP 来表征。

第二，旅游经济增长。核心解释变量"旅游经济增长"采用旅游总收入即国内旅游和入境旅游收入之和来衡量。

（2）控制变量

第一，人均物质资本。

第一步，测算地区物质资本存量。首先，根据 Keller（2000）的做法对初始年份地区物质资本存量进行估算，计算公式为：

$$K_0 = I_0 / (g + \delta) \qquad (6-4)$$

式（6-4）中，I_0 为初始年份（2001年）全社会固定资产投资量；g 为其后年份（2002—2014年）全社会固定资产投资量的平均增长速度；δ 为资本折旧率，本书以张军等（2004）的估算为依据，将其取值为9.6%。之后，以2001年为基期的固定投资价格指数来对历年固定资本形成总额进行折算。最后，依据"永续盘存法"计算出2002—2014年各地区的物质资本存量，计算公式为：

$$K_t = (1 - \delta) K_{t-1} + I_t \qquad (6-5)$$

第二步，测算地区人均物质资本。用地区物质资本存量 K 除以劳动力（即地区就业人数）得到地区人均物质资本存量。

第二，政府规模。

本书中，政府规模采用政府财政支出占 GDP 比重来进行衡量，表征地区政府对经济活动的干预程度。政府财政支出对地区经济发展的影响具有两面性：当政府财政支出主要用于公共服务的改善（如国民教育和健康质量的提高、产权的保护等）以及基础设施的建设等方面时，能促进经济发展；由于对经济活动进行干预时"政府失灵"现象的存在，当政府财政支出主要用于行政管理时，可能会导致资源配置扭曲，而损害经济发展效率。最优政府规模理论认为政府规模对经济增长的影响曲线呈现为倒 U 形"Armey"特征。

第三，产业结构。

本书中，产业结构采用第三产业就业人口占总就业人口比重来表征，其值越大，表示该区域服务业发展水平就越高。产业结构合理与否会对经济发展产生重要影响，具体表现在：产业结构的优化将使资源得以更合理、有效地配置；主导产业的选择与更替作为主要力量来促进经济发展；由社会分工与科技发展而带动的产业结构变动作为根本动力来促进经济发展。服务业发展水平越高，就越能够通过拉动内需、刺激消费和带动就业等方式促进地区经济发展。

第四，外贸依存度。

作为拉动经济增长的"三驾马车"之一，出口对我国经济发展具有重要作用，外贸依存度常被用来衡量地区对外经济开发水平。Blumenthal（1972）的理论中指出一国外贸依存度与其生产率的大小以及生活水平的高低均呈现正相关。本书采用进出口总额占 GDP 比重来表征外贸依存度。

第五，人力资本。

在 Schultz（1961）、Dension（1962）和 Becker（1964）之后，人力资本逐渐被纳入经济增长模型中。人力资本具有多个维度，包含受教育水平、健康和知识等，因此，目前它尚未有一个公认的具有普适性的度量指标。Vandenbussche 等（2006）、彭国华（2007）均指出只有受过高等教育的人力资本才能显著地促进经济增长效率，据此，参照张学良（2009）和尹希果（2012）等的观点，在此采用每万人口在校大学生数来对人力资本进行衡量。

2. 数据来源

本书利用中国 31 个省（区市）2001—2014 年的面板数据来进行实证分析。地区人均 GDP、进出口总额、GDP 等数据来自《中国统计年鉴》（2002—2015 年）；旅游收入相关数据来自《中国旅游年鉴》（2002—2015 年）；入境旅游收入、进出口总额在换算成人民币时所使用的当年人民币兑换美元的平均汇率来自《中国统计年鉴》（2002—2015 年）；第三产业就业人数来自《中国人口和就业统计年鉴》（2002—2015 年）、《中国劳动统计年鉴》（2002—2015 年）等；每万人口在校大学生数来自《中国区域经济统计年鉴》（2010—2015 年）、《新中国六十年统计资料汇编》；其余数据来自高校财经数据库 http：//www.bjinfobank.com/indexShow.do? method = index。其中，地区人均 GDP、旅游总收入、人均物质资本、政府规模、产业结构、外贸依存度和人力资本在模型中分别用 Y、X1、X2、X3、X4、X5 和 X6 来表示，为使数据可比较和减少异方差性，所有数据均取其对数形式。

二 区域旅游经济增长对经济发展作用的空间面板数据模型的检验

首先，为避免面板数据在建立回归模型时可能产生的"伪回归"问题，必须进行面板数据的单位根和协整检验，并利用 Hausman 检验对面板数据模型适合固定效应还是随机效应进行选择。然后，对各区域旅游经济增长与经济发展之间进行空间相关性检验，进而根据检验结果选择空间面板数据模型进行估计分析。

（一）面板数据模型检验

1. 单位根检验

面板数据的单位根检验主要分为两种情况：假定所有横截面单位的自回归系数相同和允许不同个体的自回归系数自由变动，本书分别选取 LLC 检验和 Fisher-PP 检验对所选取的 2001—2014 年 31 个省（区市）的面板数据进行单位根检验。其中，X1 的 Fisher-PP 检验包含常数和趋势，即趋势平稳；X3 的 Fisher-PP 检验不包含常数和趋势，即 0 均值平稳；其余变量的单位根检验均只包含常数，即非 0 均值平稳。由检验结果（见表 6-1），所有变量均在 10% 水平上拒绝原假设，数列均平稳，即 lnY、lnX1、lnX2、lnX3、lnX4、lnX5 和 lnX6 均为 0 阶单整变量。

表 6-1　　　　　　　　变量的单位根检验结果

单位根检验	lnY	lnX1	lnX2	lnX3	lnX4	lnX5	lnX6
LLC 检验统计量（P 值）	-6.1005 (0.0000)	-9.8455 (0.0000)	-9.5689 (0.0000)	-1.4360 (0.0755)	-3.5178 (0.0002)	-5.0440 (0.0000)	-14.1508 (0.0000)

续表

单位根检验	lnY	lnX1	lnX2	lnX3	lnX4	lnX5	lnX6
PP检验统计量（P值）	93.4190 (0.0037)	101.700 (0.0006)	168.705 (0.0000)	266.226 (0.0000)	106.132 (0.0002)	82.2431 (0.0299)	220.540 (0.0000)

2. 协整检验

本书中面板数据的协整检验采用的是 Pedroni 检验和 Kao 检验这两种方法，它们使用平稳回归方程和静态面板回归对残差统计量进行检验，其原假设均为不存在协整关系。在此，各变量协整检验的结果见表 6-2，可知，两组 Pedroni 协整检验的 7 个统计量和 Kao 协整检验的 ADF 统计量绝大多数在 5% 显著性水平下拒绝原假设，即 lnY、lnX1、lnX2、lnX3、lnX4、lnX5 和 lnX6 的变量组合以及 lnY 和 lnX1 这两组变量之间都存在协整关系。

表 6-2　　　　面板数据的 Pedroni 和 Kao 协整检验结果

协整检验方法	统计量	变量组合 lnY、lnX1、lnX2、lnX3、lnX4、lnX5 和 lnX6	lnY - lnX1
Pedroni 协整检验	Panel v	-0.9777 (0.8359)	5.0163 (0.0000)
	Panel rho	4.8421 (1.0000)	-1.9677 (0.0246)
	Panel PP	-4.8995 (0.0000)	-4.3956 (0.0000)
	Panel ADF	-3.5552 (0.0002)	-5.6487 (0.0000)
	Group rho	7.6344 (1.0000)	-0.3173 (0.3755)
	Group PP	-10.5989 (0.0000)	-5.9958 (0.0000)
	Group ADF	-5.5516 (0.0000)	-5.2996 (0.0000)
Kao 协整检验	ADF	-6.5077 (0.0000)	-5.5340 (0.0000)

注：括号中的数值为 P 值。

3. Hausman 检验

空间面板模型存在空间效应和时间效应，可以运用 Hausman 检验，其原假设是固定效应与随机效应模型的系数无差别，若接受原假设,就选随机效应模型,否则选固定效应模型。在此,模型的 Hausman 检验结果为:Chi-Sq. Statistic 为 97.5865,Chi-Sq. d. f. 为 6,Prob. 为 0.0000,可知,概率 P 小于 5% 的显著性水平临界值,即模型拒绝原假设,所以应选固定效应模型。

(二) 空间自相关检验

通常来说,在建立空间计量模型前需要对区域之间是否存在空间相关性进行检验,检验的统计量主要有空间相关指数 Moran I,以及基于极大似然估计(ML)假设检验的 LMsar、LMerr 统计量,它们的原假设均为 $H_0: \lambda = 0$ 或 $\rho = 0$。然而,现有的区域空间相关性检验,如 Moran I(Moran 1948)、LMerr(Burridge 1980)、LMsar、Lratios、Walds(Anselin 1988)等均是针对单个截面回归模型提出的,不可被直接用于面板数据模型。在此,为把这些检验扩展到面板数据分析,用分块对角矩阵 $C = I_T \ddot{A} W$ 代替 Moran I、最大似然 LM-Error 检验(LMerr)和最大似然 LM-Lag(LMsar)等统计量的计算公式中的空间权重矩阵。它们可表示为:

$$\text{Moran I} = \frac{e'We}{e'e} \quad (6-6)$$

$$LMerr = \frac{[e'We/(e'e/N)]^2}{tr(W^2 + W'W)} \quad (6-7)$$

$$LMsar = \frac{[e'Wy/(e'e/N)]^2}{\{(WX\beta)'[I - X(X'X)^{-1}X'](WX\beta)/\sigma^2\} + tr(W^2 + W'W)} \quad (6-8)$$

式中,$W = I_T \otimes W_{ij}$,N 为研究区域个数(N = 31),T 为时间长度(T = 14),I_T 为 T 维单位时间矩阵,W_{ij} 为 N*N 阶的空间权重矩阵,e 为普通最小二乘法(OLS)估计的残差向量,tr 是矩阵求迹,LMerr 和 LMsar 统计量都是一个渐进的 $\chi^2(1)$ 分布。其中,LMerr 和 LMsar 不仅能对空间相关性进行检验,还能为模型设定提供线索,从而确定选择空间自回归模型还是空间误差模型:若 LMsar 比 LMerr 统计量更显著,且 robust LMsar 显著而 robust LMerr 不显著,那么选择空间滞后模型（SAR）；相反，如果 LMerr 比 LMsar 在统计上更加显著，且 robust LMerr 显著而 robust LMsar 不显著，那么选择空间误差模型（SEM）。

本书分别基于地理和经济空间权重矩阵对空间相关性进行检验，结果见表 6-3。可知，地理与经济两种空间权重矩阵下，Moran I、LMerr 和 LMsar 统计量均在 1% 显著水平上拒绝原假设 $\rho = 0$ 或 $\lambda = 0$，即 31 个省（区市）的旅游经济增长与地区经济发展之间均存在显著的空间相关性，这就验证了我国区域旅游经济增长与经济发展之间存在显著的空间联动特征。另外，Moran I、LMerr 和 LMsar 统计量这 3 种统计量的检验值均为正数，表示区域旅游经济增长和经济发展在空间上具有显著的正自相关关系，经济发展水平较高的区域与旅游经济增长较快的区域具有明显的空间集聚效应。通过比较 Robust LMerr 和 Robust LMsar 统计量的显著性水平，可确定基于地理和经济空间权重矩阵，均应选择空间滞后面板数据模型（SAR）进行估计。

表6-3　基于地理空间权重矩阵和经济空间权重矩阵的空间相关性检验

	Moran I	LMerr	LMsar	Robust LMerr	Robust LMsar
地理空间权重矩阵	0.0910 (0.0000)	34.1448 (0.0000)	62.8270 (0.0000)	2.8017 (0.094)	31.4839 (0.0000)
经济空间权重矩阵	0.0859 (0.0000)	25.9755 (0.0000)	36.9887 (0.0000)	2.1454 (0.1430)	13.1586 (0.0000)

注：括号内的数字表示各检验值相应的概率。

三　区域旅游经济增长与经济发展关系的全域常参数估计结果及分析

本书利用 Matlab 软件的 Spatial econometric 模块分别基于地理空间权重和经济空间权重进行空间面板估计。把空间效应和时间效应的不同作用考虑在内，本书将空间面板数据模型分为 4 类：无固定效应

(nonF)、时间固定效应（tF）、空间固定效应（sF）、空间和时间固定效应（stF）。根据空间相关性检验结果（见表6-3），上文已对应选择何种空间面板数据模型进行了初步判断，为了验证所选模型的正确性，本书给出了基于地理和经济空间权重下空间滞后模型（SAR）和空间误差模型（SEM）的估计结果（见表6-4和表6-5），进一步加以比较和说明。综合分析估计结果，可以得到以下结论：

表6-4 基于地理空间权重矩阵的模型估计结果

		无固定效应（nonF）	空间固定效应（sF）	时间固定效应（tF）	时空固定效应（stF）
空间滞后模型（SAR）	C	7.3749* (29.1477)			
	β(X1)	0.0840* (10.5375)	0.0838* (5.6277)	0.0840* (11.2248)	0.0959* (6.0863)
	β(X2)	0.5323* (25.9957)	0.2873* (18.6761)	0.5602* (28.7948)	0.2986* (19.0178)
	β(X3)	-0.0567* (-4.6427)	-0.0035 (-0.6152)	-0.0412* (-3.5241)	-0.0028 (-0.5220)
	β(X4)	0.1355* (2.9140)	-0.1517* (-4.6503)	0.0724** (1.6544)	-0.1283* (-4.0959)
	β(X5)	0.1255* (11.9833)	-0.0383* (-3.8011)	0.1137* (11.1835)	-0.0461* (-4.2288)
	β(X6)	0.0199 (1.0336)	0.0259* (2.8895)	0.0195 (1.0701)	0.0283* (3.1402)
	ρ	0.1140* (3.4481)	0.4810* (22.2981)	0.4330* (7.6093)	0.3500* (3.5945)
	logL	235.7508	643.0947	266.8859	667.8858
	R^2	0.9658	0.9948	0.9710	0.9954

续表

		无固定效应（nonF）	空间固定效应（sF）	时间固定效应（tF）	时空固定效应（stF）
空间误差模型（SEM）	C	8.1688* (69.9737)			
	β（X1）	0.0961* (13.2598)	0.0949* (6.0475)	0.0949* (12.2501)	0.0996* (6.2605)
	β（X2）	0.5845* (36.8591)	0.2982* (18.8653)	0.5848* (28.9190)	0.2984* (18.7849)
	β（X3）	-0.0464* (-3.9101)	-0.0026 (-0.4732)	-0.0510* (-4.1768)	-0.0030 (-0.5536)
	β（X4）	0.0770** (1.7646)	-0.0881* (-2.8778)	0.0860** (1.8803)	-0.1256* (-3.9789)
	β（X5）	0.1094* (11.2422)	-0.0559* (-5.0583)	0.1119* (10.4326)	-0.0393* (-3.5884)
	β（X6）	0.0350** (1.8546)	0.0251* (2.5953)	0.0407** (2.1335)	0.0322* (3.5211)
	λ	0.5230* (6.2632)	0.9640* (141.6642)	0.1380 (1.0313)	0.0670 (0.4738)
	logL	241.7098	619.83323	248.5462	664.01057
	R^2	0.9646	0.8761	0.9677	0.9952

注：*、**、***分别表示在1%、5%和10%下显著；括号里数值为对应系数的t统计量值。

表6-5　　　　　　　　基于经济空间权重矩阵的模型估计结果

		无固定效应（nonF）	空间固定效应（sF）	时间固定效应（tF）	时空固定效应（stF）
空间滞后模型（SAR）	C	7.5986* (29.4601)			
	β（X1）	0.0888* (11.3326)	0.0942* (6.2891)	0.0885* (11.9984)	0.0956* (6.0254)
	β（X2）	0.5492* (27.3576)	0.2842* (18.3640)	0.5733* (29.7745)	0.3004* (19.0140)

续表

		无固定效应（nonF）	空间固定效应（sF）	时间固定效应（tF）	时空固定效应（stF）
空间滞后模型（SAR）	β（X3）	-0.0549* (-4.4515)	-0.0028 (-0.4832)	-0.0406* (-3.4673)	-0.0029 (-0.5367)
	β（X4）	0.1274* (2.7010)	-0.1558* (-4.7446)	0.0802*** (1.8241)	-0.1287* (-4.0879)
	β（X5）	0.1201* (11.5193)	-0.0422* (-4.1560)	0.1076* (10.5195)	-0.0425* (-3.8949)
	β（X6）	0.0265 (1.3760)	0.0260* (2.8868)	0.0305*** (1.6826)	0.0320* (3.5331)
	ρ	0.0770** (2.4258)	0.4870* (22.4049)	0.4890* (26.4207)	0.2920* (3.6504)
	logL	232.9461	640.0604	152.4078	662.6143
	R^2	0.9654	0.9948	0.9706	0.9953
空间误差模型（SEM）	C	8.1482* (71.3485)			
	β（X1）	0.0959* (13.4874)	0.1215* (7.4537)	0.0950* (12.3264)	0.1003* (6.2896)
	β（X2）	0.5824* (36.8534)	0.2961* (17.8637)	0.5854* (28.9595)	0.2989* (18.7720)
	β（X3）	-0.0471* (-3.9874)	-0.0048 (-0.8618)	-0.0515* (-4.2158)	-0.0032 (-0.5809)
	β（X4）	0.0782*** (1.7911)	-0.0969* (-2.9581)	0.0864*** (1.8834)	-0.1297* (-4.0871)
	β（X5）	0.1109* (11.3898)	-0.0430* (-3.7208)	0.1121* (10.4412)	-0.0373* (-3.3975)
	β（X6）	0.0365*** (1.9476)	0.0354* (3.5937)	0.0415** (2.1773)	0.0336* (3.6926)
	λ	0.5230* (7.0564)	0.9640* (165.0258)	0.1030 (0.8155)	-0.0540 (-0.3805)
	logL	241.2781	598.0297	248.4691	664.0174
	R^2	0.9631	0.8969	0.9677	0.9952

注：*、**、***分别表示在1%、5%和10%下显著；括号里数值为对应系数的t统计量值。

（1）首先，基于空间滞后模型（SAR）与空间误差模型（SEM）的比较。在地理空间权重矩阵下，SAR 模型的空间自回归系数（ρ）在无固定效应（nonF）、时间固定效应（tF）、空间固定效应（sF）和时空固定效应（stF）4 类固定效应条件下都通过了 1% 水平的显著性检验，而 SEM 模型空间固定效应（sF）和时空固定效应（stF）条件下的空间自相关系数（λ）并未通过显著性检验；SAR 模型 4 类固定效应条件下的模型拟合优度（R^2）均大于 SEM 模型相应固定效应条件下的拟合优度；SAR 模型空间固定效应（sF）、时间固定效应（tF）和时空固定效应（stF）这 3 类固定效应条件下的极大似然值（logL）均大于 SEM 模型相应固定效应条件下的极大似然值。综上，地理空间权重矩阵下区域旅游经济增长对经济发展作用的模型应选择空间滞后模型（SAR）。

在经济空间权重矩阵下，SAR 模型的空间自回归系数（ρ）在无固定效应（nonF）、时间固定效应（tF）、空间固定效应（sF）和时空固定效应（stF）4 类固定效应条件下都通过 5% 水平的显著性检验，而 SEM 模型空间固定效应（sF）和时空固定效应（stF）条件下的空间自相关系数（λ）并未通过显著性检验；并且，SAR 模型 4 类固定效应条件下的模型拟合优度（R^2）均远大于 SEM 模型相应固定效应条件下的拟合优度。综上，经济空间权重矩阵下区域旅游经济增长对经济发展作用的模型也应选择空间滞后模型（SAR）。

根据空间相关性检验结果（见表 6-3），并综合考虑模型的拟合优度（R^2）、极大似然值（logL）以及 4 类固定效应条件下，解释变量系数项和残差空间自回归系数项的显著性检验，可知，不管是基于地理空间权重还是基于经济空间权重，空间滞后模型（SAR）均能更好地拟合 2001—2014 年我国 31 个省（区市）旅游经济增长与区域经济发展的关系，即作为区域经济发展水平的解释变量，旅游业经济增长主要通过空间传导机制来影响其他区域经济发展，而随机冲击所起到的作用较小。

（2）在空间滞后模型（SAR）中，4种类型的空间自回归系数（ρ）和自变量"旅游总收入"影响系数（β（X1））的统计值均高度显著，进一步证实了我国31个省（区市）旅游经济增长与区域经济发展之间存在显著的空间自相关特征，各省（区市）经济发展不仅受到本地区旅游经济增长的影响，还受到相邻地区旅游经济增长的影响，各邻近省（区市）旅游经济增长对区域经济发展的空间溢出效应显著。此外，空间滞后模型（SAR）估计中，ρ和β（X1）的估计值均显著为正，表明各个省（区市）的旅游经济增长不仅推动当地经济发展，还通过其正向的空间溢出效应，推动周边地区经济的发展。

（3）其次，继续对两种权重下的空间滞后模型（SAR）加以比较，可知基于经济权重的SAR模型的拟合优度（R^2）和极大似然值（logL）均略低于基于地理权重下模型的相应值，即基于经济权重的模型解释能力不及地理权重模型。由此认为我国31个省（区市）间旅游经济增长的相互影响关系中，相对地理位置的影响大于经济差距的影响。进一步分析在地理空间权重矩阵下的SAR模型中，空间固定模型（sF）与时空固定模型（stF）的拟合优度都在0.99以上，具有极强的解释能力，表明我国31个省（区市）间旅游经济增长对经济发展的空间溢出效应更多地体现在地区间结构性差异的误差冲击。其原因可能为，各省（区市）片面强调本地区旅游经济增长和经济发展，而忽略了与其他省（区市）的联动、协调发展，使得旅游经济增长和经济发展存在显著的地区差异。

观察基于地理权重的空间滞后模型（SAR）中的空间固定效应（sF）和时空固定效应（stF）条件下各指标系数的估计值，可知，物质资本（β（X2））与人力资本（β（X6））对区域经济发展具有显著的正向促进作用，它们仍是推动我国经济发展最重要的动力，并且物质资本的作用更大。

旅游经济增长对经济发展的平均溢出效应为 0.4155，旅游经济增长对经济发展的平均影响效应为 0.0899，根据胡鞍钢等（2009）的估算方法，旅游经济增长对经济发展的直接影响效应和空间溢出效应之和泰勒公式展开为：

$$\bar{\beta}+\bar{\beta}\rho+\bar{\beta}\rho^2+\bar{\beta}\rho^3+\cdots \quad (6-9)$$

由式（6-9）可以估算出我国旅游经济增长对经济发展的空间溢出效应为：

$$\bar{\beta}\sum_{i=1}^{\infty}\rho^i=\frac{\bar{\beta}\rho}{1-\rho}=\frac{0.0899\times0.4155}{1-0.4155}=0.0639$$

由此可知，2001—2014 年，旅游经济增长每提高 1%，由旅游经济增长直接导致的经济发展为 0.0899%，而其正外部性所导致的经济发展为 0.0639%。

第二节　基于地理加权模型的区域旅游经济增长对经济发展作用的局域变参数研究

由于空间滞后模型（SLM）和空间误差模型（SEM）为全域估计，获得的回归参数是一个常参数，无法揭示各地区因变量与自变量之间的作用方向及大小，因此有必要进一步基于空间变参数的地理加权回归模型（GWR），来定量研究考虑空间异质性的各地区旅游经济增长对经济发展的弹性系数估计值。

一　区域旅游经济增长对经济发展作用的地理加权回归模型的构建

地理加权回归模型的基本原理如下所述：
假设有系列因变量 $\{y_j\}$ 和系列自变量 $\{x_{ij}\}$，那么，经典的全域

(Global) 线性回归模型为：

$$y_i = \beta_0 + \sum_{j=1}^{n} x_{ij}\beta_j + \varepsilon_i \quad i = 1, 2, \cdots, m \quad (6-10)$$

式中，ε 为整个回归模型的随机误差项，它满足同方差、零均值、相互独立等球形扰动假定；β_j 为模型参数，通常采用经典的普通最小二乘法（OLS）来估计；β_0 为回归系数，它是利用全部信息获得的，因而被假定为一个常数。

地理加权回归模型（GWR）对传统线性回归模型进行了扩展，每个区域的回归系数 β_j 都是利用邻近区域观测值的子样本数据信息进行局域回归估计而得到，所以它随着空间位置 i 的变化而变化，据此，GWR 模型为：

$$y_i = \beta_0(u_i, v_i) + \sum_{j=1}^{k} \beta_j(u_i, v_i) x_{ij} + \varepsilon_i \quad (6-11)$$

式中，ε_i 是第 i 个省域的随机误差；β_j 是关于地理位置 (u_i, v_i) 的 $k+1$ 元函数，表示与观测值联系的待估计参数向量。在 GWR 模型中，每个省域都有一个对应的估计函数。Brunsdon、Fotheringham 和 Charlton 采用了权重向量 w_i 来表示各样本点 i 基于距离的空间权重矩阵函数，且 w_i 由距离衰减函数（Decry parameter）和距离向量 d_i 所决定，因此，上述模型可写成：

$$W_i y = W_i X \beta_j + W_i \varepsilon_i \quad (6-12)$$

进一步，采用加权最小二乘法来估计参数，得到：

$$\beta_j = (X^T W_i X)^{-1} (X^T W_i Y) \quad (6-13)$$

其中，W_i 是空间权重矩阵函数，目前其常用的计算方法主要有三种：高斯距离权值（Gaussian Distance）、指数距离权值（Exponential Distance）和三次方距离权值（Tricube Distance），这里选取高斯距离确定权重，其公式为：

$$W_i = \varphi(d_i/\sigma\theta) \quad (6-14)$$

其中，Φ 为标准正态分布密度函数；距离向量 d_i 为区域 i 与其他区域之间的地理距离，由 (u_i, v_i) 来决定；σ 为距离向量 d_i 的标准差；θ 是带宽，即距离衰减函数。交叉确认方法（Cross-validation，CV）在国际上被普遍采用来确定带宽（θ），它是由 Cleveland、Bowman 提出的，其计算如下：

$$CV = \sum_{i=1}^{n} [y_i - \bar{y} \neq i(\theta)]^2 \qquad (6-15)$$

其中，$\bar{y} \neq i$ 是 y_i 的拟合值，在刻画过程中省略了点 i 的观测值。当 CV 值达到最小时，对应的 θ 值就是所需的带宽。同时，Fotheringham 提出了比较普遍的"最优宽带"求解依据——使 GWR 模型的 AIC 值最小。

GWR 模型是解决空间异质性的有效方法，同时本书使用 Brunsdon 和 Fortheringham（1999）提出的方差分析（ANOVA）检验以及检验值赤池信息准则（AICc）值和拟合优度（R^2）等来验证 GWR 模型是否比 OLS 模型更好地、更显著地描述变量间的关系。其中，方差分析中残差的平方和越少越好；AICc 值越小越好，R^2 越大越好。

二　区域旅游经济增长对经济发展作用的局域变参数估计结果及分析

本书利用 SAM 软件，基于上文 GWR 模型的基本原理，利用加权最小二乘法（WLS），以高斯距离（Gaussian）估计，选择"Adaptive Spatial Kernel"（10%—15% 邻近距离）和"Optimization to Minimize AICc"（最优带宽），对我国区域旅游经济增长对经济发展的关联和作用机制进行局域模拟和估计，所用被解释变量、核心解释变量和控制变量仍为第六章第一节中所述，模型结果见表 6-6 和表 6-7。

表6-6　　　　区域旅游经济增长对经济发展作用的
GWR参数估计值描述性统计

统计量	最小值	下四分位数	中位数	上四分位数	最大值
常数项C	5.3929	7.2215	7.4341	7.6966	8.1217
X1	0.0099	0.0799	0.1037	0.1160	0.1638

Adj. R^2 = 0.934；F统计量 = 22.792；P < 0.001；AICc = 42.809

表6-7　　　区域旅游经济增长对经济发展作用的GWR估计的
方差分析（ANOVA）检验

来源	残差平方和	自由度 D.F.	均方误差 MS	F值
OLS Residuals	0.48	7.00		
GWR 改善	0.34	11.97	0.0283	
GWR Residuals	0.14	12.03	0.0114	2.4688

表6-6给出了高斯距离权值（Gaussian Distance）的GWR模型各参数的估计值，模型整体上非常显著（P < 0.001），调整后的拟合优度（Adj. R^2）由OLS模型的0.878明显提高到0.934，即各自变量（旅游经济增长、人均物质资本、政府规模、产业结构、外贸依存度、人力资本）对因变量旅游产业结构水平的"解释力"提高至了93.4%。由方差分析结果（见表6-7）可知，GWR模型的残差平方和大幅降低了，因而同传统OLS估计方法相比，考虑了地理空间位置的GWR模型的整体拟合效果较好，区域旅游经济增长对经济发展的作用在空间上具有异质性。

进一步结合GWR模型结果（见表6-8）从局部区域分析旅游经济增长对经济发展的关联程度。由表6-8可知，各省（区市）拟合优度（R^2）均在0.847以上，且旅游经济增长的系数均在0.010以上。但仅有新疆、宁夏、西藏、甘肃、内蒙古、四川、陕西、湖北和青海这9个中西部省份通过了10%的显著性检验水平,这表明我国西部省(区市)旅游经济的增长对地区经济发展的促进作用更显著。新疆、宁夏、西藏、甘肃、内蒙古、四川、陕西、湖北和青海这9个省份的旅游总收入每增长1%,地区人均GDP分别增长5.87%、10.46%、10.32%、10.68%、9.85%、11.38%、10.37%、13%、10.7%。

表6-8 区域旅游经济增长对经济发展作用的GWR模型估计结果

地区	C	Local t	lnX1	Local t	Local R²
北京	7.6681	4.3664	0.0587	0.7433	0.9475
天津	7.7517	3.7011	0.0417	0.4093	0.9570
河北	7.8237	3.4413	0.0391	0.3650	0.9628
山西	7.5600	5.7089	0.0865	1.3053	0.9369
内蒙古	7.4816	7.5847	0.0985***	1.9830	0.9243
辽宁	7.9570	3.2470	0.0100	0.0722	0.9495
吉林	7.6420	5.1668	0.0666	0.8995	0.9181
黑龙江	7.7688	7.6021	0.0866***	1.6744	0.9121
上海	6.8589	2.8510	0.0999	0.7094	0.9394
江苏	5.9445	1.3352	0.1227	0.3729	0.9765
浙江	5.3929	0.8698	0.1194	0.2208	0.9494
安徽	5.9828	1.5388	0.1253	0.5387	0.9546
福建	7.5537	5.0170	0.1502	1.5986	0.8581
江西	7.0654	3.9688	0.1638	1.4398	0.8476
山东	7.3882	3.0563	0.0445	0.3255	0.9706
河南	7.2215	4.5037	0.0884	1.0131	0.9100
湖北	6.9929	5.2521	0.1300***	1.8814	0.8519
湖南	7.0513	4.5460	0.1369	1.3648	0.8523
广东	7.8244	2.5909	0.1160	0.4828	0.8768
广西	7.3461	2.2899	0.0629	0.2416	0.9438
海南	7.6100	6.3375	0.1097	1.5822	0.8874
重庆	7.2440	5.0799	0.1117	1.2576	0.8972

续表

地区	C	Local t	lnX1	Local t	Local R²
四川	7.2647	6.6956	0.1138***	1.9721	0.9211
贵州	7.3556	3.5922	0.0800	0.5225	0.9336
云南	7.2487	5.4598	0.1057	1.4316	0.9394
西藏	7.9659	8.8637	0.1032**	2.1719	0.9280
陕西	7.3002	6.3683	0.1037***	1.9030	0.9032
甘肃	7.5642	7.8560	0.1068**	2.1255	0.9274
青海	7.6966	7.4955	0.1070***	1.7992	0.9427
宁夏	7.4341	7.7037	0.1046**	2.2461	0.9139
新疆	7.6681	4.3664	0.0587**	0.7433	0.9475

注：*、**、***分别表示在1%、5%和10%水平上显著。

为进一步分析我国区域旅游经济增长对地区经济发展作用的空间差异，现对区域旅游经济增长系数（lnX1）进行空间分级，可将我国31个省（区市）划分为四大类型：当 $0.116 \leq \ln X1 \leq 0.1638$ 时，属于第一等级，包括江苏、安徽、浙江、福建、广东、江西、湖北、湖南；当 $0.1046 \leq \ln X1 \leq 0.1138$ 时，属于第二等级，包括宁夏、甘肃、青海、四川、重庆、云南、海南；当 $0.08 \leq \ln X1 \leq 0.1037$ 时，属于第三等级，包括黑龙江、内蒙古、山西、陕西、河南、贵州、西藏、上海；当 $0.01 \leq \ln X1 \leq 0.0666$ 时，属于第四等级，包括吉林、辽宁、河北、北京、天津、山东、广西、新疆。可知，我国东南部地区的系数估计值最大，西部较大，北部地区次之，而东北和新疆较小，即在东南和西部地区，旅游经济增长对地区经济发展的作用较大。

第三节 小结

一 主要结论

本书首先采用空间交互作用的面板数据,运用空间面板数据模型实证检验了我国旅游经济增长与经济发展的作用关系,然后,采用2014年的横截面数据运用地理加权回归模型实证检验了我国31个省(区市)旅游经济增长对地区经济发展的作用方向和大小。研究表明:

(1) 2001—2014 年我国区域旅游经济增长对经济发展有非常重要的推动作用;旅游经济增长与经济发展存在显著的空间相关性特征,并通过地理位置和经济联系对邻近省(区市)经济发展表现出正向的溢出效应,但地理位置对邻近省(区市)的辐射与带动作用更为明显;我国31个省(区市)旅游经济增长对经济发展的空间溢出效应更多地体现在地区间结构性差异的误差冲击;物质资本与人力资本仍是推动我国经济发展最重要的动力,且物质资本的作用更大;旅游经济增长每提高1%,由旅游经济增长直接导致的经济发展为0.0899%,而其正外部性所导致的经济发展为0.0639%。

(2) 2014 年,新疆、宁夏、西藏、甘肃、内蒙古、四川、陕西、湖北和青海这9个中西部省份通过了10%的显著性检验水平,这表明我国西部省(区市)旅游经济的增长对地区经济发展的促进作用更显著,其余省(区市)的促进作用并不显著。具体而言,新疆、宁夏、西藏、甘肃、内蒙古、四川、陕西、湖北和青海这9个省份的旅游总收入每增长1%,地区人均GDP分别增长5.87%、10.46%、10.32%、10.68%、9.85%、11.38%、10.37%、13%、10.7%。

二 政策建议

基于上述研究结论，相对应地提出如下政策性启示与建议：

（1）应充分利用我国旅游发展的空间集聚和溢出效应，实施差异化的旅游开发模式和政策，特别是对旅游经济增长水平较高的省（区市）进行重点调控，将其作为旅游产业推动经济发展的集聚示范区，扩大其带动作用；对旅游经济增长欠发达地区给予政策优惠、财力扶持、人力支持等，避免形成旅游发展的塌陷区。

（2）积极开展我国旅游产业的布局规划和功能分区，在统一规划、区域差异和地区特色相结合的原则下进行开发，合理安排不同地区的旅游开发时序，重视不同地区旅游功能的互补与合作。

（3）更应重视我国各省（区市）旅游合作战略联盟内的互相协调与配合，具体表现在：打破省（区市）间的行政性障碍因素，建立旅游投资、旅游从业人员等资源要素自由流动的市场机制，合理配置各类旅游生产要素，提升并发挥好旅游经济增长对经济发展的促进效应；借助产业融合等不断延伸旅游产品的生产链，以此促进不同区域之间的旅游对接与合作，构建一系列差异互补的旅游产品供给链条来实现旅游客源在不同区域之间的扩散分流，最终实现区域旅游一体化使得旅游经济增长对经济发展的空间溢出效应不断强化；各省（区市）应从宏观、前瞻性的战略视角来进行旅游产业规划或制定旅游产业政策，充分利用旅游客源市场、旅游线路设计、旅游企业知识溢出、旅游产品市场推介、旅游产业空间集聚等条件，将旅游经济增长的空间微观溢出发挥出来，加强不同省（区市）之间的旅游交流与合作，以此扩大旅游经济增长空间溢出的范围。

（4）将区域间的空间相关性纳入旅游经济增长与经济发展的政策制定过程中，加强跨行政区之间旅游经济增长与经济发展的地理空间联系，以此减小由于空间距离的扩大而导致的空间溢出效应的降低程度，深入推动各区域之间的旅游互动，实现旅游经济网络化效能，具体表现在：建立旅游经济增长的发达与欠发达省（区市）之间的对话与合作机制、对口支援旅游工作机制等，以便为旅游经济增长对经济发展创造更多的溢出路径。

（5）新疆、宁夏、西藏、甘肃、内蒙古、四川、陕西、湖北和青海这 9 个省份目前应着重发展旅游经济，来带动地区经济的发展，同时，它们应充分借助旅游经济的正向溢出效应，推动整个西部地区经济的发展与繁荣。

第七章 基于空间溢出视角的中国区域旅游经济增长的政策建议

第一节 加强区域间旅游要素的合理流动

一 构建跨区域、多层次旅游交通协作体系

由第四章可知,旅游交通通达性显著促进区域旅游经济增长,但对邻近区域旅游经济增长仍缺乏有效辐射,即旅游交通通达性对旅游经济增长的作用尚未形成良好的省域联动机制。同时,由于区域旅游活动具有较强的时间与空间特性,这就给区域旅游交通的发展提出了更多的要求与挑战,因此,需要促进区域交通运输强度与运输网密度的不断提高,更重要的是,要利用我国逐渐完备的交通基础设施,根据旅游资源在空间上的邻近性、旅游产品的内在关联性,开展打破行政区域限制的地区旅游联合与协作,统筹考虑交通基础设施、游客运输服务与管理等,促进大区域游客运输能力的综合提高。

（一）完善区域旅游交通网络

完备省际旅游循环发展的硬件设施,尤其要注重对于连接重要集群节点和轴线的交通设施及其配套服务的建设。具体而言,各省份的中心旅游城市或交通枢纽要建设旅游集散中心,方便国内外游客的集

散；同时，各省份热点旅游目的地之间要加快直达交通线路的开通，构建通达的干线旅游交通网络。各省份通过完善内部交通基础设施以及优化省际交通网络，不仅对强化区域之间经济联系意义重大，而且还能有效促进区域之间旅游产业关联配套的完善和分工合作的协调，从而提升大区域的旅游产业效益，并优化其旅游产业空间布局。因此，需加快推动高效、安全、快速、大容量、低成本的综合交通网络的建设步伐，提高旅游地的综合交通通达性和承载力。

在有效整合省际旅游资源与要素、重组大型旅游集团的同时，要发挥好旅游资源、资本、人员、交通等各类旅游产业要素的集聚效应，从而在整体上提高旅游产业综合竞争力。具体就交通方面而言，要构建东、中部区域全方位向外辐射的骨架路网，提高西部旅游地的可进入性；在全面改善西部旅游交通结构时，要注重发挥主干道对于偏远旅游景区的辐射与带动作用，提高偏远旅游景区之间游客流动的便利性，促进客源市场形成环线运行趋势。

（二）促进旅游交通一体化发展

优化交通枢纽的空间布局，加强国际性综合交通枢纽和中西部重要枢纽的建设，并提升其内外辐射能力。完善枢纽的综合服务能力，强化客运零距离换乘，提升客运整体效率。通过航空、铁路、公路、水运、轨道交通等不同运输方式的互补，最大限度地发挥多种交通方式的客运能力和特色，实现不同运输方式的高效协调，并形成综合立体的高效、快捷的海陆空现代旅游交通客运体系，进一步提升交通为旅游服务的能力和质量。

借助城市群的发展，大力促进旅游交通的区域一体化发展，带动东、中、西部地区之间以及省际的旅游互动。具体而言，环渤海地区的京津冀、山东半岛、辽中南城市群，长三角地区的长三角、江淮城市群，长江中游的武汉、长株潭"3+5"、环鄱阳湖城市群，中西部地区的中原、关中、川渝城市群，华南地区的珠三角、海峡西岸城市群等应大力发展城际铁路、市郊铁路、城际公交等城际交通来促进旅游市场的同城化；构建旅游热点或中心城市的多簇群结构，并培育以旅游景区、特色小镇、县域等纵向嵌套的旅游交通溢出体系；鼓励开发交通通道沿线城市的旅游地产、旅游综合体，推进交通与旅游深度融合，促进二者协同发展。

（三）构建全方位、多层次的旅游交通协作体系

构建横贯东西与纵贯南北的海陆空综合运输大通道，加强建设进出疆、出入藏通道，重视构建东北、西北以及西南地区对外交通走廊和海上丝绸之路走廊。推动火车站和铁路轨道、汽车站和公路道路、民用机场、港口等交通枢纽的梯度建设和交通基础设施的合理布局，形成枢纽节点功能完善、内通外联的网络化布局。统筹发展城市交通和农村交通，促进形成覆盖广泛的旅游交通体系。鼓励旅游城市利用既有铁路发展城际铁路、市郊铁路，形成中心城市与旅游城市之间的多层次轨道交通骨干网络。完善设施数字化、驾驶自动化和运行互联网化的智能管理，低碳运输和节约资源的绿色化发展以及客运服务一体高效的旅游交通运输体系。重点客源城市间开通"夕阳红""冰雪旅游""丝绸之路""红色旅游"等类似的旅游专列。在提高对外通达性的同时，加强市内交通连通度，发展交通通道与旅游通道，重点建设旅游景点与既有交通的衔接道路，使游客能有效享受既有交通成果带来的便利性。

推进建设综合旅游交通体系，打破行政边界，共建和共享旅游交通设施，提高客运效率。利用旅游交通枢纽的辐射能力与带动效应，通过周围城市群旅游配套设施的建设，大力发展适合当地的特色旅游，加强不同区域之间以及区域内部旅游城市之间的良性互动，促进跨行政区以及区域内部旅游产业集群的形成，并发挥其空间溢出效应，从而推动大区域旅游经济增长。

二 促进旅游人才跨区域合理流动，带动旅游知识溢出

由第四章可知，旅游院校学生数对区域旅游经济增长产生显著的促进作用，但对邻近区域旅游经济增长的作用并不明显，即旅游人力资本对旅游经济增长的作用还未发挥其空间溢出效应，尚未形成省域联动机制。充分发挥旅游人才流动性及其知识技术外溢性的作用，是推动大区域旅游经济增长的关键，而这应当从旅游人才的培养、旅游人才流动平台的建设等方面综合考虑。

（一）加大旅游人才的开发力度

各区域应遵循旅游人才的发展规律，充分发挥政府对旅游人才开发与管理的引导功能，推动旅游企业成为旅游人才的开发主体，完善旅游人才的市场化配置机制，努力优化旅游人才的发展环境。具体而言，政府应当统筹安排、整体部署、同步规划旅游产业发展与旅游人才队伍的建设，编制旅游人才发展战略规划，创新旅游人才制度，完善旅游人才的选聘、培育、激励、保障等机制，破解制约旅游人才发展的体制难题。同时，加大政府对开发与培育旅游人才的投入力度，我国旅游"515"战略也提出开展旅游行业重点人才培训，继续遴选与培养旅游业青年专家，实施"国家万名旅游英才计划"；在全国范围内扶持一批旅游院校的旅游专业，在校内设置旅游类奖学金，并启动旅游系统先进集体与个人的表彰工作。另外，可以开展诸如"旅游人才培养论坛"等模式的旅游学术活动，来探讨有效推动当地旅游人才开发的具体实施方案，从而为熟知旅游理论与实践的专业骨干人才的培养奠定基础。另外，在旅游人才开发中要发挥旅游企业的主体作用，适当提高旅游人才在酒店、旅行社、旅游景区等旅游企业中的待遇，营造尊重旅游人才与知识的行业氛围。

（二）促进旅游人力资本结构的合理调整

促进旅游人力资本内部结构的合理调整，源头上，应推动完善旅游人才培养改革。具体而言，首先，需实施应用型本科教育改革。2014年由教育部发布的《高考普通高等学校本科专业目录》中将"旅游管理"升为专业类，成为一级学科门类；但是，在国务院学位办的专业目录中，"旅游管理学"仍为二级学科，这种情况不利于旅游管理学科的有序发展，更不利于旅游高等专业人才的培养。因此，旅游管理学成为一级学科是必然趋势，也是迫在眉睫的。其次，要加强应用型旅游本科教学改革。逐步探索由教育部门与旅游部门共同参与的旅游教育协商机制；开展产学研结合的旅游人才培养模式，推动旅游院校与旅游企业、行业协会等组织机构之间的紧密结合和对接，保证旅游院校师生与旅游企业人员之间交流渠道的畅通；本科旅游院系在教学中，应融入导游从业人员资格证等职业资格方面的课程，并加强实践教学课程，保证合理的实习时间。再次，应完善应用型旅游教育体系。在办学层次上，应用型旅游教育体系包括中等旅游职业教育、高等旅游职业教育、应用型本科旅游教育、旅游管理专业硕士研究生教育（MTA），因此，应完善旅游职教集团"纵向贯通、横向联合、中介参与"的运行机制；鼓励民办旅游院校，聘请具有丰富实践经验的资深旅游专业人士言传身教，加强校企合作等，使培养出的旅游人才能最大限度地满足旅游经济市场发展的需要。

促进旅游人力资本区域结构的合理调整。相较而言，东部地区旅游产业发展最快，且人力资本最为充足，而西部地区旅游人才匮乏，且自主创新能力较差，因此，应当积极搭建良好平台，促进区域之间的旅游企业合作与旅游人才的合理流动，实现各区域旅游人才与技术的优势互补。着力开展旅游发展先进地区与落后地区之间的旅游人才交流与合作模式，确保不同类型旅游人才的跨区域合理流动，优化我国旅游人力资本的区域结构，解决我国旅游发展中在区域上存在的旅游人才供需与结构性等方面的矛盾。

（三）建立科学的跨区域旅游人才流动机制

应建立科学、合理的人才流动机制，依靠旅游人力资本的合理流动来促进区域旅游发展所需要的旅游技术水平提升。首先，我国高校正在扩大高校人才招聘自主权，改革人事管理制度，逐步实行人员控制总量备案制，这破除了旅游高精尖人才跨区域流动的机制难题，因此，各区域高校可根据自身发展需要合理挖掘旅游高层次教师，实现旅游高层次人才在不同区域之间的合理流动。其次，根据本区域旅游产业发展需要，确定所需人才类型和技能，综合评估本区域与邻近区域的旅游人才规划方案，共同创建科学的旅游人力资源流通机制，开展跨区域的旅游论坛与会议，发挥旅游知识与技术的外溢效应，促进大区域旅游经济增长，提升其旅游产业整体水平。凭借区域间旅游企业的相互依赖性，构建旅游企业技术合作平台，促进区域间形成旅游企业技术开发与共享机制，实现区域间旅游企业技术的优势互补和良性互动。再次，各区域应着手统一建立和完善旅游人才流动的服务机构，并加速建设旅游人才信息网；建立健全一流的旅游人才交流集散地，推进旅游人才资源的空间合理配置；加快改革社会保障制度，实行社会化管理，降低旅游人才流动风险。

第二节 转变旅游经济增长模式，促进跨区域技术交流

一 持续提升生产率，实现旅游经济可持续增长

由第五章可知，我国旅游经济增长的主要推动力是资本投入，仍具有明显的粗放型特点，技术进步是我国旅游业全要素生产率增长的主要推动力量。因此，我国旅游经济可持续增长的关键是转变过分依

赖资本、人力等要素投入的粗放型旅游经济增长模式，提高旅游经济效率和增长质量；旅游开发向集约型转变，更加注重节约资源能源和保护生态环境；在大区域内整合资本等旅游投入要素，提升其关联带动效应。

（一）提高旅游产业生产效率

实现区域旅游经济可持续增长的关键在于由过分依赖要素投入转变为持续提升生产率，避免过早的资本深化。由第五章可知，环境约束下旅游效率是由宏观层面的经济政策导向驱动、中观层面的旅游生产单元价值驱动和微观层面的旅游消费需求刺激驱动共同影响的。因此，具体建议为：

首先，宏观层面上，应通过政策的实施和旅游投入力度的加大来加强区域旅游项目的建设，这对区域旅游经济效率的整体提升具有指导性作用。各区域应当以旅游市场的供求规律为基本原则，根据自身旅游业发展特征，科学调整、合理规划旅游资本、劳动力和能源等投入要素与旅游营业收入、旅游污染物等产出要素之间的比例关系，这是实现区域旅游产业整体协调、高效、可持续发展，以及提升旅游经济效率的关键。

其次，中观层面上，促进旅游生产资本的多元化投资，改革旅游企业产权体制，调整旅游企业规模和内部结构，促进旅游要素的自由流通和合理配置。如积极学习国外先进的旅游企业管理技术，提高旅游企业管理水平，从而充分调动旅游从业人员的工作热情，发挥主观能动性，为企业创造更大的经济价值；在旅游企业内部建立完善的、科学的激励机制和管理模式，避免盲目依靠增加资本投入来提高旅游企业效率；旅游企业应适当加大旅游研发投资，加强与旅游院校、科研机构等的合作，引进先进的生产技术，引入科研骨干深入企业内部展开调研，在实践中开发技术，并运用技术来解决实践中所存在的问题，以此来加快开发和生产具有自主知识产权的高端旅游技术和特色旅游产品，实现从旅游产品的开发、设计、生产到销售都增加技术含量，提高旅游产品的质量。

再次，微观层面上，鼓励带薪休假制度以及合理加大城市综合体的建设力度，刺激旅游消费需求；在大区域内设计环形旅游线路，吸引沿线旅游者，提高旅游资源利用率；采取差异化旅游产品开发策略，发挥协同效果，提高区域旅游吸引力，并升级旅游消费水平。

最后，就各区域而言，东部地区的天津、山东、广东、江苏和浙江，中部地区的山西、河南、湖北、黑龙江、湖南和广西，西部地区的青海和宁夏等环境污染治理投资占 GDP 比重对环境约束下旅游业 TFP 具有显著正向作用的省市应加大环保投资力度，改善产能。东部地区的福建、天津、河北、江苏、浙江和上海，中部地区的江西、内蒙古、湖南、黑龙江、安徽、山西、河南、广西和湖北，西部地区的重庆、陕西、甘肃和四川等地的旅游企业规模变化量对环境约束下旅游业 TFP 具有显著正向影响的省市应保证旅游企业规模能够满足旅游发展需要，不断优化人力资本结构和旅游产业要素结构，提高旅游要素的利用效率，扩大地区旅游发展的规模效应，并提高旅游市场信息反馈机制的效率，提升旅游市场需求与现实生产力之间融洽对接效能。东部地区的海南、辽宁、福建、上海和北京，中部地区的吉林、江西、安徽和内蒙古，西部地区的云南、贵州、四川、甘肃和新疆等非农业人口占总人口比重对环境约束下旅游业 TFP 具有显著促进作用的省市应进一步加快城镇化进程，实现"旅游城镇化"与"城镇旅游化"共同、协调发展。

（二）转变旅游经济增长模式

将我国旅游经济增长模式由高投入、低产出、高污染的粗放型转向低投入、高利用、低能耗、低污染的集约型是十分迫切的任务。

首先，应优化旅游产业结构，具体而言，合理调整食、住、行、游、购、娱等旅游产业各部门的构成比例以及资本、劳动力等旅游产业生产要素在各部门之间的投入比例，使各部门能够相互促进、配合与协调，从而有利于提高区域旅游产业综合能力；不仅旅游经济的总体增长速度和规模要适应旅游市场的需求与消费结构，以及第三产业和国民经济的发展要求，而且旅游产业内部各部门的增长速度和规模要相互协调和平衡；加快发展购物、游览、娱乐、邮电通信等高需求收入弹性、高附加值部门，引导旅游产品向休闲、度假、娱乐形式转变；依靠技术进步促进旅游产业结构的高级化，加大技术改造和设备更新的力度，不断扩大各种高新技术在旅游业中的应用，提高科技贡献率，逐步增强科技进步对旅游经济的带动作用。

其次，现阶段，旅游能源消耗量和旅游废弃物数量的日益增加均是旅游业环境压力逐渐加大的诱因，因此，坚持有效利用资源、节约能源、保护环境的旅游开发原则，最大限度地减少旅游景区、酒店等旅游企业和旅游者废弃物的产生，保证旅游资源与能源的可持续利用，发展低碳旅游经济，使能源消耗、环境保护与区域旅游经济增长能够"多维"协调发展。

最后，可采用政策和经济手段，促使旅游产业要素从低效率的部门转移到高效率部门，引导旅游业向高能效的方向发展。中西部地区在发展旅游业过程中，更应重视生态保护、资源节约与文化传承，推动旅游产业向服务优质化方向发展，实现标准化与个性化服务的有机结合，使区域旅游朝着更科学、更健康、更可持续的发展模式转型。

（三）提升旅游要素的关联带动效应

旅游经济效率的提高应重视旅游要素关联带动效应的发挥，尤其是旅游资本和劳动力等投入要素。首先是旅游要素的产业关联效应。推动旅游资本和劳动力等投入要素的跨行业合理流动，充分发挥其产业关联与带动效应，推进旅游产业与其他产业的融合发展，形成一些工业旅游、农业旅游、文化旅游、景观房产等与旅游产业相互渗透与融合的新型产业形态，并促进区域旅游业与关联产业或相关配套产业的协调发展，优化、升级旅游产业结构，从而提高区域旅游经济效率。其次是旅游要素的空间溢出效应。促进邻近区域间旅游企业在资本投入和劳动力方面的合作与交流，引导旅游生产要素的跨区域流动与集聚，着力提高区域旅游要素投入与旅游经济产出对邻近区域旅游经济增长的正向溢出效应。充分利用区域旅游合作平台，大力推进跨省旅游合作，诸如旅游资源的共同开发、旅游要素的合作整合、旅游产品的协作创新等，从而推进旅游市场一体化的形成，并打破地区行政封锁，实现旅游生产要素在大区域内的优化配置，最终达到区域共赢的目的。

（四）大力推动生态旅游的发展

实现区域旅游经济"又好又快"增长，应推进"生态旅游"和"低碳化旅游"的普及发展。发展生态旅游能够保护自然生态系统，改善旅游目的地居民生活水平，带动区域旅游经济发展，它属于环境友好型的可持续旅游。开展生态旅游，要坚持以科技为支撑，加大循环经济的发展力度，完善生态旅游发展的配套设施，在最大限度地降低旅游业发展对自然环境破坏的同时，确保区域旅游开发战略目标的实现，从而促进人与自然和谐，产生旅游活动的和谐美。各区域应着力开展与生态旅游相关联的节能减排、生态效率、绿色发展、可持续管理、生态资源开发补偿机制等内容的研究，响应生态文明建设战略。就各地区而言，首先，东部地区旅游产品开发需改变当前旅游产品结构，进一步向新的深度和广度开拓，重点加强生态旅游产品、休闲旅游产品、保健旅游产品和乡村旅游产品的开发力度，逐步完善旅游产品体系结构。在旅游产品开发过程中，要坚持旅游开发与生态保护相结合、新产品开发与传统产品优化相结合的原则，以旅游新需求为引导，实现旅游产品的品牌化、主题化、精品化和个性化。树立"大旅游"的发展观念，重点考虑旅游资源的整合开发，共同把区域旅游市场做大、做强，保证大区域生态旅游的高效、良性发展。其次，中西部地区旅游设施建设和旅游经济发展均相对落后，因此，一定要在规划和制度层面处理好保护与利用的关系。推进中西部地区开展生态旅游资源的开发，能够为当地吸引资金、人才与技术，并且在生态旅游产业的带动下，可将引入的资金用于高效设施与产业部门的建设中。

二 促进旅游技术跨区域交流，发挥旅游效率"增长极"效应

由第五章可知，我国旅游经济效率的变动存在着明显的区域差异，平均增长率为东部地区＞中部地区＞西部地区。同时，我国旅游经济全要素生产率平均水平具有较高的集聚程度，相邻近区域之间具有显著的相似性。因此，应基于旅游产业链不断加强跨区域旅游合作，促进不同区域之间旅游经济的良性互动与协调发展；推进旅游企业生产技术的跨区域交流，依托技术特征优化区域旅游产业结构，带动区域旅游经济的发展；充分发挥旅游经济效率"增长极"的正向空间溢出效应，促进大区域旅游经济效率的提升。

（一）利用旅游产业链，加强跨区域旅游交流与合作

各地区可基于本地化整合，利用包括人力资源和原材料等要素在内的本地资源，以旅游产业作为龙头，通过对其他旅游企业进行整合以及业态间、区域间的协同作用形成产业链系统，使系统中的客源流、消息流、物质流等要素实现共享，从而促进区域旅游产业整体竞争力的提高，更好地满足旅游者的消费需求，促进旅游资源的优化，并实现区域间协同发展。推进旅游产业链模式是实现区域旅游发展系统优化与高级化的过程，能够实现区域间旅游经济的协同发展，加强各区域旅游资源的横向整合。对于旅游产业链的整合，要尊重区域自然资源禀赋基础和历史文化积淀，促进旅游产业与传统产业的融合，依托资源潜力、传统特色产业、市场区位以及交通区位等要素，围绕旅游

活动所需的商业模式创新和现代信息技术，推进旅游产业与农业、工业以及现代服务业融合发展。并且，通过促进区域间各产业、投入要素以及行为主体在区域范围内的相互联合，以及在竞争与合作中的不断演化和融合，以达到资源的有效配置与利用，从而取得最佳的经济、生态、社会综合效益。另外，基于对旅游产业价值链各环节的整合与协调，有效创造顾客价值，最终实现旅游产业链利润的最大化。

（二）加大技术创新力度，推进区域间技术交流

技术创新是旅游产业健康发展的根本保证，技术进步是推动旅游企业生存与发展的重要措施。随着旅游经济的发展，以及各种水平旅游技术创新体系的建立，由此推动旅游产业效率溢出效应的产生，而这种溢出效应能否起到提高旅游资源利用效率的作用，关键在于旅游效率较低的省域能否吸收旅游效率较高省域的技术。因此，为促进区域旅游产业发展，应当强化技术创新，努力推进区域间技术交流，促进旅游产业整体效率的提高。各省域政府应加强合作与交流，合理安排，统筹规划，构建统一的旅游信息交流、技术创新平台，提供优质的公共服务等，为推动区域技术创新与流动营造良好的环境。基于各地区旅游资源和技术水平的差异，可以有针对性地构建垂直分工型的技术合作模式。利用东部地区先进的技术经验以及中西部地区丰富的旅游资源，实现优势互补，开展技术交流，主要通过建立跨区域旅游合作模式，利用各区域技术、资源优势，促进有序的市场竞争和产业规模的形成。

（三）充分发挥旅游效率"增长极"的空间溢出效应

充分发挥旅游效率"增长极"的空间溢出效应意义重大，因此必须高度重视邻近区域旅游产业在经济、资源、技术等方面的交流与合作，促进旅游生产要素的跨区域流动，促进旅游经济的协同发展。充分发挥东部地区旅游效率"增长极"作用，形成示范效应，并加强东部与中西部的旅游经济交流，营造和谐的外部环境来引导地区间旅游

协作或旅游产业互动,从而促进旅游发展网络化经济效能的实现。要实现溢出效应的最大化,还需遵循规模经济的递增规律,促进其他区域旅游产业与"增长极"的关联度,形成互惠互利的旅游发展区域,更加有效地吸引外部客源市场,提高区域旅游产业的整体竞争力。各区域在统筹旅游发展战略时,需重视邻近地区旅游产业的溢出效应,并打破行政边界束缚,推动跨区域协作。积极发挥区域旅游产业集群的规模优势,科学地整合劳动力与资本等生产要素的比例关系,实现区域旅游产业协调、高效发展。

第三节 优化区域旅游空间结构,促进旅游空间一体化建设

一 开展旅游空间的分工与合作,优化区域旅游空间结构

旅游功能是区域旅游空间分工与合作的重要依据。在区域旅游经济的发展过程中,各行政区域在"大区域"中的旅游分量能够等级分明、旅游功能可以相互配合,都是依靠区域之间旅游资源与旅游市场的合作,最终达到优化大区域整体旅游效益的目的。若要推动旅游功能互补的区域旅游合作,应当构建区域间精品旅游线路,并依靠空间集聚来优化旅游产业的空间结构。

(一)依托特色旅游资源,打造区域间精品旅游线路

各区域应充分协调、利用旅游空间,实现旅游资源共享、促进区域旅游合作,结合各区域旅游资源的特点,基于对各层次旅游客源市场的分析,制定不同主题的精品旅游线路。区域旅游需要坚持开放发展,着力引入具有跨界旅游开发实力的旅游企业,开展多层次、全方位的合作模式,加强与周边区域或邻近省域的互动交流,拓展旅游开发项目,促进区域间合作层次的提升。强化区域发展优势,创新区域

旅游的联合管理方式，通过构建合理的利益分配机制，明确并规范各旅游区域、旅游企业的权责，协调跨区域的利益纠纷。中西部地区可以依托旅游资源历史悠久、自然景观奇美、旅游文化资源丰富底蕴深厚等特点，打造"古中国游"的旅游路线，开发特色旅游活动，扩大中西部旅游产业规模，促进旅游经济的提高。东部地区可以依托完善的旅游产业结构以及基础设施等旅游产业发展优势，促进旅游产品的深度挖掘和综合开发。还应当打造区域间旅游产业的标志性旅游产品，以此发展区域系列品牌游，依靠区域间整体旅游特色，强化各区域旅游规划部门的协调配合，使资源的区域特色和优势得到发挥。同时，旅游路线和产品的开发不仅要有创新理念与精品意识，还要树立强烈的宣传推广意识，促进知名度的提高。

在基于多元文化与资源特色开发旅游路线与产品时，要根据不同类型旅游者的需要满足其不同层次的旅游需求，对各区域旅游景点的特色准确定位，使得旅游路线和产品实现有机串联。推进旅游产品结构模式的更新，推动旅游产品的创新与换代升级，在发展观光旅游的同时，推出生态旅游、探险旅游、体育旅游等新形式旅游产品，建立东中西部各区域大旅游线路，降低旅游产品对资源的过度依赖，延长旅游产品生命周期。通过对各区域旅游资源的有效整合与共享，打造精品区域旅游线路、旅游产品，利用地理空间分析技术对旅游资源进行空间形态的集聚分析，使旅游资源得到充分共享和利用，从而实现旅游资源的有效整合，促使形象鲜明、主题各异的跨区域旅游线路、旅游产品的形成。

（二）依靠旅游产业空间集群，优化旅游空间结构

现阶段，倡导旅游产业集群化发展模式能够在总体上迎合旅游产业发展趋势，减少旅游产业发展成本，并延伸旅游产业价值链，对推动旅游产业转型升级、提高旅游经济发展水平具有重要意义。另外，集群化发展能够刺激区域旅游产业展开竞争与合作，激发旅游产业部门的创新能力，进而提升旅游产业整体竞争力。在国家层面上，需要制定旅游集群发展的总体战略，全面协调集群化发展模式。在省际层面上，深入开展集群区域内各省政府的交流与合作，共同协商旅游集群化发展战略，冲破旅游壁垒障碍，促进区域旅游产业综合实力的提升。要实现各区域旅游产业信息共享，借助信息科学技术，促进旅游产业科技化、信息化水平的提升，使集群创新与技术扩散的优势得到充分发挥。同时应当优化旅游产业集群发展的管理机制。改造、完善旅游集群区域中的基础设施，缩短各区域间基础设施差距，最大限度满足集群化发展的需要。还需依靠市场力量引导旅游相关企业进入旅游产业集群化的建设队伍，注重对旅游企业及人力资源管理水平的提升，确保旅游者权益不受侵害，确保旅游市场规范化以及市场竞争机制的合理性。对于旅游产业管理部门而言，应当为旅游企业的互动搭建交流平台，培育区域旅游产业的中介组织，促进旅游产业集群内的旅游企业合作，建立长效激励机制，促进旅游企业创新。建立合理、公平的旅游集群市场环境，加强旅游企业间深入交流，从而带动整体绩效的提高。而品牌建设是旅游产业集群获得成功的关键所在，可以利用整体品牌促进对外宣传力度的提升，达到宣传的合力效用，不断提升区域旅游品牌价值，壮大区域旅游产业集群的竞争力。

二 政府为主导促进"无障碍旅游"，推进一体化区域旅游合作

政府行为对于旅游产业发展、一体化区域旅游合作的形成具有决定性作用，政策支持是区域间无障碍旅游发展模式构建的重要保障。政府应着力解决好参与区域旅游合作的各区域间旅游资源、区域旅游品牌形象、旅游空间布局的整合与共享的问题，这是促进旅游要素合

理流动与资源有效配置的关键，是促进区域旅游产业可持续发展的重要保证。

（一）政府提供强政策动力，推进区域旅游合作

行政壁垒向来都是我国区域旅游发展的重要瓶颈，区域旅游合作当中，制定科学、合理的政策对区域旅游合作的影响力巨大，良好的政策环境能有效保障区域旅游合作。首先，在各旅游区域实际开发过程中，应当加强政府对无障碍旅游发展的引导工作，发挥政府在旅游政策制定中的核心作用，由政府带头来完成旅游市场的部署、旅游政策的制定以及旅游基础设施的协调、统一建设。其次，区域旅游合作的推进，也需要在政府层面给予更多的政策保障与支持。各省政府应当突破地方保护主义观念以及地区行政区的障碍，完善区域旅游合作的规章和制度，加快区域旅游合作一体化的进程。政府需要制定相关旅游政策，激发区域间旅游产业的积极合作意识，全力激发旅游合作组织的功能，充分利用其组织优势，打破区域限制，确定各区域的比较优势，通过资源优势互补以及重点开发促进旅游发展。各区域还应当从合作制度、服务质量、旅游安全等方面入手，构建区域旅游合作的旅游软通道，依靠旅游政策促进旅游合作主体多元化的形成，鼓励旅游社区、旅游企业及非政府组织参与跨区域旅游合作，促使跨区域旅游合作形成合作程度深、参与主体多、涉及面广的合作模式。另外，政府应该在深入优化旅游产业的同时，积极、稳步地完善区域旅游合作收益分配机制，通过建立政策协调机制、采取政策手段来协调利益分配问题，各区域应从促进整体产业发展的角度出发，基于清除由政策造成的合作壁垒，通过制定相关政策展开多边磋商，以形成统一的协调与合作框架，保证区域旅游合作的顺利推进。

（二）深入推进旅游市场改革，形成旅游发展的"制度红利"

政府需要明确在旅游市场规制中的角色定位，不能随心所欲地干预旅游产业的发展，而是应该根据效率要求来确定政府行为的边界。政府要尊重旅游市场的经济运行规律，以使旅游市场在旅游合作中的作用得到充分发挥，这需要政府转变职能、简政放权，推行旅游产业政企分开模式，激发各旅游行业协会积极性，确保市场准入标准、运行规则的公开透明。还需鼓励、扶持特色旅游企业、专业旅游经营机构，实现优势旅游企业跨行业、跨所有制、跨区域兼并重组的落实，确保跨界产业联盟、集团的融合。积极推进旅游企业改制，政府需要根据实际情况弱化对旅游企业运营的干预，应促使其按照市场机制在竞争中寻找生存空间，促进经营效率的提高，并鼓励、支持旅游企业做大做强自主知识产权的品牌或民族品牌。另外，政府还应当加大金融扶持与财政支出力度，采取新形势下的国家财政政策，落实促进旅游发展的相关措施，重视旅游人才培养、宣传推广、公共服务体系建设，加强政府引导，成立旅游产业基金，为符合上市要求的旅游企业提供便利，让旅游企业和其他相关部门能够在政府的支持下形成旅游发展的"制度红利"。

要想打造中国旅游经济的升级版，还应强化旅游市场管理体制创新。我国旅游产业发展近40年的经验表明，强化对旅游产业的协调管理力度是保证旅游市场合理运营、稳步发展的重要前提，而当前国内旅游市场混乱的管理体系严重阻碍、制约旅游经济增长，旅游产业发展需要警惕市场管理体制弊端所产生的严重后果，优化、改革市场管理制度，构建科学管理模式。打造"全方位""立体型"系统协调与多维合作的旅游管理体制，努力强化旅游产品组合度与优势度，极力提高区域旅游效益的乘数效应，转变旅游产业的政策性、功能性增长，并依靠区域旅游整合式发展带动产业可持续的体制性、结构性发展。

第四节　利用旅游经济增长与地区经济发展之间的正外部性,实现二者的良性互动

由第六章研究结论可知,区域旅游经济增长对地区经济发展具有重要的推动作用,旅游经济增长与经济发展存在显著的空间相关性特征,并通过地理位置和经济联系对邻近省(区市)经济发展产生正向溢出效应。同时,由第四章可知,地区经济发展水平对区域旅游经济增长也具有正向促进作用。因此,应当利用区域旅游经济增长与地区经济发展之间的相互促进作用以及正向空间溢出效应,有效实现二者的良性互动。

一　发挥旅游经济增长及其正外部性对地区经济发展的促进作用

旅游经济增长对地区经济发展具有显著的拉动作用,因此,为了更好地发展地区经济,应大力推动区域旅游业的发展,并有效发挥其对邻近区域的正向溢出效应。

(一) 加强旅游产业基础设施建设

在交通方面,应通过建设便利、完善的旅游交通设施,提高旅游目的地的可进入性和游览便利性,为区域旅游经济的快速增长奠定基础。在住宿方面,应当加快建设不同档次的酒店,特别是在旅客集中地,从而为旅游者提供个性化、多样化的住宿条件,满足各类旅客住宿需求。在饮食方面,可大力推广特色小吃与品牌餐饮,建设特色化、规范化、标准化的餐饮服务设施。在旅游服务方面,地方旅游部门应加强对从业人员的培训,加强业务能力与服务知识的引导,从整体上提高服务素质和服务效率,从而给旅游者提供最上乘的服务。

(二) 加大旅游产业资金的投入力度

为促进旅游产业的发展,需要投入大量资金,主要用于开发和规划旅游资源、引导建设旅游项目、培训旅游产业人才以及宣传促销旅游目的地形象等方面,而这些需要政府、企业、市场以及社会全方位参与其中,形成多渠道、多元化的融资格局。具体而言,成立专项旅游产业发展的扶持基金,用于带动区域旅游经济整体增长,包括提高旅游招商引资强度、加大旅游宣传力度等方面;在现有旅游产业发展水平和规模的基础上,促进多元化旅游市场的形成,提升旅游发展档次,实行旅游资源所有权与经营权分离,吸引更多社会资金用于旅游产业投资。总之,应根据区域旅游发展需要,将财政资金用于旅游业最为关键的部门,使资金优势得到充分发挥,实现区域旅游产业健康、有序、高效发展。

(三) 推进旅游产业与相关产业融合发展

旅游产业同文化产业、交通业、农业等其他产业的关系密切,是一个关联性极强的产业。具体而言,旅游产业与诸多产业均具有互相影响、互相依存的关系,从社会需求角度来看,旅游产业生产过程的完成需要借助其他产业的配合以及其他部门诸多要素的投入;从社会供给角度来看,旅游产业所生产的商品作为旅游要素而投入到其他产业或部门当中,即其他产业或部门直接或间接消耗旅游产业提供的服务与商品。旅游产业通过纵向或横向、直接或间接、完全或非完全的产业关联,与其他产业或部门相互影响。因此,我们要重视产业之间的联系效应,大力发展农业旅游、工业旅游、文化创意旅游、景观房产等新型产业。推进旅游产业与相关产业融合发展,不仅能从增加供给角度来扩大、刺激旅游消费需求,又能从生产需要角度来推动其他经济部门的发展,从而最大限度地发挥旅游产业对经济增长的影响作用,实现区域经济整体增长。

（四）重视旅游人才的引进与培养

各区域应该创新旅游业用人机制，坚持人才引进与培养并举，着力打造以旅游企业、高校以及对口专业培训基地为载体的旅游产业人才培育体系。应建立健全旅游人才流动机制，加大对旅游人才引进的宣传力度，营造积极的人才引进环境，建立合理、科学的旅游人才引进制度以及稳定、完备的社会保障体系，促使旅游人才引进、激励机制得到强化，吸收众多熟知国内外旅游业理论的精英以及精通现代旅游产业经营手段和技术的专业人才。各地区应认真做好旅游人才规划工作，以需求导向战略、机制驱动战略、专项建设战略以及模式创新战略为指导，从管理策略、资金投入、政策措施、结构调整等多方面保证旅游人才开发的适度超前，确保旅游人才素质与旅游产业发展的同步，使得旅游人才数量、结构均能与旅游经济发展相适应，实现区域旅游人才的引进、培养与旅游产业跨越式发展之间的良性互动。

（五）打造区域旅游品牌，发挥空间溢出效应

区域旅游品牌是在科学规划、整合区域旅游资源的基础上，依靠各种途径和渠道进行宣传、推广而形成的。打造旅游品牌对于推动区域旅游产业发展具有导向作用，如果区域旅游品牌所树立的口碑较好，就意味着区域旅游价值和优势的提升，这有助于增加客源量，并提高市场占有率。由此，打造区域旅游品牌，促进旅游地美誉度的提升是增强区域旅游核心竞争力的必要保证，而旅游品牌产生的品牌效应也能惠及邻近区域。

应充分利用区域旅游经济增长的空间集聚和溢出效应，实施差异化的旅游开发模式和政策，特别是对旅游经济增长水平较高的省（区市）进行重点调控，将其作为旅游产业推动经济发展的集聚示范区，扩大其带动作用。同时，对旅游经济增长欠发达地区给予政策优惠、财力扶持、人力支持等，避免形成旅游发展的塌陷区，有效抑制其对邻近区域的负向溢出效应。

二 加强经济发展及其正外部性对旅游经济增长的支撑作用

发达的经济水平会给区域旅游发展带来便利的交通、健全的基础设施、雄厚的财政支持等，这是区域旅游产业高速、持续发展的坚实基础。

（一）加快地区经济发展水平的提升

只有当地区经济发展与旅游产业发展都处于较高水平，二者具有较高的耦合协调度时，才能更好地发挥相互的促进作用。因此，在推进旅游产业快速发展的同时，必须加快地区经济的发展，从而为区域旅游经济的发展提供强有力的经济支撑。这一过程需要推进新型工业化的发展，发挥区域所拥有的资源优势，对产业结构和布局进行合理优化，并统筹区域内外发展。着力打造以旅游产业为主的现代服务业，提高产业的投入与产出比，重视区域旅游产业在经济发展中的地位。还需发挥政府对地区经济发展的主导作用，吸引并集中资金和力量，加快区域产业集群和经济圈建设，加强邻近区域间的经济联系与合作。大力推进各领域的自主创新，促进经济增长动力从依靠物质与资源消耗为主导的发展模式向创新驱动型发展模式的转变，培育地区经济发展的核心竞争力。

就各地区而言，东部地区应充分利用区位环境优势，发挥带头作用，以市场为导向，提升地区经济发展综合实力，优化地区经济产业结构。强化政府的宏观调控，切实落实有助于推动中西部经济发展的政策，充分激发中西部地区的发展潜力；开展"旅游扶贫"等项目，来发挥其自然旅游资源、历史文化底蕴等优势，生产具有创新性和地方特色的产品，将各种优势转化为经济发展动力，以此推动区域特色旅游产业以及整体经济的发展。

（二）积极推进新型城镇化的建设

加快新型城镇化建设是我国旅游经济发展的强大动力，伴随着新型城镇化的高速推进，旅游经济发展的潜能也将得到充分的释放。在推进新型城镇化建设时，应当合理整合土地、人口、资本、生态环境等，形成城镇化建设的合力。在建设新型城镇化环境中，政府应该统筹各产业部门以及乡村和城镇的发展，通过信息化带动农业现代化和工业化，促进区域旅游产业的发展，推动区域产业结构升级。同时，在这一过程中，通过发展旅游等第三产业、优化区域产业结构，可以有效反哺区域新型城镇化，从而实现新型城镇化建设与旅游产业发展的循环促进作用。新型城镇化建设不能被孤立看待，应基于各区域之间互利共赢的角度统筹谋划，并挖掘城镇化对旅游经济发展的空间溢出效应，促进各区域共同推进新型城镇化的建设和旅游经济增长的实现。

第八章 研究结论与展望

第一节 主要结论

本书在梳理国内外研究进展和理论的基础上，首先分析了我国区域旅游经济发展状况，然后基于空间溢出视角分别对我国区域旅游经济增长因素、旅游经济效率、区域旅游经济增长对地区经济发展的作用进行了实证研究，据此，提出了我国区域旅游经济快速、可持续增长的政策建议。主要研究结论如下：

（1）中国区域旅游经济增长存在显著的空间依赖性。

我国区域旅游经济增长呈现出"东—中—西"梯度递减的空间格局，即旅游经济增长水平较高省（区市）主要位于东部地区，较低的省（区市）集中在西部地区。2001—2014年我国区域旅游经济增长的绝对差异呈扩大态势，相对差异则呈缩小态势。相邻省（区市）旅游经济增长水平影响本省（区市）旅游经济增长水平向上面或向下面等级转移的概率。

不同区域旅游经济增长之间存在较强的空间正相关，即具有相似增长水平的省（区市）在空间上表现为显著的集聚特征，邻近省（区市）的旅游经济增长对本省（区市）的旅游经济增长有推动作用，且2001年以来我国区域旅游经济增长的空间互动效应稳定发展。

（2）我国区域旅游经济属于典型的要素、内生技术、制度质量驱动型增长，各影响因素对邻近省（区市）旅游经济增长产生不同的空间溢出效应。

在我国旅游经济增长因素的实证研究中应充分考虑省际的空间联动效应，纳入因变量的空间滞后项和自变量的空间交互项的空间杜宾面板模型是研究我国区域旅游经济增长因素的最佳模型。本省份的旅游企业固定资产、旅游资源禀赋、旅游院校学生数、市场化指数、旅游交通通达性、地区经济发展水平对本省份的旅游经济增长产生明显的促进作用，其中市场化指数的系数值最大，其次为旅游资源禀赋、旅游院校学生数。可知，我国旅游经济增长主要依靠土地、资本等生产要素的投入，以及制度质量的提高和人力资本的投入，而不是通过追求技术进步来获得的，属于典型的要素、内生技术、制度质量驱动型增长。

旅游资源禀赋、市场化指数对所有省份的旅游经济增长有促进作用，其中市场化指数的系数值最大。旅游资源禀赋对其他邻近省份产生显著的正向空间溢出效应。

旅游从业人员数、地区旅游环境对本省份旅游经济增长的作用不显著，但通过"资源截流效应"对相邻近省份旅游经济增长产生显著的负向作用；旅游企业固定资产的间接效应大于直接效应，这导致旅游从业人员数、地区旅游环境、旅游企业固定资产对所有省份的总效应为负。旅游专利授权数量、地区价格水平对本省份及相邻近省份旅游经济增长的作用均不显著。

（3）技术进步是环境约束下旅游业全要素生产率增长的主要推动力，旅游经济增长最主要的推动力仍是资本投入，具有明显的粗放型特点。环境约束下旅游业全要素生产率具有较明显的空间溢出特征。

①从时间变化特征来看，2001—2014年环境约束下中国旅游业TFP的年均增长率为4.1%，技术进步是其增长的主要推动力量。尚

待提高的效率状况使得我国旅游业发展中现有资源和技术的潜力还没有得到充分挖掘，通过改善效率来提高旅游业增长还存有余地。

除少数特殊年份外，中国旅游业 TFP 均表现为正增长，且呈波动式发展。2001—2014 年旅游业 TFP 增长对我国旅游营业产出的贡献率仅为 32.21%，我国旅游业发展仍具有明显的粗放型特点，旅游业还未真正实现由粗放型向集约型增长模式的转变。资本投入仍是我国旅游业增长的主要推动力，我国旅游业增长仍具有"高投入—高产出"模式。2001—2014 年旅游业 TFP 增长对我国旅游污染物排放量的作用率为 59.53%，我国旅游业生产效率低下仍是其污染产生的主要源泉。

②从空间特征来看，2002—2014 年我国各地区旅游业 TFP 大小不断变化，均呈波浪式发展。我国旅游业 TFP 的变动存在着明显的区域差异，平均增长率为东部地区＞中部地区＞西部地区，三大区域旅游业 TFP 增长的主要推动力量是技术进步，技术效率变化对旅游业 TFP 增长的作用较低甚至为负（西部）。

我国西部地区旅游业增长方式的粗放型特点更为明显，其次为中部地区，东部地区旅游业增长方式相对集约。劳动力和资本要素的投入仍是我国大部分地区旅游业增长的主要原动力，旅游业发展仍具有较明显的粗放型特点。东部、中部和西部地区平均水平分别属于高技术进步型、低技术进步型和要素驱动型。

③从行业特征来看，我国环境约束下旅游业 TFP、技术效率和技术进步增长率均存在较大的行业异质性。环境约束下星级饭店业 TFP 年均增长率为 4.8%，其增长是由技术进步来推动的，技术效率呈现负增长，即星级饭店业存在技术无效率问题。环境约束下旅行社业 TFP 年均增长率出现负增长（−4.7%），主要是由技术进步率负增长导致的，即旅行社业存在技术衰退问题。我国星级饭店业和旅行社业 TFP 的年增长率均表现为东部地区＞中部地区＞西部地区。

④从影响机制来看，环境约束下旅游效率是由宏观层面的经济政

策导向驱动、中观层面的旅游生产单元价值驱动和微观层面的旅游消费需求刺激驱动共同影响的。就具体影响因素而言，东、中和西部三大地区中均包括非农业人口占总人口比重对环境约束下旅游业 TFP 显著促进、作用不明显、显著负向作用的省市。旅游企业规模变化量对旅游业 TFP 的影响系数较小，宁夏、山东、辽宁、新疆和贵州环境约束下旅游业效率的提高并不显著依赖于旅游企业规模的变化，北京、云南、广东、吉林、海南和青海二者呈显著负相关，其余省市二者呈显著正相关。环境污染治理投资占 GDP 比重对我国各地区环境约束下旅游业 TFP 的影响存在显著差异，对环境约束下旅游业 TFP 具有显著正向作用的省市绝大多数位于我国东部和中部地区；西部地区除青海和宁夏外，环境污染治理投资占 GDP 比重对环境约束下旅游业 TFP 的作用不显著或呈显著的负向作用。

⑤从空间溢出特征来看，我国旅游业平均全要素生产率的全局 Moran I 值为 0.1243，通过了 10% 的显著性检验水平，即我国邻接省（区市）的旅游业全要素生产率具有显著的相似性，旅游业全要素生产率具有较高的集聚程度。我国各省（区市）旅游经济效率存在"两极化"空间，位于"高—高"区的省（区市）有江苏、江西、浙江、广西、湖北、重庆、上海、北京、天津、湖南和广东，基本位于我国东部和中部地区，但是我国旅游经济效率并未形成显著的"高—高"热点区；位于"低—低"区的省（区市）有青海、宁夏、甘肃、新疆、四川、山东、黑龙江、内蒙古和陕西，基本位于我国西部地区，且新疆、甘肃和四川是我国旅游经济效率的显著"低—低"塌陷区。

旅游业平均规模效率变化和技术效率变化等分解效率、星级饭店与旅行社等旅游各部门的平均全要素生产率，以及 2002 年、2003 年、2004—2014 年的旅游业全要素生产率的空间依赖性特征并不显著。

（4）我国区域旅游经济增长促进地区经济发展，且对邻近省（区市）经济发展产生正向的溢出效应。西部省（区市）旅游经济增长对地区经济发展的促进作用更显著。

2001—2014年我国旅游经济增长对地区经济发展具有重要的推动作用；旅游经济增长与经济发展存在显著的空间相关性特征，并通过地理位置和经济联系对邻近省（区市）经济发展表现出正向的溢出效应，但地理位置对邻近省（区市）的辐射与带动作用更为明显；我国31个省（区市）旅游经济增长对经济发展的空间溢出效应更多地体现在地区间结构性差异的误差冲击；物质资本与人力资本仍是推动我国经济发展最重要的动力，且物质资本的作用更大；旅游经济增长每提高1%，由旅游经济增长直接导致的经济发展为0.0899%，而其正外部性所导致的经济发展为0.0639%。

2014年仅有新疆、宁夏、西藏、甘肃、内蒙古、四川、陕西、湖北和青海这9个中西部省份通过了10%的显著性检验水平，这表明我国西部省（区市）旅游经济的增长对地区经济发展的促进作用更显著，其余省（区市）的促进作用并不显著。具体而言，新疆、宁夏、西藏、甘肃、内蒙古、四川、陕西、湖北和青海这9个省份的旅游总收入每增长1%，地区人均GDP分别增长5.87%、10.46%、10.32%、10.68%、9.85%、11.38%、10.37%、13%、10.7%。

（5）基于空间溢出视角中国区域旅游经济增长的政策建议。

加强区域间旅游要素的合理流动：发展省际交通，形成发达的旅游交通网络，促进游客跨省旅游的便利性；建立有效平台和合理机制促进省际旅游人力资本流动，带动旅游知识溢出。转变旅游经济增长模式，完善旅游企业生产技术的跨区域推广体系：持续提升旅游经济生产率，避免过早的资本深化，实现旅游业可持续增长；强化措施促进跨区域旅游经济技术交流。优化区域旅游空间结构，促进旅游空间一体化建设：以旅游功能为依据，开展区域旅游空间的分工与合作，优化旅游空间结构；政府作为主导促进"无障碍旅游"，形成一体化区域旅游合作机制。充分利用旅游经济增长与地区经济发展之间的正外部性，实现二者的良性互动：强化旅游经济增长及其正外部性对经济发展的空间溢出效应；加强地区经济发展及其正外部性对区域旅游经济增长的支撑作用。

第二节 创新之处

本书的创新点主要体现在地理空间效应的角度，通过建立模型来定量测算中国区域旅游经济增长的影响因素、效率及其对经济发展的作用，并比较不同区域的差异。具体而言，主要表现在以下几个方面：

（1）从多个角度系统地解析了中国区域旅游经济增长问题。

首先，是旅游经济增长因素。目前，国内对旅游经济增长影响因素的研究还是着重于分析人口、资本等传统投入要素，对制度和结构性因素的关注仍远不够，对此研究仍不够系统。由此，本书不仅考虑了传统生产要素对旅游经济增长的影响，而且对旅游技术进步、旅游人力资本、制度质量等因素也给予了充分关注，更重要的是，紧密结合了旅游业自身的经济特性，纳入诸多旅游业赖以发展的特殊因素，如旅游资源禀赋、可进入性、地区经济发展水平、地区价格水平、地区旅游环境等，更加客观、全面地反映了中国旅游经济增长的影响因素。

其次，是旅游经济效率。与当时的研究背景有关，国内几乎所有旅游业全要素生产率的测算都未考虑旅游业所带来的环境污染问题。同时，国内关于旅游业生产率的研究较少进行部门间的比较。另外，并未有学者以较长时间跨度的全国地域单元为研究对象，从整体上整合研究旅游业发展效率及其分行业效率的时空演变特征和影响因素。由此，本书将环境约束纳入旅游经济效率，考虑了旅游能源消耗以及旅游环境污染产出这一"不好"的产出，同时，从时间、空间和行业三个维度对环境约束下旅游经济效率进行了多层面评价。

最后，是区域旅游经济增长对经济发展的作用。目前国内对此的实证研究仍显薄弱、滞后，且控制变量常被忽略。由此，本书在综合考虑影响地区经济发展水平的各控制变量的基础上，实证研究了区域旅游经济增长对地区经济发展的影响。

（2）突出运用多种相关定量方法，结合我国区域旅游经济发展现实及其特征，综合分析了旅游经济增长的影响因素、效率及其对区域发展的推动作用。

首先，是各变量的指标选取。区域旅游经济增长的各影响因素，包括旅游劳动力、旅游用地、旅游资本、旅游人力资本、旅游技术进步、制度质量、旅游资源禀赋、旅游交通通达性、地区经济发展水平、地区价格水平、地区旅游环境；环境约束下旅游经济效率的三个投入指标，包括旅游劳动力投入、旅游资本投入、旅游能源投入，以及两个产出指标，包括旅游营业产出、旅游环境污染产出；区域旅游经济增长对经济发展的影响模型中的各控制变量，包括人均物质资本、政府规模、产业结构、外贸依存度、人力资本，上述这些变量选用哪些具体指标来量化，本书对此均进行了合理解释，并将它们引入了量化模型中，为中国"旅游数据体系建设"添砖加瓦。

其次，是数据范围和所用方法。本书运用了2001—2014年中国31个省（区市）的面板数据采用探索性数据分析、DEA模型、面板数据模型、空间计量模型（空间面板滞后模型、空间面板误差模型、空间面板数据模型、地理加权回归模型）等方法对中国区域旅游经济增长及其空间作用进行了科学、严谨的定量研究，从而为区域经济增长的量化分析提供了新的研究思路。

第三节　研究展望

首先，本书是基于不同理论在不同假设下建立的宏观层面上的模型，那么，能否在统一框架下构建区域旅游经济增长的时空模型，来动态模拟旅游经济的时序演化趋势和空间作用机制，以更好地分析和研究我国区域旅游发展现实？

其次，在促进区域旅游经济协调发展的政策与制度设计过程中，"如何权衡以做到既能较好地促进区域旅游经济一体化，同时又能保持区域旅游竞争活力"，这一问题有待进一步深入探究。

最后，未来研究过程中，旅游空间溢出路径、两两区域之间旅游空间溢出效应的测度，以及对更小区域单元即城市群等的旅游经济增长都有待进行深入探索。

参考文献

Adam Smith：《国富论》，唐日松译，华夏出版社2005年版。

Thomas Robert Malthus：《人口原理》，朱泱、胡企林、朱和中译，商务印刷馆2012年版。

敖荣军、韦燕生：《中国区域旅游发展差异影响因素研究》，《财经研究》2016年第3期。

保继刚、楚义芳：《旅游地理学（修订版）》，高等教育出版社2003年版。

布鲁门塔：《日本经济的成长要因》，日本经济新闻社1972年版。

曹芳东、黄震方、吴江、徐敏、周玮：《国家级风景名胜区旅游效率测度与区位可达性分析》，《地理学报》2012年第12期。

曹芳东、黄震方、余凤龙、吴丽敏：《国家级风景名胜区旅游效率空间格局动态演化及其驱动机制》，《地理研究》2014年第6期。

曹海波：《中国区域经济增长差异及其影响因素分析》，博士学位论文，吉林大学，2012年。

陈甲勇：《近程客源市场对旅游目的地的影响研究——以浙江省为例》，硕士学位论文，浙江大学，2008年。

陈晓、王丹、张耀光等：《辽宁省旅游经济的时空差异演变分析》，《经济地理》2009年第1期。

陈晓玲、李国平：《我国地区经济收敛的空间面板数据模型分析》，《经济科学》2006 年第 5 期。

陈智博、吴小根等:《江苏省经济发展的空间分异》,《经济地理》2008 年第 6 期。

邓晨晖:《中国西部地区旅游经济差异分析》,《旅游论坛》2011 年第 2 期。

邓洪波、陆林:《基于 DEA 模型的安徽省城市旅游效率研究》,《自然资源学报》2014 年第 2 期。

邓祖涛、尹贻梅:《我国旅游资源、区位和入境旅游收入的空间错位分析》,《旅游科学》2009 年第 3 期。

樊纲、王小鲁、朱恒鹏:《中国市场化指数——各省区市场化相对进程 2009 年度报告》,经济科学出版社 2010 年版。

方相林、张晓燕:《基于固定影响变截距模型的湖北省旅游业发展影响因素回归分析》,《经济地理》2010 年第 5 期。

方叶林、黄震方、王坤、涂玮:《基于 PCA – ESDA 的中国省际旅游经济时空差异分析》,《经济地理》2012 年第 8 期。

方叶林、黄震方、王坤、涂玮:《中国星级酒店相对效率集聚的空间分析及提升策略》,《人文地理》2013 年第 1 期。

甘枝茂、马耀峰:《旅游资源与开发》,南开大学出版社 2000 年版。

高超、陆玉麒:《江苏省旅游经济空间差异研究》,《安徽农业科学》2006 年第 24 期。

郭建科、王绍博、李博、彭飞、王丹丹:《哈大高铁对东北城市旅游经济联系的空间影响》,《地理科学》2016 年第 4 期。

郭利平、陈忠暖等:《中国区域旅游经济综合实力分析和类型划分化》,《地理学与国土研究》2001 年第 3 期。

国家旅游局:《2011 年中国旅游业统计公报》,http：//www.cnta.gov.cn/html/2012 – 6/2012 – 6 – 28 – 8 – 42 – 36760_ 1. html,2012。

国家旅游局:《旅行社管理条例》,http：//www.cnta.gov.cn. 2009。

韩春鲜：《新疆旅游经济发展水平与旅游资源禀赋影响研究》，《生态经济》2009 年第 10 期。

郝俊卿、曹明明：《基于时空尺度下陕西省旅游经济差异及形成机制研究》，《旅游科学》2009 年第 6 期。

何江、张馨之：《中国区域经济增长及其收敛性：空间面板数据分析》，《南方经济》2006 年第 5 期。

和红、叶民强：《中国旅游业与经济增长相关关系的动态分析》，《社会科学辑刊》2006 年第 2 期。

胡鞍钢、刘生龙：《交通运输、经济增长及溢出效应——基于中国省际数据空间经济计量的结果》，《中国工业经济》2009 年第 5 期。

胡志毅：《基于 DEA – Malmquist 模型的中国旅行社业发展效率特征分析》，《旅游学刊》2015 年第 5 期。

黄爱莲：《高速铁路对区域旅游发展的影响研究》，《华东经济管理》2011 年第 10 期。

黄秀娟：《旅游资源影响国际旅游竞争力的经济分析》，《资源科学》2008 年第 11 期。

黄秀娟、黄福才：《基于 PCR 的区域旅游国际竞争力影响因素》，《经济地理》2007 年第 9 期。

姜海宁、陆玉麒、吕国庆：《江苏省入境旅游经济的区域差异研究》，《旅游学刊》2009 年第 1 期。

蒋薇：《成灌高铁开通对都江堰市旅游业的影响分析》，硕士学位论文，四川大学，2014 年。

李凡、黄耀丽：《区域间城市旅游经济的溢出分析》，《旅游学刊》2008 年第 5 期。

李佳：《西部旅游资源富集区旅游经济空间差异分析》，《干旱区资源与环境》2015 年第 9 期。

李婧、谭清美、白俊红：《中国区域创新产生的空间计量分析》，《管理世界》2010 年第 7 期。

李琳、刘莹：《中国区域经济协同发展的驱动因素——基于哈肯模型的分阶段实证研究》，《地理研究》2014 年第 9 期。

李山、王铮：《旅游业区域溢出的可计量模型及案例》，《旅游学刊》2009 年第 7 期。

李天元等译：《旅游目的地竞争力管理》，南开大学出版社 2005 年版。

李兴绪、牟怡楠：《旅游产业对云南经济增长的贡献分析》，《城市问题》2004 年第 3 期。

梁明珠、易婷婷：《广东省城市旅游效率评价与区域差异研究》，《经济地理》2012 年第 10 期。

梁明珠、易婷婷、Bin Li：《基于 DEA – MI 模型的城市旅游效率演进模式研究》，《旅游学刊》2013 年第 5 期。

林南枝、陶汉军：《旅游经济学》，南开大学出版社 2001 年版。

刘长生、简玉峰：《我国旅游业发展与经济增长的关系研究》，《旅游科学》2008 年第 5 期。

刘承良、颜琪、曾菊新：《武汉城市圈旅游经济的空间溢出分析》，《经济地理》2009 年第 5 期。

陆林、余凤龙等：《中国旅游经济差异的空间特征分析》，《经济地理》2005 年第 3 期。

吕宛青：《旅游经济学》，科学出版社 2009 年版。

罗明义：《旅游经济学（第二版）》，南开大学出版社 2004 年版。

罗明义：《旅游经济学原理》，复旦大学出版社 2010 年版。

罗文斌、徐飞雄、贺小荣：《旅游发展与经济增长、第三产业增长动态关系》，《旅游学刊》2012 年第 10 期。

罗翔宇：《湖北省旅游经济发展的时空差异研究》，硕士学位论文，华中师范大学，2012 年。

麻学锋、孙根年：《旅游业驱动下张家界经济高增长运行特征及区域差异分析》，《经济地理》2012年第3期。

马晓龙、保继刚：《基于数据包络分析的中国主要城市旅游效率评价》，《资源科学》2010年第1期。

庞瑞芝、邓忠奇：《服务业生产率真的低吗?》，《经济研究》2014年第12期。

彭国华：《我国地区全要素生产率与人力资本构成》，《中国工业经济》2007年第2期。

彭建军、陈浩：《基于DEA的星级酒店效率研究》，《旅游学刊》2004年第2期。

任凤慧、孙虹：《资源禀赋与我国旅游业经济绩效影响研究》，《西安电子科技大学学报》（社会科学版）2011年第6期。

盛骤、谢式千、潘承毅：《概率论与数理统计（第二版）》，高等教育出版社1989年版。

宋慧林、宋海岩：《中国旅游创新与旅游经济增长关系研究——基于空间面板数据模型》，《旅游科学》2011年第2期。

孙景荣、张捷、章锦河、马金海、李莉、张富生：《中国区域旅行社业效率的空间分异研究》，《地理科学》2014年第4期。

孙景荣、张捷、章锦河、钟士恩、马金海、张玉玲：《中国城市酒店业效率的空间特征及优化对策》，《经济地理》2012年第8期。

孙盼盼、戴学锋：《中国区域旅游经济差异的空间统计分析》，《旅游科学》2014年第2期。

孙钰波：《新疆旅游经济区域差异实证研究》，硕士学位论文，新疆大学，2007年。

陶卓民、薛献伟、管晶晶：《基于数据包络分析的中国旅游业发展效率特征》，《地理学报》2010年第8期。

田里：《旅游经济学》，高等教育出版社2006年版。

王彩萍、徐红罡、张萍：《市场化改革、政府干预与区域旅游业发展：从宏观视角来解读困境》，《旅游学刊》2015年第3期。

王洪桥、袁家冬、孟祥君：《东北三省旅游经济差异的时空特征分析》，《地理科学》2014年第2期。

王火根、沈利生：《中国经济增长与能源消费空间面板分析》，《数量经济技术经济研究》2007年第12期。

王凯、李华、贺曲夫：《我国旅游经济发展水平省际差异的空间分析》，《地域研究与开发》2007年第1期。

王坤、黄震方、曹芳东、陈晓艳：《泛长江三角洲城市旅游经济发展的空间效应》，《长江流域资源与环境》2016年第7期。

王坤、黄震方、陶玉国、方叶林：《区域城市旅游效率的空间特征及溢出效应分析》，《经济地理》2013年第4期。

王立平、管杰、张纪东：《中国环境污染与经济增长：基于空间动态面板数据模型的实证分析》，《地理科学》2010年第6期。

王锐淇、张宗益：《区域创新能力影响因素的空间面板数据分析》，《科研管理》2010年第3期。

王润梅：《旅游资源与入境旅游收入的相关性分析》，《科技经济市场》2007年第11期。

王淑新、何元庆、王学定：《中国旅游经济的区域发展特征及影响因素实证研究》，《商业经济与管理》2011年第4期。

王淑新、王学定、徐建卫：《西部地区旅游经济空间变化趋势及影响因素研究》，《旅游科学》2012年第6期。

王恕立、胡宗彪：《中国服务业分行业生产率变迁及异质性考察》，《经济研究》2012年第4期。

王学峰：《郑西高铁开通对洛阳旅游经济的影响与对策思考》，《兰州学刊》2011年第2期。

王瑛、王铮：《旅游业区位分析》《地理学报》2000年第3期。

王颖:《中国旅游经济区域非均衡发展的研究》,硕士学位论文,华南师范大学,2007年。

王兆峰:《入境旅游流与航空运输网络协同演化及差异分析》,《地理研究》2012年第7期。

王仲智、王富喜:《增长极理论的困境与产业集群战略的重新审视》,《人文地理》2005年第6期。

乌铁红、张捷、李文杰、曹靖等:《中国入境旅游经济发展水平的空间格局演变及成因》,《干旱区资源与环境》2009年第5期。

吴国新:《旅游产业发展与我国经济增长的相关性分析》,《上海应用技术学院学报》2003年第4期。

吴玉鸣:《旅游经济增长及其溢出效应的空间面板计量经济分析机》,《旅游学刊》2014年第2期。

吴玉鸣、李建霞:《基于地理加权回归模型的省域工业全要素生产率分析》,《经济地理》2006年第5期。

向艺、郑林、王成璋:《旅游经济增长因素的空间计量研究》,《经济地理》2012年第6期。

萧琛等译:《经济学(第19版)》,商务印书馆2012年版。

徐波、荣毅:《地区旅游景区效率分析》,《中国林业经济》2011年第5期。

宣国富:《江苏省国内旅游经济区域差异及演变》,《长江流域资源与环境》2012年第12期。

杨若平、段圳宗:《提高旅游经济增长质量 全面提升云南旅游业水平》,《经济问题探索》2001年第11期。

杨勇:《旅游业与我国经济增长关系的实证研究》,《旅游科学》2006年第2期。

杨勇:《旅游资源与旅游业发展关系研究》,《经济与管理研究》2008年第7期。

杨友宝、王荣成、王昱：《吉林省旅游经济差异时空演变特征与影响因素分析》，《资源开发与市场》2015年第1期。

杨仲元、卢松：《交通发展对区域旅游空间结构的影响研究——以皖南旅游区为例》，《地理科学》2013年第7期。

要轶丽、郑国：《旅游区位非优区的旅游业发展研究——以山西运城为例》，《旅游学刊》2002年第5期。

叶护平、韦燕生等：《中国旅游业发展区域差异的系统分析》，《华中师范大学学报》（自然科学版）2005年第3期。

尹希果、孙惠：《中国的银行业竞争结构对国际贸易影响的区域收敛性》，《数量经济技术经济研究》2012年第6期。

原毅军、刘浩、白楠：《中国生产性服务业全要素生产率测度——基于非参数Malmquist指数方法的研究》，《中国软科学》2009年第1期。

张广海、秦素贞：《中国省际旅游经济时空演变分析》，《地理与地理信息科学》2014年第2期。

张广海、赵金金：《我国交通基础设施对区域旅游经济发展影响的空间计量研究》，《经济管理》2015年第7期。

张洪、时浩楠：《安徽省旅游资源与旅游经济的空间错位研究》，《地域研究与开发》2015年第4期。

张建春、陆林：《芜湖长江大桥与安徽旅游交通条件的改善》，《人文地理》2002年第4期。

张军、吴桂英、张吉鹏：《中国省际物质资本存量估算：1952—2004》，《经济研究》2004年第10期。

张莉、陆玉麒：《"点—轴系统"的空间分析方法研究——以长江三角洲为例》，《地理学报》2010年第12期。

张强：《产业集聚、空间溢出与西部地区经济效率》，博士学位论文，重庆大学，2015年。

张祥:《海南省旅游经济增长影响因素的研究》,硕士学位论文,海南大学,2012年。

张学良:《交通基础设施、空间溢出与区域经济增长》,南京大学出版社2009年版。

张学文、丁正山:《江苏旅游经济时空演变特征分析》,《安徽农业科学》2010年第13期。

赵东喜:《中国省际入境旅游发展影响因素研究》,《旅游学刊》2008年第1期。

赵金金:《环境约束下中国旅游业生产率的变动差异及影响机制》,《山西财经大学学报》2016年第10期。

赵金金:《中国区域旅游经济增长的影响因素及其空间溢出效应研究——基于空间杜宾面板模型》,《软科学》2016年第10期。

赵俊远、苏朝阳、黄宁:《西北5省(区)区域旅游经济差异变化》,《资源开发与市场》2008年第24期。

赵磊、方成:《中国旅游发展经济增长溢出与基础设施门槛效应实证研究》,《商业经济与管理》2013年第5期。

赵磊、方成、吴向明:《旅游发展、空间溢出与经济增长》,《旅游学刊》2014年第5期。

赵磊、全华:《中国国内旅游消费与经济增长关系的实证分析》,《经济问题》2011年第4期。

钟高峥、耿娇阳、麻学锋:《西藏旅游产业发展与经济增长的相关性研究》,《经济地理》2012年第11期。

朱竑、谢涤湘、刘迎华:《青藏铁路对西藏旅游业可持续发展的影响及其对策》,《经济地理》2005年第6期。

朱华友:《新经济地理学经济活动空间集聚的机制过程及其意义》,《经济地理》2005年第6期。

朱银娇、袁书琪:《论旅游区位对区域旅游市场的影响》,《福建地理》

2005 年第 4 期。

邹统钎:《旅游景区开发与管理》,清华大学出版社 2008 年版。

左冰:《中国旅游经济增长的因素及其贡献度分析》,《商业经济与管理》2011 年第 10 期。

Ahmed, Zafar U., Krohn, et al., Reversing the United States' deeling competitiveness in the marketing of international tourism: a perspective on future policy, *Journal of Travel Research*, 1990, 28 (4): 23 – 29.

Alavalapati J. R. R., Adamowicz W. L., Tourism impact modeling for resource extraction regions, *Annals of Tourism Research*, 2000, 27 (1): 188 – 202.

Albert Otto Hirschman, *The strategy of economic development*, New Haven: Yale University Press, 1958.

Anderson R. I., Fish M., Xia Y., Michello F., Measuring efficiency in the hotel industry: a stochastic frontier approach, *Hospitality Management*, 1999, 18 (1): 45 – 57.

Anderson R. I., Lewis D., Parker M. E., Another look at the efficiency of corporate travel management departments, *Journal of Travel Research*, 1999, 37 (3): 267 – 272.

Anselin L., *Exploring spatial data with GeoDa: a workbook*, http://geodacenter.asu.edu., 2005.

Anselin L., Rey S. J., Montouri B. D., US Regional Income Convergence: a Spatial Econometric Perspective, *Regional Studies*, 1991, 33 (2): 112 – 131.

Anselin L., *Spatial Econometrics: Methods and Models*, Dordrecht: Kluwer Academic Publisher, 1988.

Balaguer J., Cantavella J. M., Tourism as a Long-run Economic Growth Factor: the Spanish Case, *Applied Economics*, 2002, 34 (7): 877 –

884.

Barro R. J., J. W., Lee, *A New Data Set of Educational Attainment in the World*, 1950—2010, The National Bureau Economic Research, 2010.

Barrons C. P., Matias A., Analysing the Efficiency of Travel Agencies With a Stochastic Cost Frontier: a Portuguese Case Study, *International Journal of Tourism Research*, 2006, 8 (5): 367 – 379.

Barros C. P., Dieke P. U. C., Analyzing the Total Productivity Change in Travel a Gencies, *Tourism Analysis*, 2007, 12 (1): 27 – 37.

Barros C. R., Analysing the Rate of Technical Change in the Portugese Hotel Industry, *Tourism Economics*, 2006, 12 (3): 325 – 346.

Becker G., *Human Capital: Theoretical Analysis with Special Reference to Education*, New York: Columbia University Press for NBER, 1964.

Bell R. A., Morey R. C., The Search for Appropriate Partners: a Macro Approach and Application to Corporate Travel Management, *Omega*, 1994, 22 (5): 477 – 490.

Bicak H., Altinay A., Tourism Demand of North Cyprus, *Journal of hospitality Leisure Marketing*, 2005, 12 (3): 87 – 99.

Blake A., Sinclair M. T., Soria J. A. C., Tourism Productivity: Evidence From the UK, *Annals of Tourism Research*, 2006, 33 (4): 1099 – 1120.

Boudeville J. R., *Problems of Regional Economic Planning*, Edinburgh University Press, 1966.

Boukas N., Ziakas V., Impacts of the Global Economic Crisis on Cyprus Tourism and Policy Responses, *International Journal of Tourism Research*, 2012, 15 (4): 329 – 345.

Bowman A. W., An Alternative Method of Cross-validation for the Smoothing of Density Estimates, *Biometrika*, 1984 (6): 353 – 360.

Brian Archer, John Fletcher, The economic impact of tourism in the Seychelies, *Annals ofi'burism Research*, 1996, 23 (1): 32 – 47.

Britton S. G., The Spatial Organization of Tourism in a Neo-colonial Economy: a Fiji Case Study, *Pacific Viewpoint*, 1980, 21 (2): 65 – 144.

Bruce Prideaux, The role of the Transport System in Destination Development, *Tourism Management*, 2000, 21 (1): 53 – 63.

Brun J. F., Combes J. L., Renard M. F., Are there Spillovers Effects Between Coastal and Noncoastal Regions in China, *China Economic Review*, 2002, 13 (2): 161 – 169.

Brunsdon C., Fotheringham S., Charlton M., Some Notes on Parametric Significance Tests for Geographical Weighted Regression, *Regional Science*, 1999, 39 (3): 497 – 524.

Cabrer-Borras B., Serrano-Domingo G., Innovation and R&D Spillover Effects in Spanish Regions: a Spatial Approach, *Research Policy*, 2007, 36 (9): 1357 – 1371.

Caniels M. C., Verspagen B., Barriers to Knowledge Spillovers, and Regional Convergence in an Evolutionary Model, *Evolutionary Economics*, 2001 (11): 307 – 329.

Carlos P. B., Peter U. C., Technical Efficiency of African Hotels, *International Journal of Hospitality Management*, 2008 (27): 438 – 447.

Chang Lee, *The comparison of Selected Aviation Factors and Level of Tourism for International Travelers in Selected State*, Warrensburg: Central Missouri State University, 2001.

Charles K. N., Paul S., Competition, Privatization and Productive Efficiency: Evidence from the Airline Industry, *The Economic Journal*, 2001, 111 (473): 591 – 619.

Chen S., Lee C., Government Size and Economic Growth in Taiwan: a

Threshold Regression Approach, *Journal of Policy Modeling*, 2005, 27 (9): 1051 – 1066.

Chien-Chiang Lee, Chun-Ping Chang, Tourism Development and Economic Growth: a Closer Look at Panels, *Tourism Management*, 2008 (29): 180 – 192.

Ching W. E., Tsai M. H., Wang L. S. M., A DEA evaluation of Taipei hotels, *Annals of Tourism Research*, 2004, 31 (3): 712 – 715.

Cleveland W. S., Robust Locally Weighted Regression and Smoothing Scatter plots, *Journal of the American Statistical Association*, 1979 (3): 829 – 836.

Cooper M., The Regional Importance of Tourism in Australia, *Australian Geographica Studies*, 1980, 18 (2): 146 – 154.

Cortes J. I., Pulina M., A Further Step Into the ELGH and TLGH for Spain and Italy, *Fondazione Eni Enrico Mattei*, *Working Papers*, 2006: 118.

Crouch I., Geoffrey, A Meta-analysis of Tourism Demand, *Annals of Tourism Research*, 1995, 22 (1): 103 – 118.

Danny T., Quah, Regional Convergence Clusters Across Europe, *European Economic Review*, 1996, 40 (3): 951 – 958.

Denison E., *The Sources of Economic Growth in the United States and the Alternatives Before Us*, New York: Committee for Economic Development, 1962.

Deying Zhou, John F., Yanagida, Ujjayant Chakravorty, Ping Sun Leung, Estimating Economic Impacts From Tourism, *Annals of Tourism Research*, 1997, 24: (1): 76 – 89.

Douglass C North, *Structure and Change in Economic History*, New York: W. W. Norton & Company, 1981.

Durbarry R., Tourism and Economic Growth: the Case of Mauritius, *Tourism Economics*, 2004, 10 (4): 389 – 401.

Dwyer L., Forsyth P., Economic Significance of Cruise Tourism, *Annals of Tourism Research*, 1998, 25 (2): 393 – 415.

Edward C., Technological Competence and Team Cohesiveness Among Travel Agencies, *The Service Industries Journal*, 2014, 34 (6): 346.

Evsey David Doma, Capital Expansion, Rate of Growth and Employment, *Econometrica*, 1946, 14 (2): 137 – 147.

Fernandes E., Pacheco R. R., Efficient Use of Airport Capacity, *Transportation Research Part A*, 2002, 36 (3): 225 – 238.

Florax A. L., *New Direction in Spatial Econometrics*, Dordrecht: Springer-Verlag, 1995.

Fotheringham A. S., Charlton M., Brunsdon C., *Geographically Weighted Regression: the Analysis of Spatially Varying Relationships*, New York: Wiley, 2002.

Fotheringham A. S., Charlton M. E., Brunsdon C., The Geography of Parameter Space: an Investigation into Spatial Non-stationarity, *International Journal of GIS*, 10, 1996 (5): 605 – 627.

Francois Perroux, Economic Space: Theory and Applications, *Quarterly Journal of Economics*, 1950, 64 (1): 89 – 104.

Färe R., Grosskopf S., Linderdgren B., et al., Productivity Changes in Swedish Pharmacies 1980—1989: a Nonparametric Malmquist Approach, *Journal of Productivity Analysis*, 1992, 3 (1): 85 – 101.

Färe R., Grosskopf S., Norris M., et al., Productivity Growth, Technical Progress, and Efficiency Change in Industrialized Countries, *American Economic Review*, 1994, 84 (1): 66 – 83.

George F., Deasy R., Impact of a Tourist Facility on Its Hinterland, *Annals of the Association of American Geographers, 1966, 56 (2): 290 – 306.

Gerald Carlino, Robert De Fina, Regional Income Dynamics, *Journal of Urban Economics*, 1995, 37 (1): 88 – 106.

Get Z. D., *Tourism and Population Change: Long-term Impacts of Tourism in the Badenoch and Strathspey District of the Scottish Highlands*, Scottish Geographical Magazine, 1986, 102 (2): 113 – 126.

Ghali M. A., *Tourism and Economic Growth: an Empirical Study*, Economic Development & Cultural Change, 1976, 24 (3): 527 – 538.

Ghosh A. R., Mssson P. R., *Economic Cooperation in an Uncertain World*, Oxford, Blackwell, 1994.

Gormsen E., *The Spatio-tem Poral Development of International Tourism: Attempt at a Center-periphery Model*, in La Consommation d'Espace par le tourism et sa preservation, Aix-en-Provence: CHET, 1981: 150 – 170.

Groenewold N., Lee G., Chen A., *Inter-regional Spillovers in China: the Importance of Common Shocks and the Definition of the Regions*, China Economic Review, 2008 (19): 32 – 52.

Gunn C. A., Larsen T. R., *Tourism Potential-aided by Computer Cartography*, Aix-en-Provence, France: Centre des Hautes Etudes Touristiques, 1988.

Hall R. E., Jones C. I., *Why do Some Countries Produce so Much More Output than Others?*, Quarterly Journal of Economics, 1999 (114): 83 – 116.

Jackson J., Developing Regional Tourism in China: the Potential for Activating Business Clusters in a Socialist Market Economy, *Tourism Management*, 2006, 27 (4): 695 – 706.

Jenkins C. L. , Tourism Policies in Developing Countries: a Critique, *International Journal of Tourism Management*, 1980, 1 (1): 22 – 29.

Josaphat Kweka, Oliver Morrissey, Adam Blake, The Economic Potential of Tourism in Tanzania, *Journal of International Development*, 2003, 15 (3): 335 – 351.

Jucan C. N. , Jucan M. S. , *Travel and Tourism as a Driver of Economic Recovery*, Procedia Economics and Finance, 2013, 6 (1): 81 – 88.

Julian Ramajo, Miguel A. , Marquez, Geoffrey J. D. , et al. , Spatial Hetergeneity and Interregional Spillovers in the European Union: Do Cohesion policies Encourage Convergence Across Regions?, *European Economic Review*, 2007, 52 (3): 551 – 567.

Kao C. J. , Spurious Regression and Residual Based Tests for Cointegration in Panel Data, *Journal of Econometrics*, 1999 (90): 109 – 142.

Keller W. , Do Trade Patterns and Technology Flows Affect Productivity Growth?, *The World Bank Economic Review*, 2000, 14 (1): 17 – 47.

Khadaroo J. , Seetanah B. , The Role of Transport Infrastructure in International Tourism Development: a Gravity Model Approach, *Tourism Management*, 2008, 29 (5): 831 – 840.

Kim H. J. , Chen M. , Jang S. S. , Tourism Expansion and Economic Development: the Case of Taiwan, *Tourism Management*, 2006, 27 (5): 925 – 933.

Koksal C. , Aksu A. , An efficiency Evaluation of a Group Travel Agencies With Data Envelopment Analysis (DEA): a Case Study in the Antalya Region, Turkey, *Tourism Management*, 2007, 28 (3): 830 – 834.

Krugman P. , Complex Landscape in Economic Geography, *American Economic Review*, 1994, 84 (2): 412 – 415.

Krugman P. , *Development, Geography and Economic Theory*, Cambridge:

MIT Press, 1995.

Krugman P. , *Geography and Trade*, Leuven: Leuven University Press, 1991.

Krugman P. R, Increasing Returns and Economic Geography, *Journal of Political Geography*, 1991, 99 (3): 183 – 199.

Krugman P. R. , Increasing Returns and Economic Geography, *Journal of Political Economy*, 1991, 99 (3): 483 – 499.

Laventho, Horwath, *Peteborough-Haliburton Tourism Development Strategy*, Toronto, Ontario Ministry of Industry and Tourism, 1982.

Lazzeretti L. , Capone F. , Spatial Spillovers and Employment Dynamics in Local tourist Systems in Italy (1991—2001), *European Planning Studies*, 2009, 17 (11): 1665 – 1683.

Lee C. , Chien M. , Structural Breaks, Tourism Development and Economic growth: Evidence From Taiwan, *Mathematics and Computers in Simulation*, 2008, 77 (4): 358 – 368.

Lee C. K. , Han S. H. , Estimating the Use and Preservation Values of National Parks Tourism Resources Using a Contingent Valuation Method, *Tourism Management*, 2002, 23 (5): 531 – 540.

Lee J. W. , K. Hong, Economic Growth in Asia: Determinants and Prospects, *Japan and the World Economy*, 2012, 24 (2): 101 – 113.

Lesage J. , The Theory and Practice of Spatial Econometrics, *The Web Book of Regional Science*, 1999.

Levin, A. , Lin, C. F. , Chu, C. , Unit Root Tests in Panel Data: Asymptotic and Finite-sample Properties, *Journal of Econometrics*, 2002 (108): 1 – 24.

Lucas R. E. , On the Mechanics of Economic Development, *Journal of Monetary Economics*, 1988, 22 (1): 3 – 42.

Myrdal G. , Economic Theory and Underdeveloped Regions, *London*: *Duekworth*, 1957.

Marcus Fleming J. , Domestic Financial Policies Under Fixed and Under Floating Exchange Rates, *Int Monet Fund Staff Papers*, 1962, 9 (3): 369 – 379.

Martin J. L. , Martin M. N. , Scarpa R. , Tourism and Economic Growth in Latin American Countries: a Panel Data Approach, *Fondazione Eni Enrico Mattei*, *Working Papers*, 2004: 26.

Mathieson A. , G Wall, *Tourism*: *Economic*, *Physical and Social Impacts*, London and New York: Longman, 1982.

Metin Kozak, Mike Rimmington, Measuring Tourism Destination Competitiveness: Conceptual Considerations and Empirical Findings, *Hospitality Management*, 1999 (18): 273 – 283.

Michael A. , Kouparitsas, Understanding U. S. Regional Cyclical Co-movement: How Important are Spillovers and Common shocks?, *Economic Perspectives*, 2002, 26 (4): 30 – 41.

Michalena E. , Hills J. , Amat J. P. , Developing Sustainable Tourism Using a Multicriteria Analysis on Renewable Energy in Mediterranean Islands, *Energy for Sustainable Development*, 2009, 13 (2): 129 – 136.

Narayan P. K. , Economic Impact of Tourism on Fijis Economy: Empirical Evidence From the Computable General Equilibrium model, *Tourism Economics*, 2004 (10): 419 – 433.

Nooreha H. , Mokhtar A. , Suresh K. , Evaluating Public Sector Efficiency with Data Envelopment Analysis (DEA): a Case Study in Road Transport Department, Selangor, Malaysia, *Total Quality Management*, 2000, 11 (4): 830 – 836.

Nowak J. J. , Sahli M. , Cortes-Jimenez I. , Tourism, Capital Good Imports and Economic Growth: Theory and Evidence for Spain, *Tourism Economics*, 2007, 13 (4): 515 – 536.

Oh C. O. , The Contribution of Tourism Development to Economic Growth in the Korean Economy, *Tourism Management*, 2005, 26 (1): 39 – 44.

Paul M Romer, Increasing Returns and Long-run Growth, *The Journal of Political Economy*, 1986, 94 (5): 1002 – 1037.

Paulo Rita, International Journal of Contemporary Hospitality Management, *Tourism in the European Union*, 2000 (12): 434 – 436.

Pedroni, P. , Critical Values for in Heterogeneous Cointegrated Panels, *Advances in Econometrics* 2000, 61 (4): 653 – 670.

Preda P. , Watts T. , Improving the Efficiency of Sporting Venues Through Capacity Management: the Case of the Sydney Cricket Ground Trust, *Event Management*, 2003, 8 (2): 83 – 89.

Prideaux B. , The Role of the Transport System in Destination Development, *Tourism Management*, 2000, 21 (1): 53 – 63.

Priskin J. , Assessment of Natural Resources for Nature-based Tourism: the Case of the Central Coast Region of Western Australia, *Tourism Management*, 2001, 22 (6): 637 – 646.

Raguraman K. , Troubled Passage to India, *Tourism Management*, 1998, 19 (6): 533 – 543.

Ramon F. , Efficiency of Travel Agencies: a Case Study of Alicante, Spain, *Tourism Management*, 2011, 32 (1): 75 – 87.

Robert A. , Mundell, Capital Mobility and Stabilization Policy Under Fixed and Flexible Exchange Rates, *The Canadian Journal of Economics and Political Science*, 1963, 29 (4): 487 – 499.

Robert M. Solow, A Contribution to the Theory of Economic Growth, *Quar-*

terly Journal of Economics, 1956, 70 (1): 65 – 94.

Ronald H. Coase, The Nature of the Firm, *Econometrica New Series*, 1937, 4 (16): 386 – 405.

Ronald H. Coase, The Problem of Social Cost, *Journal of Law and Economics*, 1960, 3 (10): 1 – 44.

Rosentraub M. S., Joo M., Tourism and Economic Development: Which Investments Produce Gains for Regions?, *Tourism Management*, 2009, 30 (5): 759 – 770.

Roy Forbes Harrod, An Essay in Dynamic Theory, *The Economic Journal*, 1939, 49 (193): 14 – 33.

Rudy Douven, Marga Peeters, GDP Spillovers in Multi-country Spillovers, *Economic Modelling*, 1998 (15): 163 – 195.

Ryan, Chris, Equity, Management, Power Sharing and Sustainablity Issues of the "New Tourism", *Tourism Management*, 2001 (23): 17 – 26.

Sachs J., Warner A., The Curse of Natural Resources, *European Economic Review*, 2001, 45 (5): 827 – 838.

Samuel Seongseop Kim, Kaye Chon, Kyu Yoop Chung, Convention Industry in South Korea: an Economic Impact Analysis, *Tourism Management*, 2003 (24): 65 – 69.

Schultz T., Capital Formation by Education, *Journal of Political Economy*, 1961, 68 (6): 571 – 583.

Soukiazis E., Proen A. S., Tourism As an Alternative Source of Regional Growth in Portugal: A Panel Data Analysis at NUTS II and III Levels, *Portuguese Economic Journal*, 2008, 7 (1): 43 – 61.

Stefan G., Paul P., Jean-Paul C., The Eco-efficiency of Tourism, *Ecological Economics*, 2005, 54 (15): 417 – 434.

Telfer D. J., G Wall, Strengthening Backward Economic Linkages: Local

Food Purchasing by Three Indonesian Hotels, *Journal of Tourism Geographies*, 2000 (4): 421 - 447.

Timothy G., Conley, Ethan Ligon, Economic Distance and Cross-country Spillover, *Journal of Economic Growth*, 2002 (7): 157 - 187.

Todaro M. P., Smith S. C., *Economic Development*, Prentice Hall, 2011.

Tosun C., Analysis of the Economic Contribution of Inbound International Tourism in Turkey, *Tourism Economics*, 1999, 5 (3): 217 - 250.

Trevor W Swan, Economic Growth and Capital Accumulation, *Economic Record*, 1956, 32 (2): 334 - 361.

Tsaur S. H., The Operating Efficiency of International Tourist Hotels in Taiwan, *Asia Pacific Journal of Tourism Research*, 2000, 6 (1): 29 - 37.

Vandenbussche J., Aghion P., Meghir C., Growth's Distance to Frontier and Composition of Human Capital, *Journal of Economic Growth*, 2006, 11 (2): 127 - 154.

Vincent J. R., Resource Depletion and Economic Sustainability in Malaysia, *Environment and Development Economics*, 1997 (2): 19 - 37.

Wang F. C., Huang W. T., Shang J. K., Measuring the Cost Efficiency of International Tourist Hotels in Taiwan, *Tourism Economics*, 2006, 12 (1): 65 - 85.

Wan-Chen Po, Bwo-Nung Huang, Tourism Development and Economic Growth: a Nonlinear Approach, *Physica A: Statistical Mechanics and its Applications*, 2008, 387 (22): 5535 - 5542.

Warwick J., McKibbin, Jeffrey Sachs, *Global Linkages: Macroeconomic Interdependence and Cooperation in the World Economy*, Washington: Brookings Institution Press, 1991.

Weng Jin, Yang Kaizhong, Spatial Structure of Tourism System: Spatial Model for Monopolistic Competition with Asymmetry, *Systems Engi-*

neering *Theory & Practice*, 2007, 27 (2): 76 – 82.

Werner G., Andreas K., Key Factors for Successful Leisure and Tourism Public Transport Provision, *Journal of Transport Geography*, 2007, 15 (2): 127 – 135.

Witt S. F., Economic Impact of Tourism on Wales, *Tourism Management*, 1987, 8 (4): 306 – 316.

Wu Y. R., Has Productivity Contributed to China's Growth?, *Pacific Economic Review*, 2003, 8 (1): 15 – 30.

Yang Y., Fik T., Spatial Effects in Regional Tourism Growth, *Annals of Tourism Research*, 2014, 46 (5): 144 – 162.

Zhang J., Estimation of China's Provincial Capital Stock (1952—2004) with Applications, *Journal of Chinese Economic and Business Studies*, 2008, 6 (2): 177 – 196.

附　　录

附表 1　　2002 年中国各地区环境约束下旅游业 Malmquist 全要素生产率（TFP）指数及其分解

分项指数 省份	技术效率变化指数（effch）	技术进步变化指数（techch）	纯技术效率变化指数（pech）	规模效率变化指数（sech）	全要素生产率指数（tfpch）
北京	1.057	1.165	1.047	1.01	1.231
天津	1.064	0.953	1.044	1.02	1.014
河北	1	0.817	1	1	0.817
山西	1.238	0.883	1.234	1.003	1.094
内蒙古	1.189	0.834	1.165	1.021	0.992
辽宁	0.98	1.05	0.985	0.995	1.029
吉林	1.088	0.985	1.131	0.962	1.072
黑龙江	0.746	0.998	0.729	1.024	0.745
上海	0.958	1.104	0.961	0.997	1.058
江苏	1	1.036	1	1	1.036
浙江	1.016	1.088	1	1.016	1.105
安徽	0.99	1.019	0.983	1.007	1.008
福建	0.903	0.973	0.912	0.991	0.879
江西	1.033	0.953	0.961	1.076	0.985
山东	1.093	1.209	1.014	1.078	1.321
河南	1.101	0.979	1.103	0.998	1.078
湖北	1.126	0.993	1.123	1.002	1.118

续表

分项指数 省份	技术效率变化指数（effch）	技术进步变化指数（techch）	纯技术效率变化指数（pech）	规模效率变化指数（sech）	全要素生产率指数（tfpch）
湖南	1.439	0.846	1.437	1.002	1.218
广东	0.93	0.964	1	0.93	0.896
广西	0.933	1.077	0.936	0.997	1.005
海南	0.996	0.971	1.004	0.991	0.966
重庆	1.123	1.004	1.075	1.044	1.127
四川	1.027	1.037	1.033	0.995	1.066
贵州	0.974	0.904	0.957	1.017	0.88
云南	1.019	0.945	1.023	0.996	0.962
陕西	0.995	0.997	0.993	1.002	0.992
甘肃	0.953	0.924	1.005	0.948	0.88
青海	1	0.579	1	1	0.579
宁夏	1.012	0.625	1.048	0.965	0.632
新疆	1.013	0.923	1.001	1.011	0.935
平均值	1.027	0.951	1.024	1.003	0.977

附表2　2003年中国各地区环境约束下旅游业Malmquist全要素生产率（TFP）指数及其分解

分项指数 省份	技术效率变化指数（effch）	技术进步变化指数（techch）	纯技术效率变化指数（pech）	规模效率变化指数（sech）	全要素生产率指数（tfpch）
北京	0.964	0.866	0.97	0.994	0.836
天津	1.032	1.036	1.054	0.978	1.069
河北	1	0.835	1	1	0.835
山西	0.914	0.929	0.917	0.996	0.849
内蒙古	1.284	0.858	1.315	0.977	1.101
辽宁	1.186	0.901	1.164	1.019	1.069
吉林	1.162	0.849	1.132	1.027	0.987
黑龙江	1.122	0.895	1.124	0.998	1.004
上海	1.024	0.887	1.04	0.984	0.908
江苏	1	0.903	1	1	0.903

续表

分项指数 省份	技术效率变化指数（effch）	技术进步变化指数（techch）	纯技术效率变化指数（pech）	规模效率变化指数（sech）	全要素生产率指数（tfpch）
浙江	1	0.922	1	1	0.922
安徽	1.13	0.872	1.134	0.997	0.986
福建	1.107	0.905	1.097	1.009	1.002
江西	1.073	0.954	1.087	0.987	1.024
山东	0.739	0.802	0.781	0.947	0.593
河南	1	0.896	0.99	1.01	0.895
湖北	0.799	0.935	0.795	1.005	0.747
湖南	1.04	0.969	1.039	1.001	1.008
广东	1.075	1.074	1	1.075	1.154
广西	1.031	0.905	1.025	1.006	0.933
海南	1.295	0.98	1.325	0.977	1.269
重庆	0.82	0.924	0.859	0.955	0.758
四川	1	0.92	0.99	1.011	0.92
贵州	0.929	0.944	0.929	1	0.877
云南	0.815	0.978	0.864	0.943	0.797
陕西	0.768	0.983	0.757	1.015	0.755
甘肃	0.8	0.954	0.722	1.109	0.763
青海	1	0.85	1	1	0.85
宁夏	1.515	0.868	1.448	1.046	1.314
新疆	0.898	0.942	0.897	1	0.845
平均值	1.004	0.916	1.003	1.002	0.92

附表3　2004年中国各地区环境约束下旅游业Malmquist全要素生产率（TFP）指数及其分解

分项指数 省份	技术效率变化指数（effch）	技术进步变化指数（techch）	纯技术效率变化指数（pech）	规模效率变化指数（sech）	全要素生产率指数（tfpch）
北京	1.037	1.145	1.031	1.006	1.187
天津	1.011	0.984	1.006	1.004	0.995
河北	1	0.718	1	1	0.718

续表

分项指数 省份	技术效率变化指数（effch）	技术进步变化指数（techch）	纯技术效率变化指数（pech）	规模效率变化指数（sech）	全要素生产率指数（tfpch）
山西	1.151	0.841	1.159	0.993	0.968
内蒙古	0.594	0.962	0.603	0.985	0.572
辽宁	1.102	0.693	1.111	0.992	0.764
吉林	1.571	0.647	1.583	0.993	1.017
黑龙江	1.071	0.71	1.06	1.01	0.76
上海	0.923	1.181	0.925	0.997	1.089
江苏	1	0.752	1	1	0.752
浙江	1	0.715	1	1	0.715
安徽	1.137	0.685	1.155	0.984	0.779
福建	0.962	0.728	0.975	0.986	0.701
江西	0.785	0.866	0.79	0.994	0.68
山东	1.224	0.652	1.162	1.053	0.798
河南	1.046	0.703	1.015	1.03	0.735
湖北	1.109	0.848	1.111	0.998	0.94
湖南	0.749	0.915	0.758	0.987	0.685
广东	1	0.974	1	1	0.974
广西	1.109	0.785	1.104	1.005	0.871
海南	0.883	1	0.88	1.004	0.884
重庆	0.886	0.803	0.867	1.023	0.712
四川	1.099	0.712	1.106	0.994	0.783
贵州	1.16	0.979	1.172	0.99	1.136
云南	1.402	0.842	1.313	1.068	1.181
陕西	0.759	1.022	0.758	1.001	0.776
甘肃	1.1	0.92	1.175	0.936	1.011
青海	1	0.854	1	1	0.854
宁夏	0.832	0.964	0.865	0.962	0.802
新疆	1.142	0.984	1.162	0.983	1.124
平均值	1.011	0.841	1.012	0.999	0.85

附表 4　　2005 年中国各地区环境约束下旅游业 Malmquist 全要素生产率（TFP）指数及其分解

省份 \ 分项指数	技术效率变化指数（effch）	技术进步变化指数（techch）	纯技术效率变化指数（pech）	规模效率变化指数（sech）	全要素生产率指数（tfpch）
北京	1	1.342	1	1	1.342
天津	1.355	1.104	1.274	1.063	1.496
河北	1	1.204	1	1	1.204
山西	1.242	1.208	1.23	1.01	1.501
内蒙古	1.258	1.148	1.213	1.037	1.444
辽宁	0.653	1.585	0.655	0.998	1.036
吉林	0.559	1.59	0.563	0.992	0.889
黑龙江	0.907	1.488	0.913	0.993	1.35
上海	1.105	1.291	1.081	1.022	1.426
江苏	1	1.433	1	1	1.433
浙江	0.902	1.338	1	0.902	1.206
安徽	1.177	1.319	1.151	1.023	1.554
福建	1.039	1.349	1.025	1.014	1.402
江西	1.258	1.336	1.248	1.008	1.681
山东	0.815	1.376	0.897	0.909	1.122
河南	0.942	1.222	0.942	1	1.151
湖北	1.152	1.196	1.23	0.937	1.378
湖南	1.335	1.234	1.319	1.013	1.648
广东	0.812	1.186	1	0.812	0.962
广西	0.967	1.237	0.963	1.004	1.197
海南	0.815	1.313	0.806	1.01	1.069
重庆	1.288	1.143	1.279	1.007	1.472
四川	0.957	1.276	0.957	1	1.222
贵州	1.037	1.234	1.021	1.015	1.279
云南	0.968	1.297	1.122	0.863	1.255
陕西	1.323	1.078	1.379	0.96	1.427
甘肃	1.28	1.122	1.287	0.995	1.436
青海	1	0.74	1	1	0.74

续表

分项指数\省份	技术效率变化指数（effch）	技术进步变化指数（techch）	纯技术效率变化指数（pech）	规模效率变化指数（sech）	全要素生产率指数（tfpch）
宁夏	1.114	0.912	1.156	0.963	1.016
新疆	1.198	1.136	1.186	1.01	1.361
平均值	1.028	1.235	1.045	0.984	1.27

附表5　2006年中国各地区环境约束下旅游业Malmquist全要素生产率（TFP）指数及其分解

分项指数\省份	技术效率变化指数（effch）	技术进步变化指数（techch）	纯技术效率变化指数（pech）	规模效率变化指数（sech）	全要素生产率指数（tfpch）
北京	1	1.363	1	1	1.363
天津	0.862	1.171	0.846	1.019	1.01
河北	1	1.076	1	1	1.076
山西	1.06	1.107	1.062	0.998	1.174
内蒙古	1.024	1.127	1.023	1	1.154
辽宁	0.941	1.179	0.936	1.006	1.109
吉林	0.97	1.165	0.953	1.018	1.13
黑龙江	0.938	1.169	0.922	1.018	1.096
上海	0.908	1.161	0.908	1	1.054
江苏	1	1.159	1	1	1.159
浙江	1.109	1.131	1	1.109	1.254
安徽	1	1.123	1	1	1.123
福建	0.998	1.07	1	0.998	1.068
江西	1.064	1.064	1.057	1.007	1.132
山东	0.948	1.118	0.862	1.1	1.059
河南	1.061	1.137	1.061	1	1.207
湖北	0.931	1.099	0.872	1.068	1.023
湖南	1	1.081	1	1	1.081
广东	0.966	1.145	0.956	1.01	1.106
广西	0.922	1.117	0.929	0.992	1.03
海南	0.927	1.18	0.9	1.03	1.095

续表

分项指数 省份	技术效率变化指数（effch）	技术进步变化指数（techch）	纯技术效率变化指数（pech）	规模效率变化指数（sech）	全要素生产率指数（tfpch）
重庆	1.001	1.126	1	1.001	1.128
四川	0.949	1.13	0.944	1.005	1.072
贵州	0.85	1.027	0.851	0.999	0.873
云南	0.923	1.08	0.94	0.982	0.997
陕西	0.89	1.102	0.863	1.031	0.981
甘肃	0.874	1.121	0.838	1.044	0.98
青海	1	1.022	1	1	1.022
宁夏	0.943	1.135	0.921	1.024	1.07
新疆	0.833	1.126	0.829	1.005	0.938
平均值	0.961	1.126	0.947	1.015	1.082

附表6　　2007年中国各地区环境约束下旅游业 Malmquist 全要素生产率（TFP）指数及其分解

分项指数 省份	技术效率变化指数（effch）	技术进步变化指数（techch）	纯技术效率变化指数（pech）	规模效率变化指数（sech）	全要素生产率指数（tfpch）
北京	1	0.879	1	1	0.879
天津	1.098	0.998	1.09	1.007	1.096
河北	1	1.009	1	1	1.009
山西	1.009	1.017	1.005	1.004	1.025
内蒙古	0.847	1.002	0.86	0.986	0.849
辽宁	1.054	1.006	1.056	0.998	1.06
吉林	1.019	1.05	1.013	1.006	1.069
黑龙江	1.064	1.009	1.066	0.999	1.074
上海	1.102	1.065	1.101	1	1.173
江苏	1	1.062	1	1	1.062
浙江	1	1.021	1	1	1.021
安徽	0.971	1.017	0.975	0.996	0.987
福建	0.974	1.03	0.976	0.998	1.003
江西	0.796	1.031	0.813	0.98	0.821

续表

分项指数 省份	技术效率变化指数（effch）	技术进步变化指数（techch）	纯技术效率变化指数（pech）	规模效率变化指数（sech）	全要素生产率指数（tfpch）
山东	1.094	1.025	1.091	1.003	1.121
河南	0.918	1.045	0.945	0.972	0.959
湖北	1.059	1.011	1.069	0.99	1.07
湖南	1	0.943	1	1	0.943
广东	1.067	1.012	1.046	1.02	1.079
广西	1.057	1.033	1.054	1.003	1.092
海南	1.075	1.005	1.088	0.988	1.08
重庆	1.067	1.019	1.05	1.016	1.087
四川	1.123	1.022	1.124	0.999	1.148
贵州	1.081	0.976	1.082	0.999	1.056
云南	1.159	0.941	1.064	1.09	1.09
陕西	1.053	1.026	1.059	0.995	1.081
甘肃	1.004	1.035	1.069	0.939	1.039
青海	1	0.834	1	1	0.834
宁夏	0.828	0.975	0.816	1.015	0.808
新疆	1.071	1.023	1.06	1.011	1.096
平均值	1.016	1.003	1.016	1	1.019

附表7　2008年中国各地区环境约束下旅游业 Malmquist 全要素生产率（TFP）指数及其分解

分项指数 省份	技术效率变化指数（effch）	技术进步变化指数（techch）	纯技术效率变化指数（pech）	规模效率变化指数（sech）	全要素生产率指数（tfpch）
北京	1	1.012	1	1	1.012
天津	0.981	1.101	1.035	0.947	1.079
河北	1	1.018	1	1	1.018
山西	0.862	1.103	0.863	0.998	0.95
内蒙古	1.024	1.041	1.012	1.012	1.066
辽宁	1.117	1.001	1.115	1.002	1.118
吉林	1.086	1.011	1.104	0.984	1.098

续表

分项指数 省份	技术效率变化指数（effch）	技术进步变化指数（techch）	纯技术效率变化指数（pech）	规模效率变化指数（sech）	全要素生产率指数（tfpch）
黑龙江	1.152	1.015	1.164	0.989	1.169
上海	1	0.96	1	1	0.96
江苏	1	1.115	1	1	1.115
浙江	0.958	1.127	1	0.958	1.081
安徽	0.848	1.179	0.877	0.967	1.001
福建	0.799	1.234	0.799	1.001	0.986
江西	1.178	1.168	1.153	1.021	1.375
山东	0.979	1.123	1.009	0.97	1.099
河南	0.968	1.207	1.013	0.956	1.169
湖北	0.982	1.093	0.972	1.01	1.073
湖南	0.986	1.05	0.988	0.999	1.036
广东	0.925	1.051	0.984	0.94	0.972
广西	0.855	1.162	0.856	0.998	0.994
海南	1.035	1.012	1.02	1.014	1.048
重庆	0.942	1.081	0.948	0.994	1.019
四川	0.808	1.127	0.806	1.002	0.911
贵州	0.957	1.021	0.97	0.987	0.978
云南	1.084	1.102	1	1.084	1.194
陕西	1	1.14	0.985	1.015	1.14
甘肃	0.807	1.136	0.803	1.004	0.917
青海	1	1.155	1	1	1.155
宁夏	1.25	0.983	1.331	0.94	1.229
新疆	0.733	1.096	0.736	0.996	0.804
平均值	0.97	1.085	0.978	0.993	1.053

附表 8　2009 年中国各地区环境约束下旅游业 Malmquist 全要素生产率（TFP）指数及其分解

分项指数 省份	技术效率变化指数（effch）	技术进步变化指数（techch）	纯技术效率变化指数（pech）	规模效率变化指数（sech）	全要素生产率指数（tfpch）
北京	1	1.052	1	1	1.052
天津	1.021	1.062	1.009	1.012	1.084
河北	1	1.1	1	1	1.1
山西	0.872	1.047	0.87	1.003	0.913
内蒙古	1.153	1.111	1.152	1.001	1.282
辽宁	0.998	1.079	0.997	1.001	1.077
吉林	1.032	1.088	1.025	1.007	1.123
黑龙江	0.812	1.087	0.803	1.011	0.882
上海	1	1.056	1	1	1.056
江苏	1	1.06	1	1	1.06
浙江	1.007	1.017	1	1.007	1.024
安徽	1.02	1.016	0.985	1.036	1.037
福建	1.132	1.003	1.13	1.002	1.136
江西	0.973	1.019	0.971	1.002	0.992
山东	1.085	1.026	1.095	0.99	1.113
河南	0.986	1.015	0.92	1.072	1.001
湖北	1.029	1.043	1.027	1.002	1.073
湖南	1.014	1.123	1.013	1.001	1.138
广东	1.011	1.063	1.015	0.996	1.075
广西	1.071	1.015	1.062	1.008	1.086
海南	1.024	1.056	1.015	1.009	1.081
重庆	1.025	1.08	1.02	1.005	1.107
四川	1.189	1.036	1.187	1.001	1.231
贵州	1.136	1.107	1.119	1.015	1.258
云南	1	1.072	1	1	1.072
陕西	1.001	1.051	1.001	1	1.052
甘肃	1.036	1.032	0.95	1.091	1.069
青海	1	1.014	1	1	1.014

续表

分项指数 省份	技术效率变化指数（effch）	技术进步变化指数（techch）	纯技术效率变化指数（pech）	规模效率变化指数（sech）	全要素生产率指数（tfpch）
宁夏	0.673	1.102	0.615	1.094	0.742
新疆	0.931	1.052	0.928	1.003	0.98
平均值	1.003	1.056	0.991	1.012	1.058

附表9　2010年中国各地区环境约束下旅游业Malmquist全要素生产率（TFP）指数及其分解

分项指数 省份	技术效率变化指数（effch）	技术进步变化指数（techch）	纯技术效率变化指数（pech）	规模效率变化指数（sech）	全要素生产率指数（tfpch）
北京	1	1.39	1	1	1.39
天津	0.98	1.102	1.178	0.832	1.079
河北	0.893	1.002	1	0.893	0.895
山西	0.904	1.289	0.923	0.979	1.165
内蒙古	1.032	1.172	1.027	1.004	1.21
辽宁	0.95	1.29	0.979	0.97	1.226
吉林	1	1.058	1.047	0.955	1.058
黑龙江	1.341	1.016	1.365	0.983	1.362
上海	1	1.353	1	1	1.353
江苏	1	1.214	1	1	1.214
浙江	1.036	1.412	1	1.036	1.463
安徽	0.907	1.205	0.929	0.976	1.093
福建	1.09	1.285	1.123	0.971	1.401
江西	1.011	1.147	1.142	0.886	1.16
山东	0.722	1.354	0.739	0.978	0.978
河南	1.032	1.219	1.071	0.963	1.258
湖北	0.835	1.392	0.857	0.974	1.162
湖南	0.993	1.22	0.996	0.997	1.211
广东	1.043	1.332	1.001	1.041	1.389
广西	0.863	1.338	0.9	0.959	1.154
海南	0.98	1.304	1.014	0.967	1.279

续表

分项指数 省份	技术效率变化指数（effch）	技术进步变化指数（techch）	纯技术效率变化指数（pech）	规模效率变化指数（sech）	全要素生产率指数（tfpch）
重庆	0.966	1.301	0.969	0.997	1.256
四川	0.754	1.414	0.767	0.983	1.066
贵州	1	1.14	1	1	1.14
云南	0.689	1.298	0.693	0.994	0.895
陕西	1.013	1.271	1.019	0.994	1.288
甘肃	1.332	0.939	1.339	0.995	1.25
青海	1	0.551	1	1	0.551
宁夏	1.64	0.782	1.625	1.01	1.283
新疆	1.049	1.259	1.086	0.966	1.321
平均值	0.987	1.182	1.012	0.976	1.167

附表10　2011年中国各地区环境约束下旅游业Malmquist全要素生产率（TFP）指数及其分解

分项指数 省份	技术效率变化指数（effch）	技术进步变化指数（techch）	纯技术效率变化指数（pech）	规模效率变化指数（sech）	全要素生产率指数（tfpch）
北京	1	1.057	1	1	1.057
天津	0.981	1.191	1	0.981	1.168
河北	1.12	1.224	1	1.12	1.37
山西	0.88	1.052	0.868	1.013	0.926
内蒙古	0.928	1.078	0.966	0.961	1.001
辽宁	0.957	1.11	0.947	1.011	1.062
吉林	0.855	1.207	0.875	0.977	1.031
黑龙江	0.581	1.117	0.569	1.023	0.649
上海	1	1.058	1	1	1.058
江苏	1	1.103	1	1	1.103
浙江	1	1.063	1	1	1.063
安徽	0.952	1.064	0.951	1.001	1.012
福建	1.029	1.052	1.004	1.025	1.082
江西	1.14	1.112	1.056	1.079	1.268

续表

分项指数 省份	技术效率变化指数（effch）	技术进步变化指数（techch）	纯技术效率变化指数（pech）	规模效率变化指数（sech）	全要素生产率指数（tfpch）
山东	1.138	1.073	1.098	1.037	1.221
河南	0.783	1.131	0.767	1.022	0.886
湖北	1.304	1.043	1.297	1.006	1.361
湖南	1.007	1.147	1.004	1.003	1.155
广东	1.077	1.097	1	1.077	1.182
广西	1.133	1.08	1.113	1.018	1.224
海南	1.099	1.105	1.098	1.001	1.215
重庆	0.962	1.093	0.997	0.964	1.051
四川	1.288	1.034	1.285	1.003	1.332
贵州	1	0.941	1	1	0.941
云南	1.147	1.051	1.16	0.989	1.205
陕西	1.08	1.065	1.085	0.995	1.151
甘肃	0.88	1.091	0.859	1.025	0.96
青海	1	1.103	1	1	1.103
宁夏	0.729	1.225	0.799	0.912	0.893
新疆	1.079	1.056	1.074	1.005	1.14
平均值	0.992	1.093	0.985	1.008	1.084

附表11　2012年中国各地区环境约束下旅游业Malmquist全要素生产率（TFP）指数及其分解

分项指数 省份	技术效率变化指数（effch）	技术进步变化指数（techch）	纯技术效率变化指数（pech）	规模效率变化指数（sech）	全要素生产率指数（tfpch）
北京	1	1.144	1	1	1.144
天津	0.922	1.222	0.79	1.167	1.127
河北	0.938	1.102	0.974	0.963	1.034
山西	0.891	1.263	0.953	0.935	1.126
内蒙古	0.794	1.116	0.777	1.022	0.886
辽宁	0.928	1.163	0.903	1.028	1.08
吉林	0.96	1.19	0.862	1.114	1.142

续表

分项指数\省份	技术效率变化指数（effch）	技术进步变化指数（techch）	纯技术效率变化指数（pech）	规模效率变化指数（sech）	全要素生产率指数（tfpch）
黑龙江	1.177	1.111	1.178	0.999	1.308
上海	1	1.104	1	1	1.104
江苏	0.879	1.184	1	0.879	1.041
浙江	0.805	1.122	0.965	0.833	0.902
安徽	0.811	1.285	0.833	0.973	1.042
福建	0.853	1.235	0.987	0.864	1.053
江西	0.78	1.295	0.752	1.038	1.01
山东	0.911	1.201	1.064	0.857	1.094
河南	0.698	1.34	0.752	0.928	0.935
湖北	1.134	1.156	1.154	0.983	1.31
湖南	0.926	1.126	1	0.926	1.043
广东	0.995	1.104	1	0.995	1.098
广西	0.955	1.157	0.957	0.997	1.105
海南	0.99	1.093	0.969	1.022	1.082
重庆	1.115	1.32	1.071	1.042	1.472
四川	0.887	1.129	0.95	0.934	1.002
贵州	0.752	1.139	0.792	0.95	0.857
云南	1.265	1.168	1.244	1.017	1.477
陕西	0.94	1.163	0.991	0.949	1.094
甘肃	0.798	1.28	0.904	0.882	1.022
青海	1	1.085	1	1	1.085
宁夏	0.935	1.11	0.957	0.976	1.037
新疆	0.871	1.255	0.874	0.997	1.094
平均值	0.922	1.177	0.948	0.973	1.085

附表 12　2013 年中国各地区环境约束下旅游业 Malmquist 全要素生产率（TFP）指数及其分解

省份 \ 分项指数	技术效率变化指数（effch）	技术进步变化指数（techch）	纯技术效率变化指数（pech）	规模效率变化指数（sech）	全要素生产率指数（tfpch）
北京	1	1.018	1	1	1.018
天津	1.41	0.866	1.266	1.114	1.222
河北	1.066	0.879	1.027	1.038	0.937
山西	1.235	0.829	1.162	1.063	1.023
内蒙古	0.938	0.857	0.949	0.988	0.804
辽宁	1.224	0.939	1.224	1	1.149
吉林	1.103	0.896	1.104	0.999	0.988
黑龙江	1.084	0.969	1.075	1.008	1.05
上海	1	1.267	1	1	1.267
江苏	1.137	0.86	1	1.137	0.978
浙江	1.079	0.858	0.92	1.173	0.925
安徽	1.15	0.85	1.111	1.035	0.978
福建	1.189	0.852	1.02	1.165	1.013
江西	1.102	0.782	1.134	0.973	0.862
山东	1.521	0.791	1.27	1.197	1.203
河南	1.255	0.708	1.172	1.07	0.888
湖北	0.912	0.98	0.885	1.031	0.894
湖南	1.08	0.888	1	1.08	0.959
广东	1.121	0.924	1	1.121	1.035
广西	1.167	0.838	1.167	1	0.978
海南	0.773	1.155	0.758	1.02	0.892
重庆	0.989	0.797	1	0.989	0.789
四川	1.102	0.889	1.025	1.075	0.979
贵州	1.1	0.844	1.096	1.003	0.928
云南	0.695	0.835	0.712	0.976	0.58
陕西	1.013	0.881	0.949	1.067	0.892
甘肃	1.115	0.837	1.007	1.107	0.934
青海	1	0.958	1	1	0.958

续表

分项指数 省份	技术效率变化指数（effch）	技术进步变化指数（techch）	纯技术效率变化指数（pech）	规模效率变化指数（sech）	全要素生产率指数（tfpch）
宁夏	0.903	1.002	0.822	1.098	0.904
新疆	1.08	0.895	1.067	1.013	0.967
平均值	1.073	0.892	1.022	1.05	0.957

附表 13　2014 年中国各地区环境约束下旅游业 Malmquist 全要素生产率（TFP）指数及其分解

分项指数 省份	技术效率变化指数（effch）	技术进步变化指数（techch）	纯技术效率变化指数（pech）	规模效率变化指数（sech）	全要素生产率指数（tfpch）
北京	1	1.093	1	1	1.093
天津	1	1.057	1	1	1.057
河北	1	0.968	1	1	0.968
山西	1.946	1.411	1.917	1.015	2.746
内蒙古	1.013	0.993	0.996	1.016	1.006
辽宁	0.951	1.104	0.964	0.987	1.05
吉林	1.009	1.057	1.031	0.978	1.066
黑龙江	1.033	1.053	1.022	1.011	1.087
上海	1	1.071	1	1	1.071
江苏	1	1.017	1	1	1.017
浙江	1.025	1.051	1.046	0.98	1.077
安徽	0.886	1.032	0.87	1.018	0.914
福建	1	0.992	1	1	0.992
江西	1.03	0.995	1.002	1.028	1.025
山东	1.001	0.969	1.001	1.001	0.97
河南	1.151	1.004	1.128	1.021	1.155
湖北	0.949	1.062	0.942	1.008	1.009
湖南	1	1.151	1	1	1.151
广东	1.022	1.076	1	1.022	1.099
广西	0.949	1.036	0.925	1.026	0.983
海南	1.509	1.072	1.489	1.013	1.617

续表

分项指数\省份	技术效率变化指数（effch）	技术进步变化指数（techch）	纯技术效率变化指数（pech）	规模效率变化指数（sech）	全要素生产率指数（tfpch）
重庆	1.011	1.124	1	1.011	1.136
四川	0.83	1.056	0.822	1.01	0.877
贵州	0.861	1.258	0.821	1.049	1.084
云南	1.137	1.129	1.115	1.02	1.284
陕西	0.766	1.143	0.765	1.002	0.875
甘肃	0.826	1.021	1.055	0.783	0.843
青海	1	0.881	1	1	0.881
宁夏	1.457	0.921	1.59	0.916	1.342
新疆	0.81	1.04	0.793	1.021	0.842
平均值	1.02	1.057	1.023	0.997	1.078

附表 14　2002 年中国各地区环境约束下星级饭店业的 Malmquist 全要素生产率（TFP）指数及其分解

分项指数\省份	技术效率变化指数（effch）	技术进步变化指数（techch）	纯技术效率变化指数（pech）	规模效率变化指数（sech）	全要素生产率指数（tfpch）
北京	1.078	1.084	1	1.078	1.168
天津	0.968	1.056	0.998	0.97	1.022
河北	1	0.851	1	1	0.851
山西	1.251	0.865	1.331	0.94	1.082
内蒙古	1.197	0.818	1.326	0.903	0.979
辽宁	0.9	1.113	0.903	0.997	1.002
吉林	1.113	1	1.16	0.96	1.113
黑龙江	0.649	1.038	0.632	1.027	0.674
上海	1	1.095	1	1	1.095
江苏	1	1.039	1	1	1.039
浙江	1	1.106	1	1	1.106
安徽	1.249	0.722	1.302	0.959	0.901
福建	0.788	1.082	0.778	1.013	0.853
江西	0.872	1.002	0.809	1.078	0.873

续表

分项指数\省份	技术效率变化指数（effch）	技术进步变化指数（techch）	纯技术效率变化指数（pech）	规模效率变化指数（sech）	全要素生产率指数（tfpch）
山东	1.105	1.183	1	1.105	1.307
河南	1.155	0.973	1.036	1.115	1.124
湖北	0.934	1.026	0.935	0.998	0.958
湖南	1.436	0.832	1.56	0.921	1.194
广东	0.889	1.018	1	0.889	0.905
广西	0.984	1.043	0.994	0.989	1.026
海南	0.948	1.098	0.953	0.995	1.042
重庆	1.013	1.02	1.007	1.006	1.033
四川	1.063	1.01	1.067	0.996	1.074
贵州	1.117	0.924	1.104	1.012	1.033
云南	0.983	0.98	1.032	0.952	0.963
陕西	1.036	1.054	1.013	1.022	1.091
甘肃	0.921	0.944	1.006	0.915	0.869
青海	1	0.62	1	1	0.62
宁夏	0.782	0.67	0.96	0.815	0.524
新疆	1.183	0.91	1.212	0.976	1.076
平均值	1.009	0.962	1.023	0.986	0.97

附表15　2003年中国各地区环境约束下星级饭店业的Malmquist全要素生产率（TFP）指数及其分解

分项指数\省份	技术效率变化指数（effch）	技术进步变化指数（techch）	纯技术效率变化指数（pech）	规模效率变化指数（sech）	全要素生产率指数（tfpch）
北京	0.795	1.064	0.734	1.083	0.846
天津	0.997	1.043	1.069	0.933	1.04
河北	1	0.875	1	1	0.875
山西	0.923	0.927	0.866	1.066	0.856
内蒙古	1.214	0.93	1.081	1.123	1.128
辽宁	1.147	0.939	1.146	1.001	1.078
吉林	1.119	0.906	1.12	1	1.014

续表

分项指数\省份	技术效率变化指数（effch）	技术进步变化指数（techch）	纯技术效率变化指数（pech）	规模效率变化指数（sech）	全要素生产率指数（tfpch）
黑龙江	1.105	0.917	1.116	0.99	1.013
上海	0.93	1.016	0.952	0.977	0.945
江苏	0.969	0.934	0.97	0.998	0.905
浙江	1	0.941	1	1	0.941
安徽	1.165	0.842	1.114	1.046	0.981
福建	1.253	0.881	1.275	0.983	1.105
江西	0.887	0.932	0.888	0.999	0.827
山东	0.71	0.853	0.761	0.932	0.605
河南	1.001	0.909	1	1.001	0.911
湖北	0.936	0.946	0.927	1.01	0.886
湖南	1.11	0.918	1.005	1.105	1.019
广东	1.125	1.245	1	1.125	1.401
广西	1.028	0.929	1.03	0.997	0.955
海南	0.975	0.949	0.985	0.99	0.926
重庆	1.086	0.932	1.096	0.991	1.012
四川	1.017	0.938	1.021	0.996	0.954
贵州	0.854	1.016	0.858	0.995	0.867
云南	0.907	0.911	0.862	1.052	0.827
陕西	0.789	1.02	0.809	0.975	0.805
甘肃	0.902	1.034	0.816	1.106	0.933
青海	1	0.692	1	1	0.692
宁夏	1.811	0.771	1.728	1.048	1.397
新疆	0.775	0.965	0.752	1.03	0.748
平均值	1.002	0.934	0.985	1.017	0.936

附表 16　2004 年中国各地区环境约束下星级饭店业的 Malmquist 全要素生产率（TFP）指数及其分解

分项指数 省份	技术效率变化指数（effch）	技术进步变化指数（techch）	纯技术效率变化指数（pech）	规模效率变化指数（sech）	全要素生产率指数（tfpch）
北京	1.096	0.965	1.096	1	1.058
天津	0.953	0.899	0.848	1.124	0.857
河北	1	0.674	1	1	0.674
山西	1.184	0.777	1.196	0.989	0.92
内蒙古	0.519	1.005	0.566	0.917	0.521
辽宁	1.144	0.698	1.141	1.003	0.798
吉林	1.571	0.672	1.538	1.022	1.056
黑龙江	1.005	0.706	0.985	1.02	0.71
上海	1.075	1.098	1.051	1.023	1.18
江苏	0.975	0.698	0.977	0.998	0.68
浙江	1	0.704	1	1	0.704
安徽	0.922	0.874	0.93	0.991	0.805
福建	0.956	0.738	0.949	1.007	0.706
江西	1.034	0.779	1.044	0.99	0.805
山东	1.272	0.664	1.189	1.07	0.844
河南	1	0.816	1	1	0.816
湖北	1.126	0.792	1.13	0.996	0.892
湖南	0.705	0.891	0.71	0.992	0.628
广东	1	0.949	1	1	0.949
广西	1.01	0.749	0.992	1.018	0.757
海南	1.11	0.782	1.084	1.024	0.868
重庆	0.775	0.778	0.738	1.049	0.603
四川	1.104	0.698	1.103	1.001	0.771
贵州	1.044	1.069	1.044	1	1.116
云南	1.795	0.77	1.805	0.995	1.383
陕西	0.608	0.879	0.606	1.003	0.535
甘肃	1.016	0.883	1.171	0.867	0.897
青海	1	0.693	1	1	0.693

续表

分项指数\省份	技术效率变化指数（effch）	技术进步变化指数（techch）	纯技术效率变化指数（pech）	规模效率变化指数（sech）	全要素生产率指数（tfpch）
宁夏	0.93	0.88	0.79	1.177	0.819
新疆	1.041	0.946	1.066	0.976	0.985
平均值	1.006	0.809	0.999	1.007	0.814

附表17　2005年中国各地区环境约束下星级饭店业的Malmquist全要素生产率（TFP）指数及其分解

分项指数\省份	技术效率变化指数（effch）	技术进步变化指数（techch）	纯技术效率变化指数（pech）	规模效率变化指数（sech）	全要素生产率指数（tfpch）
北京	1.229	1.189	1.242	0.989	1.461
天津	1.363	1.207	1.422	0.958	1.645
河北	0.896	1.167	0.914	0.98	1.046
山西	1.4	1.035	1.401	0.999	1.449
内蒙古	1.503	0.915	1.392	1.08	1.375
辽宁	0.815	1.299	0.813	1.003	1.059
吉林	0.706	1.37	0.724	0.976	0.968
黑龙江	1.102	1.285	1.115	0.989	1.415
上海	1	1.229	1	1	1.229
江苏	1.059	1.341	1.055	1.003	1.419
浙江	0.935	1.168	1	0.935	1.092
安徽	1.097	1.221	1.085	1.011	1.339
福建	1.061	1.255	1.065	0.996	1.332
江西	1.304	1.236	1.317	0.99	1.612
山东	0.943	1.159	1.026	0.919	1.092
河南	1	1.032	1	1	1.032
湖北	1.216	1.018	1.243	0.978	1.239
湖南	1.44	0.967	1.435	1.004	1.393
广东	0.796	0.951	1	0.796	0.758
广西	1.058	1.157	1.058	1	1.224
海南	1.201	1.212	1.229	0.977	1.455

续表

分项指数\省份	技术效率变化指数（effch）	技术进步变化指数（techch）	纯技术效率变化指数（pech）	规模效率变化指数（sech）	全要素生产率指数（tfpch）
重庆	1.435	0.968	1.443	0.995	1.389
四川	1.044	1.102	1.032	1.012	1.151
贵州	1.122	0.926	1.117	1.005	1.039
云南	1.014	1.044	1.166	0.87	1.059
陕西	1.461	0.801	1.485	0.983	1.169
甘肃	1.59	1.032	1.382	1.151	1.641
青海	1	0.843	1	1	0.843
宁夏	1.154	0.944	1.192	0.968	1.09
新疆	1.518	0.885	1.496	1.014	1.343
平均值	1.126	1.088	1.144	0.984	1.224

附表18　2006年中国各地区环境约束下星级饭店业的Malmquist全要素生产率（TFP）指数及其分解

分项指数\省份	技术效率变化指数（effch）	技术进步变化指数（techch）	纯技术效率变化指数（pech）	规模效率变化指数（sech）	全要素生产率指数（tfpch）
北京	1.014	1.267	1	1.014	1.285
天津	0.871	1.155	0.816	1.067	1.006
河北	0.937	1.15	0.927	1.011	1.078
山西	1.027	1.188	1.018	1.008	1.219
内蒙古	1.108	1.165	1.186	0.934	1.291
辽宁	0.896	1.216	0.891	1.006	1.09
吉林	0.927	1.167	0.898	1.033	1.082
黑龙江	0.902	1.179	0.883	1.022	1.063
上海	1	0.971	1	1	0.971
江苏	1	1.16	1	1	1.16
浙江	1.069	1.204	1	1.069	1.288
安徽	0.986	1.103	0.998	0.988	1.088
福建	0.923	1.167	0.928	0.995	1.078
江西	0.823	1.179	0.822	1.002	0.97

续表

分项指数\省份	技术效率变化指数（effch）	技术进步变化指数（techch）	纯技术效率变化指数（pech）	规模效率变化指数（sech）	全要素生产率指数（tfpch）
山东	0.865	1.194	0.794	1.09	1.033
河南	1	1.149	1	1	1.149
湖北	0.813	1.168	0.806	1.009	0.95
湖南	0.783	1.161	0.864	0.907	0.909
广东	0.935	1.171	0.966	0.968	1.095
广西	0.932	1.167	0.929	1.003	1.088
海南	0.894	1.158	0.854	1.046	1.035
重庆	0.872	1.201	0.869	1.003	1.048
四川	0.907	1.189	0.908	0.999	1.079
贵州	0.93	1.066	0.994	0.935	0.991
云南	0.742	1.168	0.809	0.918	0.867
陕西	0.844	1.138	0.821	1.028	0.961
甘肃	0.859	1.221	0.858	1.002	1.049
青海	1	1.155	1	1	1.155
宁夏	0.736	1.368	0.829	0.889	1.007
新疆	0.779	1.139	0.775	1.004	0.887
平均值	0.908	1.168	0.91	0.997	1.06

附表19　2007年中国各地区环境约束下星级饭店业的Malmquist全要素生产率（TFP）指数及其分解

分项指数\省份	技术效率变化指数（effch）	技术进步变化指数（techch）	纯技术效率变化指数（pech）	规模效率变化指数（sech）	全要素生产率指数（tfpch）
北京	1	0.925	1	1	0.925
天津	1.16	0.985	1.173	0.989	1.143
河北	1.098	0.946	1.104	0.994	1.038
山西	1.013	1.039	1.014	0.999	1.053
内蒙古	0.66	1.157	0.78	0.845	0.763
辽宁	1.035	0.952	1.035	1.001	0.985
吉林	1.037	0.996	1.028	1.009	1.033

续表

分项指数 省份	技术效率变化指数（effch）	技术进步变化指数（techch）	纯技术效率变化指数（pech）	规模效率变化指数（sech）	全要素生产率指数（tfpch）
黑龙江	1.049	0.994	1.041	1.008	1.043
上海	1	1.024	1	1	1.024
江苏	1	1.039	1	1	1.039
浙江	1	1.023	1	1	1.023
安徽	1.014	0.931	1.002	1.012	0.944
福建	1.01	1.012	1.034	0.977	1.023
江西	1.006	1	1.047	0.961	1.006
山东	1.107	1.021	1.125	0.985	1.13
河南	1	0.953	1	1	0.953
湖北	0.982	1.042	1.051	0.935	1.023
湖南	0.875	1.198	1.089	0.804	1.048
广东	1.029	1.022	0.987	1.042	1.052
广西	1.072	1.021	1.07	1.002	1.095
海南	1.055	0.993	1.052	1.003	1.048
重庆	1.03	1.064	1.137	0.906	1.095
四川	1.087	1.02	1.087	1	1.108
贵州	0.965	1.121	1.006	0.96	1.082
云南	0.912	1.124	1.084	0.841	1.024
陕西	0.926	1.136	1.062	0.872	1.052
甘肃	1.127	0.981	1.143	0.986	1.107
青海	1	0.867	1	1	0.867
宁夏	0.824	1.03	0.825	0.999	0.849
新疆	0.997	1.106	1.122	0.889	1.102
平均值	0.997	1.022	1.033	0.965	1.019

附表20　2008年中国各地区环境约束下星级饭店业的Malmquist全要素生产率（TFP）指数及其分解

分项指数 省份	技术效率变化指数（effch）	技术进步变化指数（techch）	纯技术效率变化指数（pech）	规模效率变化指数（sech）	全要素生产率指数（tfpch）
北京	1	1.104	1	1	1.104
天津	0.94	1.149	0.925	1.016	1.081
河北	0.938	1.134	0.945	0.992	1.063
山西	0.843	1.168	0.867	0.973	0.985
内蒙古	1.102	1.034	1.024	1.076	1.139
辽宁	0.92	1.135	0.965	0.953	1.044
吉林	0.977	1.157	0.963	1.014	1.13
黑龙江	1.023	1.162	1.01	1.013	1.188
上海	1	0.936	1	1	0.936
江苏	1	1.118	1	1	1.118
浙江	0.833	1.254	1	0.833	1.045
安徽	0.933	1.127	0.935	0.998	1.051
福建	0.802	1.187	0.782	1.026	0.952
江西	1.038	1.17	1.014	1.023	1.214
山东	0.912	1.215	1.065	0.856	1.108
河南	1	1.243	1	1	1.243
湖北	0.983	1.195	0.997	0.987	1.175
湖南	1.052	1.033	0.981	1.072	1.087
广东	0.767	1.209	0.845	0.908	0.928
广西	0.816	1.304	0.834	0.978	1.064
海南	0.997	1.131	0.998	0.999	1.128
重庆	0.879	1.152	0.894	0.984	1.013
四川	0.779	1.234	0.888	0.878	0.962
贵州	1.055	0.987	1	1.055	1.041
云南	1.267	1.075	1.083	1.17	1.362
陕西	1.132	1.19	1.087	1.041	1.347
甘肃	0.746	1.169	0.74	1.009	0.872
青海	1	1.229	1	1	1.229

续表

分项指数 省份	技术效率变化 指数（effch）	技术进步变化 指数（techch）	纯技术效率变化 指数（pech）	规模效率变 化指数（sech）	全要素生产率 指数（tfpch）
宁夏	1.519	0.987	1.315	1.156	1.499
新疆	0.748	1.175	0.799	0.936	0.879
平均值	0.955	1.142	0.959	0.996	1.091

附表 21　2009 年中国各地区环境约束下星级饭店业的 Malmquist 全要素生产率（TFP）指数及其分解

分项指数 省份	技术效率变化 指数（effch）	技术进步变化 指数（techch）	纯技术效率变化 指数（pech）	规模效率变 化指数（sech）	全要素生产率 指数（tfpch）
北京	1	0.917	1	1	0.917
天津	1.241	0.931	1.226	1.012	1.156
河北	1.156	0.979	1.13	1.024	1.132
山西	0.85	1.032	0.896	0.948	0.877
内蒙古	1.144	1.111	1.129	1.013	1.271
辽宁	1.157	0.928	1.097	1.055	1.074
吉林	1.29	0.934	1.282	1.007	1.205
黑龙江	0.85	1.015	0.927	0.918	0.863
上海	1	0.923	1	1	0.923
江苏	1	1.079	1	1	1.079
浙江	1.085	0.943	1	1.085	1.023
安徽	1.057	0.966	1.056	1.001	1.021
福建	1.065	0.986	1.049	1.015	1.05
江西	1.129	0.994	1.091	1.035	1.122
山东	1.143	0.992	1.127	1.014	1.134
河南	1	0.953	1	1	0.953
湖北	1.094	1.022	1.122	0.974	1.118
湖南	1.097	1.054	0.997	1.1	1.156
广东	1.063	0.994	1.007	1.055	1.056
广西	1.096	0.951	1.105	0.992	1.043
海南	1.227	0.923	1.214	1.011	1.133

续表

分项指数\省份	技术效率变化指数（effch）	技术进步变化指数（techch）	纯技术效率变化指数（pech）	规模效率变化指数（sech）	全要素生产率指数（tfpch）
重庆	1.041	1.014	0.938	1.11	1.056
四川	1.221	0.988	1.185	1.031	1.207
贵州	1.057	1.19	1	1.057	1.258
云南	1.039	1.071	0.945	1.1	1.113
陕西	1.076	1.029	1.212	0.888	1.107
甘肃	1.029	0.995	1.026	1.003	1.024
青海	1	0.97	1	1	0.97
宁夏	0.63	1.126	0.705	0.894	0.709
新疆	1.065	1.051	0.976	1.091	1.119
平均值	1.055	1	1.041	1.013	1.055

附表22　2010年中国各地区环境约束下星级饭店业的Malmquist全要素生产率（TFP）指数及其分解

分项指数\省份	技术效率变化指数（effch）	技术进步变化指数（techch）	纯技术效率变化指数（pech）	规模效率变化指数（sech）	全要素生产率指数（tfpch）
北京	0.958	1.344	1	0.958	1.288
天津	0.96	1.102	1.076	0.893	1.058
河北	1	1.061	1	1	1.061
山西	0.948	1.066	0.873	1.085	1.011
内蒙古	1.23	0.894	1.052	1.169	1.099
辽宁	0.924	1.313	0.96	0.963	1.214
吉林	0.852	1.161	0.912	0.934	0.99
黑龙江	1.392	0.948	1.319	1.056	1.32
上海	1	1.458	1	1	1.458
江苏	1	1.141	1	1	1.141
浙江	1.106	1.246	1	1.106	1.378
安徽	1.01	1.051	1.011	0.999	1.062
福建	1.254	1.079	1.252	1.002	1.353
江西	1.065	1.045	1.076	0.99	1.114

续表

分项指数 省份	技术效率变化指数（effch）	技术进步变化指数（techch）	纯技术效率变化指数（pech）	规模效率变化指数（sech）	全要素生产率指数（tfpch）
山东	0.762	1.212	0.699	1.091	0.924
河南	1	1.042	1	1	1.042
湖北	0.889	1.156	0.793	1.121	1.028
湖南	1.048	0.999	0.896	1.17	1.047
广东	1.23	1.151	1.231	0.999	1.416
广西	0.973	1.152	0.966	1.007	1.12
海南	0.872	1.314	0.929	0.938	1.145
重庆	1.059	1.007	1.047	1.012	1.067
四川	0.96	1.165	0.872	1.1	1.118
贵州	1	1.016	1	1	1.016
云南	0.698	1.085	0.613	1.139	0.758
陕西	1.351	0.969	1.082	1.249	1.309
甘肃	1.242	0.951	1.262	0.984	1.18
青海	1	0.502	1	1	0.502
宁夏	1.842	0.665	1.677	1.099	1.225
新疆	1.3	1.024	1.201	1.082	1.331
平均值	1.045	1.058	1.009	1.035	1.106

附表 23　2011 年中国各地区环境约束下星级饭店业的 Malmquist 全要素生产率（TFP）指数及其分解

分项指数 省份	技术效率变化指数（effch）	技术进步变化指数（techch）	纯技术效率变化指数（pech）	规模效率变化指数（sech）	全要素生产率指数（tfpch）
北京	0.929	1.191	1	0.929	1.106
天津	0.924	1.162	1	0.924	1.074
河北	1	1.137	1	1	1.137
山西	0.943	1.058	0.941	1.002	0.997
内蒙古	1.041	1.061	1.039	1.003	1.105
辽宁	0.895	1.174	0.879	1.018	1.051
吉林	0.883	1.175	0.897	0.985	1.038

续表

分项指数\省份	技术效率变化指数（effch）	技术进步变化指数（techch）	纯技术效率变化指数（pech）	规模效率变化指数（sech）	全要素生产率指数（tfpch）
黑龙江	0.662	1.162	0.668	0.99	0.769
上海	1	0.993	1	1	0.993
江苏	1	1.12	1	1	1.12
浙江	1	1.098	1	1	1.098
安徽	0.918	1.11	0.93	0.988	1.019
福建	1.031	1.09	1.031	1	1.124
江西	0.992	1.129	1.055	0.94	1.121
山东	1.102	1.081	1.08	1.02	1.191
河南	0.932	1.099	0.939	0.992	1.024
湖北	1.181	1.021	1.174	1.006	1.206
湖南	1.053	1.065	1.079	0.976	1.122
广东	1.043	1.08	1	1.043	1.126
广西	1.118	1.074	1.106	1.011	1.201
海南	1.082	1.088	1.11	0.975	1.177
重庆	0.985	1.041	0.979	1.005	1.025
四川	1.139	1.021	1.148	0.992	1.163
贵州	1	1.041	1	1	1.041
云南	1.15	1.029	1.121	1.026	1.183
陕西	1.126	1.038	1.161	0.97	1.168
甘肃	1.007	1.133	1.001	1.005	1.14
青海	1	1.156	1	1	1.156
宁夏	0.745	1.257	0.799	0.933	0.937
新疆	1.016	1.078	1.006	1.01	1.095
平均值	0.99	1.097	0.999	0.991	1.086

附表 24　2012 年中国各地区环境约束下星级饭店业的 Malmquist 全要素生产率（TFP）指数及其分解

分项指数 省份	技术效率变化指数（effch）	技术进步变化指数（techch）	纯技术效率变化指数（pech）	规模效率变化指数（sech）	全要素生产率指数（tfpch）
北京	1.124	0.964	1	1.124	1.084
天津	1.065	1.028	1	1.065	1.095
河北	0.996	1.038	1	0.996	1.034
山西	1.145	0.903	1.15	0.996	1.035
内蒙古	0.933	0.997	0.949	0.983	0.93
辽宁	1.068	0.975	1.071	0.998	1.041
吉林	1.11	1.002	1.106	1.003	1.112
黑龙江	1.405	0.843	1.388	1.012	1.184
上海	1	1.034	1	1	1.034
江苏	1	1.031	1	1	1.031
浙江	0.986	0.832	1	0.986	0.82
安徽	0.95	1.029	0.941	1.009	0.977
福建	1	1.03	1	1	1.03
江西	0.949	1.082	0.881	1.077	1.027
山东	1.193	0.89	1.193	1	1.061
河南	0.99	1.031	0.996	0.994	1.021
湖北	1.298	0.878	1.31	0.99	1.139
湖南	1.152	1.045	1.124	1.025	1.203
广东	1.169	0.897	1	1.169	1.049
广西	1.171	0.874	1.176	0.996	1.023
海南	1.297	0.878	1.232	1.053	1.139
重庆	1.33	1.187	1.319	1.008	1.579
四川	1.15	0.898	1.136	1.012	1.032
贵州	1	0.925	1	1	0.925
云南	1.16	0.967	1.172	0.99	1.122
陕西	0.995	0.992	0.963	1.034	0.987
甘肃	0.928	1.051	0.921	1.008	0.976
青海	1	1.107	1	1	1.107

续表

分项指数 省份	技术效率变化指数（effch）	技术进步变化指数（techch）	纯技术效率变化指数（pech）	规模效率变化指数（sech）	全要素生产率指数（tfpch）
宁夏	1.073	0.931	1.05	1.022	0.999
新疆	1.077	0.977	1.075	1.001	1.052
平均值	1.084	0.974	1.065	1.018	1.055

附表25　2013年中国各地区环境约束下星级饭店业的Malmquist全要素生产率（TFP）指数及其分解

分项指数 省份	技术效率变化指数（effch）	技术进步变化指数（techch）	纯技术效率变化指数（pech）	规模效率变化指数（sech）	全要素生产率指数（tfpch）
北京	1	0.968	1	1	0.968
天津	1.141	0.996	1	1.141	1.137
河北	1.004	0.899	1	1.004	0.903
山西	1.009	0.96	1.005	1.003	0.968
内蒙古	0.901	0.927	0.889	1.013	0.835
辽宁	1.128	0.973	1.11	1.016	1.097
吉林	1.01	0.992	0.957	1.056	1.002
黑龙江	0.917	1.005	0.916	1.001	0.922
上海	1	1.068	1	1	1.068
江苏	1	0.974	1	1	0.974
浙江	0.985	0.959	1	0.985	0.944
安徽	1.056	0.919	1.053	1.003	0.971
福建	1	0.961	1	1	0.961
江西	0.974	0.927	1.004	0.97	0.903
山东	1.087	0.921	1.034	1.051	1.002
河南	0.884	0.951	0.889	0.995	0.84
湖北	0.918	0.958	0.908	1.011	0.88
湖南	1	0.913	1	1	0.913
广东	0.979	0.956	1	0.979	0.936
广西	0.998	0.953	0.988	1.011	0.951
海南	0.967	1.018	0.936	1.033	0.984

续表

分项指数 省份	技术效率变化指数（effch）	技术进步变化指数（techch）	纯技术效率变化指数（pech）	规模效率变化指数（sech）	全要素生产率指数（tfpch）
重庆	0.835	0.818	0.838	0.996	0.683
四川	0.989	0.939	0.988	1.001	0.928
贵州	1	0.96	1	1	0.96
云南	0.918	0.944	0.936	0.981	0.867
陕西	1.061	0.917	1.057	1.003	0.973
甘肃	1	0.956	0.999	1.001	0.957
青海	1	1.025	1	1	1.025
宁夏	0.945	1.03	0.897	1.054	0.974
新疆	1.104	0.927	1.092	1.011	1.023
平均值	0.991	0.956	0.981	1.01	0.948

附表26　2014年中国各地区环境约束下星级饭店业的Malmquist全要素生产率（TFP）指数及其分解

分项指数 省份	技术效率变化指数（effch）	技术进步变化指数（techch）	纯技术效率变化指数（pech）	规模效率变化指数（sech）	全要素生产率指数（tfpch）
北京	0.984	1.052	1	0.984	1.036
天津	1	0.984	1	1	0.984
河北	1	0.935	1	1	0.935
山西	1.604	1.734	1.598	1.004	2.78
内蒙古	0.956	1.024	0.971	0.985	0.979
辽宁	0.946	1.042	0.951	0.995	0.986
吉林	0.98	1.005	0.975	1.005	0.985
黑龙江	1.056	1.023	1.034	1.021	1.08
上海	1	1.132	1	1	1.132
江苏	1	0.978	1	1	0.978
浙江	1.03	1.05	1	1.03	1.082
安徽	0.947	1.024	0.953	0.993	0.97
福建	1	0.969	1	1	0.969
江西	1.093	0.948	1.093	0.999	1.036

续表

分项指数 省份	技术效率变化 指数（effch）	技术进步变化 指数（techch）	纯技术效率变化 指数（pech）	规模效率变 化指数（sech）	全要素生产率 指数（tfpch）
山东	1.002	0.969	1.001	1	0.97
河南	1.093	0.948	1.12	0.975	1.036
湖北	0.963	1.042	0.97	0.993	1.003
湖南	1	1.031	1	1	1.031
广东	0.977	1.035	1	0.977	1.012
广西	0.886	1.002	0.898	0.986	0.887
海南	0.967	1.062	1.018	0.95	1.028
重庆	1.059	1.036	1.076	0.984	1.096
四川	0.903	1.037	0.905	0.998	0.936
贵州	0.922	1.086	0.934	0.987	1.002
云南	0.952	1.026	0.927	1.027	0.976
陕西	0.877	1.043	0.877	1	0.915
甘肃	0.974	0.993	0.98	0.994	0.967
青海	1	0.791	1	1	0.791
宁夏	1.156	0.913	1.33	0.87	1.056
新疆	0.77	1.038	0.777	0.99	0.799
平均值	0.996	1.024	1.005	0.991	1.02

附表 27　2002 年中国各地区环境约束下旅行社业的 Malmquist 全要素生产率（TFP）指数及其分解

分项指数 省份	技术效率变化 指数（effch）	技术进步变化 指数（techch）	纯技术效率变化 指数（pech）	规模效率变 化指数（sech）	全要素生产率 指数（tfpch）
北京	1	1.018	1	1	1.018
天津	0.925	1.024	0.908	1.019	0.947
河北	1	0.976	1	1	0.976
山西	0.934	1.039	0.938	0.995	0.97
内蒙古	1.174	0.718	1.24	0.947	0.843
辽宁	0.995	1.1	1.013	0.983	1.095
吉林	0.941	0.848	0.893	1.053	0.798

续表

分项指数 省份	技术效率变化指数（effch）	技术进步变化指数（techch）	纯技术效率变化指数（pech）	规模效率变化指数（sech）	全要素生产率指数（tfpch）
黑龙江	1.179	0.934	1.187	0.993	1.1
上海	1	1.117	1	1	1.117
江苏	1	0.997	1	1	0.997
浙江	1	1.116	1	1	1.116
安徽	1.046	0.975	1.069	0.979	1.02
福建	0.927	0.947	0.948	0.977	0.878
江西	0.842	0.966	0.861	0.979	0.814
山东	1.087	1.251	1.073	1.013	1.36
河南	0.898	1.195	0.947	0.948	1.073
湖北	1.104	0.988	1.118	0.988	1.091
湖南	1	1.05	1	1	1.05
广东	0.882	0.984	0.984	0.896	0.868
广西	0.905	1.052	0.914	0.99	0.952
海南	0.836	1.157	0.857	0.976	0.968
重庆	1.153	0.973	1.154	0.999	1.122
四川	1.093	0.991	1.079	1.013	1.083
贵州	1.116	0.957	1.276	0.875	1.068
云南	1.05	1.142	0.958	1.096	1.2
陕西	1.035	1.098	1.038	0.997	1.136
甘肃	0.94	1.077	0.984	0.955	1.012
青海	1	0.521	1	1	0.521
宁夏	1	0.744	1	1	0.744
新疆	0.987	0.991	0.963	1.025	0.978
平均值	0.998	0.986	1.009	0.989	0.983

附表28　2003年中国各地区环境约束下旅行社业的Malmquist全要素生产率（TFP）指数及其分解

分项指数 省份	技术效率变化指数（effch）	技术进步变化指数（techch）	纯技术效率变化指数（pech）	规模效率变化指数（sech）	全要素生产率指数（tfpch）
北京	1	0.896	1	1	0.896
天津	1.077	0.921	1.07	1.006	0.992
河北	1	0.962	1	1	0.962
山西	1.064	0.901	1.052	1.012	0.958
内蒙古	0.767	1.128	0.75	1.023	0.865
辽宁	1.165	0.867	1.148	1.015	1.01
吉林	1.024	0.918	1.023	1.001	0.941
黑龙江	1.079	0.869	1.058	1.019	0.937
上海	0.868	1.04	1	0.868	0.903
江苏	1	0.873	1	1	0.873
浙江	1	0.892	1	1	0.892
安徽	1.088	0.841	1.071	1.016	0.915
福建	1.079	0.848	1.054	1.024	0.915
江西	1.265	0.941	1.238	1.022	1.19
山东	0.743	0.748	0.798	0.932	0.556
河南	1.305	0.79	1.234	1.058	1.032
湖北	0.83	0.848	0.812	1.022	0.704
湖南	1	0.909	1	1	0.909
广东	1.119	0.95	1.016	1.102	1.064
广西	1.07	0.906	1.063	1.006	0.969
海南	1.269	1.166	1.238	1.026	1.48
重庆	0.993	0.869	0.996	0.997	0.863
四川	1.095	0.875	1.095	0.999	0.957
贵州	1.159	1.014	1.049	1.105	1.175
云南	0.905	1.03	0.984	0.92	0.932
陕西	0.488	1.006	0.597	0.818	0.491
甘肃	0.768	1.026	0.763	1.007	0.788
青海	1	1.552	1	1	1.552

续表

分项指数 省份	技术效率变化指数（effch）	技术进步变化指数（techch）	纯技术效率变化指数（pech）	规模效率变化指数（sech）	全要素生产率指数（tfpch）
宁夏	1	0.654	1	1	0.654
新疆	0.858	0.949	0.841	1.021	0.814
平均值	0.986	0.929	0.987	0.999	0.916

附表29 2004年中国各地区环境约束下旅行社业的Malmquist全要素生产率（TFP）指数及其分解

分项指数 省份	技术效率变化指数（effch）	技术进步变化指数（techch）	纯技术效率变化指数（pech）	规模效率变化指数（sech）	全要素生产率指数（tfpch）
北京	1	1.745	1	1	1.745
天津	1.071	1.39	1.078	0.994	1.489
河北	1	1.001	1	1	1.001
山西	0.833	1.2	0.849	0.981	1
内蒙古	0.564	1.947	0.816	0.692	1.099
辽宁	0.944	1.001	0.995	0.949	0.945
吉林	1.189	0.917	1.156	1.028	1.091
黑龙江	0.839	1.056	0.836	1.004	0.886
上海	1.152	1.493	1	1.152	1.721
江苏	1	1.125	1	1	1.125
浙江	1	1.066	1	1	1.066
安徽	0.954	1.001	0.958	0.996	0.955
福建	0.82	0.938	0.901	0.911	0.769
江西	0.671	1.666	0.688	0.975	1.118
山东	1.171	0.936	1.129	1.037	1.096
河南	0.713	0.836	0.752	0.949	0.597
湖北	0.89	0.924	1.127	0.79	0.822
湖南	0.724	1.49	1	0.724	1.079
广东	0.717	1.342	1	0.717	0.962
广西	0.812	1.024	0.862	0.942	0.831
海南	1	1.478	1	1	1.478

续表

分项指数 省份	技术效率变化指数（effch）	技术进步变化指数（techch）	纯技术效率变化指数（pech）	规模效率变化指数（sech）	全要素生产率指数（tfpch）
重庆	0.721	1.226	0.698	1.034	0.884
四川	0.932	1.007	0.997	0.935	0.938
贵州	1.503	2.668	1.365	1.101	4.009
云南	1.095	1.506	1.166	0.94	1.649
陕西	1.613	1.437	1.367	1.18	2.318
甘肃	0.793	2.031	0.831	0.954	1.611
青海	0.77	3.597	0.906	0.85	2.771
宁夏	1	5.179	1	1	5.179
新疆	1.204	1.533	1.216	0.99	1.845
平均值	0.931	1.374	0.976	0.954	1.28

附表30　2005年中国各地区环境约束下旅行社业的Malmquist全要素生产率（TFP）指数及其分解

分项指数 省份	技术效率变化指数（effch）	技术进步变化指数（techch）	纯技术效率变化指数（pech）	规模效率变化指数（sech）	全要素生产率指数（tfpch）
北京	1	0.957	1	1	0.957
天津	1.085	0.95	1.122	0.967	1.031
河北	1	0.686	1	1	0.686
山西	1.258	0.862	1.226	1.026	1.085
内蒙古	1.283	0.389	0.959	1.338	0.499
辽宁	0.776	0.984	0.727	1.067	0.763
吉林	0.848	0.891	0.881	0.963	0.755
黑龙江	0.955	1.093	0.93	1.026	1.044
上海	1	0.919	1	1	0.919
江苏	1	1.075	1	1	1.075
浙江	0.912	0.974	0.939	0.972	0.889
安徽	1.117	0.922	1.149	0.972	1.03
福建	1.02	1.232	0.949	1.074	1.256
江西	1.265	0.693	1.255	1.008	0.877

续表

分项指数\省份	技术效率变化指数（effch）	技术进步变化指数（techch）	纯技术效率变化指数（pech）	规模效率变化指数（sech）	全要素生产率指数（tfpch）
山东	0.53	1.147	0.521	1.016	0.607
河南	1.094	1.032	1.116	0.981	1.129
湖北	0.984	1.275	0.78	1.262	1.254
湖南	1.172	0.646	0.892	1.314	0.757
广东	1.301	0.961	1	1.301	1.25
广西	1.186	0.982	1.104	1.073	1.164
海南	0.772	0.76	0.779	0.992	0.587
重庆	1.241	0.902	1.282	0.968	1.119
四川	1.035	1.048	0.964	1.073	1.084
贵州	0.99	0.397	0.915	1.083	0.393
云南	1.146	0.73	1	1.146	0.837
陕西	1.401	0.769	1.349	1.038	1.078
甘肃	1.439	0.413	1.417	1.015	0.594
青海	1.298	0.187	1.103	1.177	0.243
宁夏	1	0.21	1	1	0.21
新疆	1.056	0.85	1.083	0.975	0.897
平均值	1.053	0.764	0.997	1.056	0.804

附表31　2006年中国各地区环境约束下旅行社业的Malmquist全要素生产率（TFP）指数及其分解

分项指数\省份	技术效率变化指数（effch）	技术进步变化指数（techch）	纯技术效率变化指数（pech）	规模效率变化指数（sech）	全要素生产率指数（tfpch）
北京	1	1.171	1	1	1.171
天津	1.05	1.097	1.072	0.98	1.152
河北	1	1.051	1	1	1.051
山西	1.039	1.111	1.039	1	1.154
内蒙古	0.96	1.084	0.852	1.127	1.041
辽宁	1.022	1.147	1.056	0.968	1.172
吉林	1.018	1.12	1.001	1.017	1.14

续表

分项指数 省份	技术效率变化指数（effch）	技术进步变化指数（techch）	纯技术效率变化指数（pech）	规模效率变化指数（sech）	全要素生产率指数（tfpch）
黑龙江	0.969	1.097	0.984	0.984	1.062
上海	1	1.123	1	1	1.123
江苏	1	1.146	1	1	1.146
浙江	0.976	1.109	0.99	0.986	1.082
安徽	0.914	1.223	0.891	1.027	1.118
福建	0.978	1.232	0.97	1.008	1.204
江西	1.373	1.171	1.339	1.025	1.608
山东	1.04	1.232	1.023	1.017	1.281
河南	1.097	1.224	1.086	1.011	1.343
湖北	0.974	1.208	0.976	0.998	1.176
湖南	1.178	1.151	1.121	1.051	1.355
广东	1.035	1.077	1	1.035	1.114
广西	1.129	1.111	1.134	0.995	1.254
海南	0.981	1.184	0.985	0.996	1.162
重庆	0.95	1.11	0.954	0.996	1.055
四川	1.066	1.115	1.065	1.001	1.188
贵州	0.784	1.131	0.856	0.916	0.887
云南	1.036	1.17	1	1.036	1.212
陕西	0.878	1.161	0.882	0.995	1.018
甘肃	1.049	1.113	0.812	1.292	1.167
青海	1	0.825	1	1	0.825
宁夏	1	0.907	1	1	0.907
新疆	0.963	1.079	0.942	1.023	1.039
平均值	1.011	1.119	0.997	1.014	1.131

附表 32　2007 年中国各地区环境约束下旅行社业的 Malmquist 全要素生产率（TFP）指数及其分解

分项指数 省份	技术效率变化指数（effch）	技术进步变化指数（techch）	纯技术效率变化指数（pech）	规模效率变化指数（sech）	全要素生产率指数（tfpch）
北京	1	0.898	1	1	0.898
天津	1.085	0.997	1.107	0.98	1.082
河北	1	1.092	1	1	1.092
山西	1.078	1.003	1.08	0.998	1.081
内蒙古	1.048	0.926	1.067	0.982	0.971
辽宁	1.217	0.946	1.179	1.032	1.151
吉林	1.038	0.986	1.027	1.011	1.023
黑龙江	1.026	1.034	1.019	1.007	1.061
上海	1	1.146	1	1	1.146
江苏	1	1.027	1	1	1.027
浙江	1.079	0.971	1.061	1.017	1.048
安徽	0.953	1.043	0.964	0.988	0.994
福建	1.019	1.056	1.032	0.987	1.077
江西	0.874	0.956	0.878	0.995	0.835
山东	1.023	1.058	1.029	0.994	1.083
河南	0.975	1.043	1.007	0.968	1.017
湖北	1.012	1.064	1.016	0.996	1.077
湖南	0.957	0.994	0.989	0.968	0.952
广东	1.021	1.035	1	1.021	1.057
广西	1.091	0.963	1.089	1.001	1.05
海南	1.155	0.933	1.159	0.997	1.078
重庆	1.005	0.975	1.006	0.999	0.979
四川	1.102	0.965	1.104	0.998	1.063
贵州	1.13	0.961	1.075	1.051	1.086
云南	1	1.029	1	1	1.029
陕西	0.98	0.956	0.969	1.011	0.937
甘肃	1.153	0.928	1.197	0.964	1.07
青海	1	0.738	1	1	0.738

续表

分项指数 省份	技术效率变化指数（effch）	技术进步变化指数（techch）	纯技术效率变化指数（pech）	规模效率变化指数（sech）	全要素生产率指数（tfpch）
宁夏	1	0.802	1	1	0.802
新疆	1.031	1.018	1.038	0.994	1.049
平均值	1.033	0.981	1.034	0.999	1.014

附表33　2008年中国各地区环境约束下旅行社业的Malmquist全要素生产率（TFP）指数及其分解

分项指数 省份	技术效率变化指数（effch）	技术进步变化指数（techch）	纯技术效率变化指数（pech）	规模效率变化指数（sech）	全要素生产率指数（tfpch）
北京	1	0.971	1	1	0.971
天津	1.082	1.01	1.06	1.02	1.092
河北	1	0.941	1	1	0.941
山西	0.808	1.023	0.807	1.001	0.826
内蒙古	0.832	1.069	0.834	0.997	0.889
辽宁	1.271	1.095	1.271	0.999	1.392
吉林	0.971	1.038	0.987	0.984	1.008
黑龙江	1.135	1.024	1.134	1.001	1.162
上海	1	1.01	1	1	1.01
江苏	1	1.035	1	1	1.035
浙江	1.041	1.085	1.014	1.027	1.13
安徽	1.088	1.072	1.097	0.992	1.167
福建	0.875	1.062	0.859	1.019	0.929
江西	1.095	0.989	1.093	1.002	1.083
山东	0.972	1.071	1.037	0.937	1.041
河南	1.066	1.073	1.069	0.997	1.143
湖北	1	1.012	0.998	1.002	1.011
湖南	1.045	1.126	1.011	1.033	1.177
广东	0.996	1.008	1	0.996	1.004
广西	0.874	1.088	0.877	0.996	0.951
海南	0.969	1.101	0.962	1.007	1.067

续表

分项指数 省份	技术效率变化指数（effch）	技术进步变化指数（techch）	纯技术效率变化指数（pech）	规模效率变化指数（sech）	全要素生产率指数（tfpch）
重庆	0.995	1.004	0.983	1.012	0.999
四川	0.628	1.063	0.627	1.002	0.667
贵州	0.692	1.116	0.912	0.759	0.773
云南	0.888	1.084	0.905	0.981	0.963
陕西	1.436	1.053	1.434	1.002	1.513
甘肃	0.786	1.138	1.062	0.74	0.894
青海	1	1.176	1	1	1.176
宁夏	1	1.086	1	1	1.086
新疆	0.631	1.031	0.612	1.03	0.65
平均值	0.958	1.054	0.975	0.982	1.01

附表 34　2009 年中国各地区环境约束下旅行社业的 Malmquist 全要素生产率（TFP）指数及其分解

分项指数 省份	技术效率变化指数（effch）	技术进步变化指数（techch）	纯技术效率变化指数（pech）	规模效率变化指数（sech）	全要素生产率指数（tfpch）
北京	1	1.099	1	1	1.099
天津	0.975	1.116	0.977	0.997	1.088
河北	1	1.126	1	1	1.126
山西	0.88	1.108	0.887	0.992	0.975
内蒙古	1.254	1.043	1.247	1.005	1.308
辽宁	0.912	1.095	0.916	0.995	0.998
吉林	0.873	1.057	0.902	0.968	0.923
黑龙江	0.968	1.095	0.963	1.005	1.06
上海	1	0.984	1	1	0.984
江苏	1	1.061	1	1	1.061
浙江	0.982	1.046	1	0.982	1.027
安徽	0.834	1.131	0.837	0.997	0.944
福建	1.045	1.031	1.042	1.003	1.077
江西	0.958	1.129	0.961	0.997	1.081

续表

分项指数\省份	技术效率变化指数（effch）	技术进步变化指数（techch）	纯技术效率变化指数（pech）	规模效率变化指数（sech）	全要素生产率指数（tfpch）
山东	1.057	1.129	1.061	0.996	1.193
河南	0.744	1.133	0.741	1.004	0.843
湖北	1.078	1.04	1.072	1.005	1.121
湖南	1	1.175	1	1	1.175
广东	0.98	1.08	1	0.98	1.058
广西	0.948	1.044	0.947	1	0.989
海南	0.903	1.091	0.901	1.001	0.984
重庆	1.041	1.097	1.036	1.005	1.142
四川	1.321	1.023	1.324	0.998	1.351
贵州	1.269	1.091	1.131	1.122	1.385
云南	0.903	1.076	0.892	1.013	0.971
陕西	0.653	1.069	0.654	0.999	0.698
甘肃	1.407	0.962	1.157	1.216	1.353
青海	1	1.115	1	1	1.115
宁夏	1	0.907	1	1	0.907
新疆	0.914	1.022	1.268	0.721	0.933
平均值	0.985	1.071	0.988	0.997	1.055

附表35　2010年中国各地区环境约束下旅行社业的Malmquist全要素生产率（TFP）指数及其分解

分项指数\省份	技术效率变化指数（effch）	技术进步变化指数（techch）	纯技术效率变化指数（pech）	规模效率变化指数（sech）	全要素生产率指数（tfpch）
北京	1	2.272	1	1	2.272
天津	1.095	1.103	1.407	0.778	1.207
河北	0.842	1.25	1	0.842	1.052
山西	1.148	2.376	1.179	0.974	2.727
内蒙古	0.98	2.548	0.98	1	2.497
辽宁	0.83	2.419	0.827	1.004	2.009
吉林	1.196	1.591	1.399	0.855	1.904

续表

分项指数 省份	技术效率变化指数（effch）	技术进步变化指数（techch）	纯技术效率变化指数（pech）	规模效率变化指数（sech）	全要素生产率指数（tfpch）
黑龙江	1.146	1.262	1.17	0.98	1.447
上海	1	3.669	1	1	3.669
江苏	1	1.645	1	1	1.645
浙江	0.973	2.141	0.973	1.001	2.084
安徽	0.996	1.368	1.04	0.957	1.362
福建	0.895	1.707	0.911	0.982	1.528
江西	1.092	2.445	1.084	1.007	2.67
山东	1.014	1.292	0.985	1.029	1.311
河南	0.935	1.179	0.897	1.042	1.103
湖北	0.938	1.353	0.94	0.998	1.269
湖南	0.913	2.789	0.928	0.984	2.546
广东	1.031	2.104	0.927	1.113	2.17
广西	0.842	2.061	0.845	0.997	1.735
海南	0.95	4.104	0.954	0.996	3.898
重庆	0.787	1.574	0.775	1.016	1.239
四川	0.83	2.138	0.829	1.002	1.775
贵州	0.984	2.985	1.077	0.913	2.936
云南	0.688	3.01	0.694	0.991	2.071
陕西	0.781	4.745	0.783	0.997	3.707
甘肃	1.343	1.414	1.113	1.206	1.899
青海	0.679	1.026	1	0.679	0.697
宁夏	1	2.94	1	1	2.94
新疆	1.497	1.449	1.077	1.39	2.17
平均值	0.966	1.963	0.981	0.984	1.896

附表36　2011年中国各地区环境约束下旅行社业的Malmquist全要素生产率（TFP）指数及其分解

分项指数 省份	技术效率变化指数（effch）	技术进步变化指数（techch）	纯技术效率变化指数（pech）	规模效率变化指数（sech）	全要素生产率指数（tfpch）
北京	1	0.609	1	1	0.609
天津	1.027	1.133	0.868	1.183	1.164
河北	1.188	1.011	1	1.188	1.201
山西	0.936	0.483	0.904	1.035	0.452
内蒙古	0.878	0.414	0.88	0.997	0.363
辽宁	1.071	0.545	1.103	0.971	0.583
吉林	0.882	0.607	0.763	1.157	0.535
黑龙江	0.49	0.909	0.481	1.019	0.446
上海	1	0.346	1	1	0.346
江苏	1	0.794	1	1	0.794
浙江	0.937	0.626	0.986	0.951	0.587
安徽	0.839	0.946	0.798	1.051	0.794
福建	1.064	0.795	1.053	1.01	0.846
江西	0.991	0.408	1	0.991	0.405
山东	1.107	1.116	1.055	1.049	1.235
河南	0.937	1.14	0.976	0.961	1.069
湖北	1.148	1.035	1.151	0.998	1.188
湖南	1.095	0.46	1.078	1.016	0.504
广东	1.019	0.589	1.079	0.945	0.6
广西	1.082	0.634	1.097	0.986	0.685
海南	0.869	0.34	0.895	0.971	0.296
重庆	1.221	0.856	1.215	1.005	1.046
四川	1.326	0.569	1.356	0.978	0.755
贵州	1.042	0.285	0.831	1.254	0.297
云南	1.187	0.416	1.187	1	0.494
陕西	1.186	0.277	1.217	0.975	0.328
甘肃	0.626	0.564	0.585	1.069	0.353
青海	1.472	0.495	1	1.472	0.728

续表

分项指数\省份	技术效率变化指数（effch）	技术进步变化指数（techch）	纯技术效率变化指数（pech）	规模效率变化指数（sech）	全要素生产率指数（tfpch）
宁夏	1	0.196	1	1	0.196
新疆	1.163	0.904	1.201	0.969	1.052
平均值	1.007	0.59	0.973	1.035	0.594

附表37　2012年中国各地区环境约束下旅行社业的Malmquist全要素生产率（TFP）指数及其分解

分项指数\省份	技术效率变化指数（effch）	技术进步变化指数（techch）	纯技术效率变化指数（pech）	规模效率变化指数（sech）	全要素生产率指数（tfpch）
北京	1	1.112	1	1	1.112
天津	0.794	1.349	0.718	1.106	1.072
河北	1	1.068	1	1	1.068
山西	1.03	1.158	1.038	0.992	1.193
内蒙古	0.779	1.19	0.767	1.015	0.926
辽宁	0.919	1.228	0.918	1.001	1.128
吉林	1.079	1.053	1.029	1.049	1.136
黑龙江	1.381	1.055	1.354	1.02	1.457
上海	1	1.272	1	1	1.272
江苏	0.913	1.125	1	0.913	1.028
浙江	0.977	1.174	0.96	1.018	1.148
安徽	1.053	1.126	1.025	1.027	1.186
福建	1.018	1.13	1.014	1.004	1.151
江西	0.907	1.151	0.919	0.987	1.043
山东	0.961	1.15	1.031	0.932	1.105
河南	0.738	1.407	0.692	1.067	1.038
湖北	1.1	1.16	1.103	0.997	1.275
湖南	0.672	1.203	0.678	0.99	0.808
广东	1.077	1.231	1	1.077	1.326
广西	1.292	1.218	1.287	1.004	1.574
海南	0.949	1.232	0.947	1.003	1.17

续表

分项指数 省份	技术效率变化指数（effch）	技术进步变化指数（techch）	纯技术效率变化指数（pech）	规模效率变化指数（sech）	全要素生产率指数（tfpch）
重庆	1.39	1.278	1.348	1.031	1.776
四川	0.782	1.189	0.774	1.01	0.93
贵州	0.759	1.135	0.853	0.89	0.862
云南	1.527	3.239	1.504	1.016	4.947
陕西	1.056	1.978	1.033	1.023	2.089
甘肃	1.827	2.056	1.591	1.149	3.757
青海	1	0.985	1	1	0.985
宁夏	1	2.23	1	1	2.23
新疆	0.971	1.112	0.959	1.012	1.079
平均值	1.007	1.282	0.997	1.01	1.291

附表38　2013年中国各地区环境约束下旅行社业的 Malmquist 全要素生产率（TFP）指数及其分解

分项指数 省份	技术效率变化指数（effch）	技术进步变化指数（techch）	纯技术效率变化指数（pech）	规模效率变化指数（sech）	全要素生产率指数（tfpch）
北京	1	1.001	1	1	1.001
天津	1.725	0.766	1.603	1.076	1.322
河北	1	0.987	1	1	0.987
山西	1.077	0.982	1.102	0.977	1.057
内蒙古	1.464	0.907	1.516	0.966	1.328
辽宁	1.152	1.007	1.171	0.983	1.16
吉林	1.063	0.911	1.119	0.95	0.969
黑龙江	1.172	0.882	1.201	0.975	1.034
上海	1	1.26	1	1	1.26
江苏	1.095	0.832	1	1.095	0.911
浙江	1.037	0.943	1	1.037	0.978
安徽	0.996	0.917	1.022	0.975	0.913
福建	1.166	0.89	1.182	0.987	1.038
江西	0.913	0.969	0.955	0.955	0.885

续表

分项指数 省份	技术效率变化指数（effch）	技术进步变化指数（techch）	纯技术效率变化指数（pech）	规模效率变化指数（sech）	全要素生产率指数（tfpch）
山东	1.705	0.797	1.588	1.074	1.359
河南	1.315	0.741	1.289	1.02	0.975
湖北	1.066	0.921	1.061	1.005	0.982
湖南	1.065	0.911	1.075	0.991	0.97
广东	1	1.034	1	1	1.034
广西	1.118	1.01	1.157	0.967	1.129
海南	0.753	1.071	0.745	1.011	0.806
重庆	0.68	0.836	0.71	0.958	0.569
四川	1.319	0.921	1.351	0.976	1.214
贵州	0.788	0.91	0.706	1.116	0.717
云南	1	0.993	1	1	0.993
陕西	0.811	1.092	0.812	0.999	0.885
甘肃	0.877	0.991	1.185	0.74	0.869
青海	1	0.874	1	1	0.874
宁夏	1	0.762	1	1	0.762
新疆	0.838	0.927	0.823	1.018	0.777
平均值	1.049	0.929	1.057	0.993	0.975

附表39　2014年中国各地区环境约束下旅行社业的Malmquist全要素生产率（TFP）指数及其分解

分项指数 省份	技术效率变化指数（effch）	技术进步变化指数（techch）	纯技术效率变化指数（pech）	规模效率变化指数（sech）	全要素生产率指数（tfpch）
北京	1	1.069	1	1	1.069
天津	1	1.066	1	1	1.066
河北	1	0.989	1	1	0.989
山西	0.953	1.027	0.934	1.021	0.979
内蒙古	0.999	1.071	0.97	1.03	1.07
辽宁	0.94	1.056	0.936	1.004	0.993
吉林	1.117	1.065	1.038	1.076	1.19

续表

分项指数\省份	技术效率变化指数（effch）	技术进步变化指数（techch）	纯技术效率变化指数（pech）	规模效率变化指数（sech）	全要素生产率指数（tfpch）
黑龙江	0.987	1.052	0.961	1.026	1.038
上海	1	1.152	1	1	1.152
江苏	1	1.006	1	1	1.006
浙江	1.08	1.026	1.087	0.994	1.108
安徽	0.843	1.032	0.823	1.024	0.87
福建	0.944	1.038	0.924	1.022	0.979
江西	0.975	1.04	0.939	1.038	1.014
山东	1.001	0.969	1	1.001	0.97
河南	1.041	0.977	1.036	1.005	1.018
湖北	0.987	1.073	1.014	0.973	1.059
湖南	1.398	1.059	1.372	1.019	1.48
广东	1	1.002	1	1	1.002
广西	0.904	0.995	0.871	1.038	0.899
海南	2.206	1.064	2.157	1.023	2.347
重庆	1.174	1.08	1.143	1.027	1.268
四川	0.833	1.054	0.814	1.024	0.878
贵州	1.625	1.018	1.6	1.015	1.655
云南	0.668	0.609	0.669	0.999	0.407
陕西	1.339	1.052	1.329	1.007	1.408
甘肃	0.889	0.735	1.019	0.872	0.654
青海	1	1.101	1	1	1.101
宁夏	1	0.65	1	1	0.65
新疆	0.852	1.025	0.981	0.869	0.873
平均值	1.032	0.996	1.029	1.003	1.028

后　记

　　作为现代服务业的重要组成部分，旅游业对区域经济的带动作用非常大。大力发展旅游经济，是适应国民消费升级和产业结构调整的必然要求，对于扩就业、增收入，打造"精准扶贫"新路径，推动中西部落后地区经济快速增长，改善地区生态环境的意义重大。地理空间的变迁与地区旅游经济结构的变化息息相关，中国正处于旅游特色小镇与全域旅游加速推进的发展阶段，正在逐步形成旅游经济"新常态"。本书从空间溢出视角研究我国旅游经济增长问题，充实了该研究的内容、模型和方法，把握了区域旅游经济增长的理论假设和现实发展规律，并为国家各级政府制定正确的旅游经济增长政策提供实证支持。

　　本书是在我的博士论文基础上形成的，从论文的开题、答辩到成书，不断修改的过程也是学术不断升华的过程。本书存在的局限性和不足让我深深地感受到"学海无涯"，我必将继续探索。

　　感谢我的家人和朋友在物质和精神上对我无私的付出，感谢中国社会科学出版社所给予的大力支持。

赵金金
2019 年 1 月